杭州百年团史

1922－2022

沈在蓉　主编

浙江大学出版社
ZHEJIANG UNIVERSITY PRESS

《杭州百年团史》
编委会

主　任　周妙荣

副主任　许江晨　马君雅

主　编　沈在蓉

副主编　欧万彬　吴士琦

编　委　钟立品　钱晓烨　赵睿诗　杨梦鹤
　　　　徐蔚英

顾　问　钱永祥

一路心向党　扬帆新时代

2022年是中国共产主义青年团建团100周年。1921年中国共产党成立，党的一大专门研究了在各地建立和发展社会主义青年团作为党的预备学校的问题，研究决定了吸收优秀青年团员加入中国共产党的办法。年轻的中国共产党亲手创建了更为年轻的中国共青团。1922年5月中国社会主义青年团第一次全国代表大会召开。"党旗所指，团旗所向""党有号召，团有行动"，百年栉风沐雨，共青团始终坚定不移听党话、跟党走，团结带领广大团员青年前赴后继，发挥中国青年先锋力量，书写中国青年运动华丽篇章。

1922年的季春时节，杭州的觉醒一代经过轰轰烈烈的"一师风潮"、工人运动和萧山衙前农民运动的曲折求索，推动了中国社会主义青年团杭州地方组织的建立。这是全国17个地方早期团组织之一，也是浙江省第一个青年团组织。在中国共产党直接领导下，新民主主义革命时期杭州青年团带领团员青年为争取民族独立、人民解放投入壮丽事业，冲锋陷阵、披荆斩棘、浴血奋战、勇于斗争；社会主义革命和建设时期杭州共青团带领团员青年为确立社会主义基本制度和建设社会主义继往开来，革故鼎新、发奋图强、砥砺奋进、艰苦创业；改革开放和社会主义现代化建设新时期杭州共青团带领团员青年在改革开放的浪潮中开创一个新的世界，解放思想、开创新局、奋勇争先、屡建新功；中国特色社会主义新时代杭州共青团正带领团员青年按照"忠诚、敏锐、活泼、实干"重要要求，驰骋在忠实践行"八八战略"，奋力打造"重要窗口"，扎实推动高质量发展建设共同富裕示范区的新征途上，矢志改革、挥斥方遒、守正创新、劈浪前行。

"以史为鉴，开创未来。"杭州市团校在团市委的大力支持下，查阅大量档案资料和文献书籍，整理编写《杭州百年团史》《图说杭州百年团史》套书，翔实记录了杭州共青团的百年奋斗历程，以丰硕成果献礼建团百年。新时代的浙江共青团要坚持以习近平新时代中国特色社会主义思想为指导，深入学习党领导青年运动的光辉历程，牢牢把握三个根本性问题，切实履行三项基本职责，提升组织力、引领力、服务力和大局贡献度，全面深化改革，全面从严治团，团结带领广大团员青年守好"红色根脉"，深刻感悟"两个确立"的决定性意义，增强"四个意识"、坚定"四个自信"、做到"两个维护"，为实现"两个一百年"奋斗目标、实现中华民族伟大复兴的中国梦凝聚起强大的青春力量。

共青团浙江省委书记

何黎斌

2022年3月

赓续红色根脉　传承百年薪火

2022年，中国共青团成立100周年。作为党缔造并领导的青年群团组织，共青团团结带领广大团员青年坚定不移听党话、跟党走，在革命、建设、改革等各个历史时期贡献了青春力量。走进新时代，学习团史，是共青团学"四史"的有力补充和抓手，能让广大青少年自觉发挥好党的助手和后备军作用，努力建功新时代，喜迎党的二十大胜利召开。

《杭州百年团史》一书，史料翔实、观点鲜明、语言简洁，系统地展示了百年来杭州共青团紧跟党为实现中华民族伟大复兴的中国梦而努力奋斗的历程。配套图书《图说杭州百年团史》收集了500余张珍贵图片，历史脉络清晰、主题事件突出，以广大青少年喜闻乐见的方式还原史实。翻开书卷，我们可以跨越时空追溯青年英烈可歌可泣的英雄事迹，体悟青年英烈身上为国为民的伟大精神，在历史的长河中铭记初心、传承使命。

杭州团组织是全国最早建立和恢复的17个团组织之一，杭州团史既是全国团史的重要组成部分，也是全国地方团史的缩影。梳理杭州百年团史，对研究浙江全省乃至全国共青团历史的发展具有十分重要的意义。同时，该套书为杭州的广大团员青年学习团史提供了内容翔实的教材，能够更好地引领他们努力实现"两个一百年"奋斗目标，也为全国各地的专家学者研究团史和青年运动史提供了十分珍贵的参考资料。

中央团校教授

林江

2022年3月

第一章

青年团杭州地方组织的创建和
投身大革命洪流

1921 年，中国共产党成立，这是中华民族发展史上开天辟地的大事件。党成立后就直接指派党员来杭指导筹建青年团组织。1922 年 4 月 19 日，中国社会主义青年团杭州支部成立，这是浙江省第一个青年团组织，也是全国最早建立的 17 个团组织之一。杭州的青年团组织正式诞生后，就在中国共产党的领导下，以反帝反封建民主革命纲领为团组织的奋斗宗旨，协助党掀起大革命的高潮，积极带领进步青年投身到为争取民族独立、人民解放和国家富强、人民幸福的中华民族伟大复兴的事业中，推动杭州青年运动进入一个全新的发展阶段，开辟了杭州青年运动的新纪元。

一／ 五四运动与"一师风潮"

中华民族有五千多年的文明历史，创造了悠久灿烂的中华文明，为人类作出了卓越贡献，成为世界上伟大的民族。由于西方列强的入侵，近代中国陷入内忧外患的黑暗境地，中国人民经历了战乱频仍、山河破碎、民不聊生的深重苦难，中国逐渐沦为半殖民地半封建社会。从1840年开始，西方列强通过两次鸦片战争、中法战争、甲午战争、八国联军侵略中国战争等多次侵略战争，强迫中国割地赔款，贪婪地攫取种种特权。从那时起，实现中华民族伟大复兴成为全民族最伟大的梦想；争取民族独立、人民解放和实现国家富强、人民幸福，成为中国人民的历史任务。杭州青年秉承中华民族自强不息的光荣传统，为了捍卫民族独立和尊严，为了改变祖国的境遇和命运，前仆后继、不懈探索。

1895年，中日甲午战争，清政府战败，签订《马关条约》，杭州被辟为通商口岸。19世纪末，民族资本主义企业开始在杭州创办，杭州产业工人开始产生。辛亥革命后，大批近代民族工业在杭州兴起。为求生存，杭州工人从它诞生的第一天起，就自发地展开了一些经济斗争。随着民族工商业的发展，杭州民族资产阶级队伍不断壮大，资产阶级民主革命思想也开始广泛传播。一些资产阶级爱国人士办报纸、设学堂或出国留学。近代青年学生群体就在杭州形成和发展壮大，孕育和发展了杭州近现代青年运动。1915年，以陈独秀主编的《青年杂志》(后改名为《新青年》)出版为标志，全国兴起了一场以民主和科学为旗帜，向封建传统思想、道德、文化宣战的新文化运动。这场运动激发了杭州知识分子追求真理、追求科学、追求新思潮的热情，为杭州响应五四运动和传播马克思主义奠定了思想基础。

五四运动中的杭州青年

五四运动的直接导火线是中国在巴黎和会上外交的失败。1919年1月，第一次世界大战中取胜的协约国在巴黎举行"和平会议"，会议决定把德国在中国的一切特权，全部转交给日本。反动的北洋军阀政府置民族危亡于不顾，竟准备在和约上签字。当巴黎和会中国外交失败的消息传到中国，长期郁积在中国人民心中的怒火像火山一样爆发了。5月4日，北平学生3000多人齐集天安门前举行示威。他们提出"外争主权、内惩国贼""取消二十一条""还我青岛"等口号，震惊中外的五四运动爆发。当北平学生爱国大示威的消息传到杭州，杭州的青年学生也随之沸腾起来，他们以饱满的爱国热情投入了反帝反封建斗争的行列，勇敢地出现在爱国运动的前头，为杭州青年运动史增添了光辉。

5月6日晚上，之江大学师生紧急集会，许多学生发表了慷慨激昂的演说，痛陈亡国惨祸在即，强烈要求收回青岛主权、严惩卖国贼，号召大家奋起救国。大会决议，通电声援北平学生的爱国行动，联络杭州各中等以上学校学生，一致行动。7日，致电北平各校，表示愿为北平学生的后援。9日，召开"国耻纪念大会"，杭州中等以上学校学生代表齐集浙江省教育会，声援北平学生的爱国运动，并决定成立杭州学生联合救国会。

5月12日，杭州中等以上14所学校学生3000多人，在湖滨公众运动场（现湖滨一公园）集会，举行联合救国大会，声讨帝国主义的侵略和北平军阀政府的卖国罪行。他们手执写有"还我山东""收回山东权利""拒绝在和约上签字"等口号的旗帜，向省议会提交请愿书。杭州学生联合救国会在"外争国权、内惩国贼""取消二十一条"等口号声中宣告成立，浙江省立第一师范学校学生宣中华为联合救国会的理事长。会后，举行了声势浩大的示威游行，以"浙江省中等学校以上救国联合会"大旗为前导，学生们手执各种旗帜，上写"同胞速醒""杀卖国贼""宁为玉碎，不为瓦全"等字样，沿途不断高呼"废除二十一条""外争国权、内惩国贼"等口号，并一路散发传单，进行爱国宣传。这是杭州第一次大规模的反帝反封建集会游行，充分显示了广大青年学生激昂的爱国热情，表明了杭州人民特别是青年学生在新的历史时期中的觉醒。

5月22日，京、津、沪各校学生代表来杭州，在浙江省教育会会场和省立一师礼堂陈述北平五四运动的经过情况，更进一步激起了杭州学生的爱国怒潮。28日，为了抗议北洋军阀对学生爱国运动的迫害，杭州市学生联合会决定全市中等以上学校一律罢课，宣誓救亡，并发出罢课宣言。蓬勃的学生爱国行动，引起了帝国主义特别是日本帝国主义的极端仇视。他们竭力加紧在政治、经济、军事上对中国的侵略，妄图镇压革命运动，这反而进一步激发了全国人民强烈的愤慨和反抗，全国各地掀起了自发的抵制日货运动，又一革命浪潮激荡杭城。在杭州，"抵制日货、提倡国货"是五四运动的重要内容。之江大学首先成立了劝用国货会。之后，杭州各中等学校也都建立了抵制日货、提倡国货的各种组织。波澜壮阔的抵制日货运动，迅速在全市乃至全省范围内发动起来，各行各业各阶层人物都卷入了运动。学生、工人和许多商人分头到城站、拱宸桥等水陆码头和许多商店去检查日货，并组织讲演团、宣传队，深入街头巷尾，向群众进行宣传。抵制日货的斗争，激发了国人的民族意识，促进了民族工商业的发展，打击了帝国主义的气焰，鼓舞了全市人民的斗志，向全世界表明了中国人民维护民族尊严和反抗外国侵略的坚强决心。

五四运动中，中国工人阶级开始以独立的姿态登上政治舞台。6月5日，上海工人自发举行声援学生的罢工。工人阶级的有力参加并成为运动的主力，使五四运动进入了一个新的阶段。7日，杭甬铁路总机厂工人宣布罢工。9日，杭甬铁路工人全体罢工。罢工命令下达后，全路所有客货车一律停开，充分显示了中国工人阶级的伟大力量和高度的组织性、纪律性。随着罢工继续扩大，杭州市各工厂工人以纬成公司工人为首开始罢工，罢工从一开始就显示了鲜明的政治目的，工人们表示罢工是"对于卖国贼表示我们的愤怒"，目的是"唤醒国民"，并表示政府不惩办卖国贼，工人誓不开工。在工人罢工斗争的影响推动下，杭州商人也宣布罢市。许多商店的门前都贴起了"国家将亡，无心营业""罢市救国""不除国贼不开市"等标语，甚至有的理发店门上贴起"国难当头，无心修容"的字样，停止了营业。

这样，工人、学生及商人的斗争汇合一起，形成了一个波澜壮阔的革命运动高潮。杭州人民空前规模的斗争，是整个五四运动的重要组成部分，给帝国主义和封建军阀的统治造成了巨大的威胁。

在汹涌澎湃的革命洪流，特别是工人阶级的政治大罢工的冲击下，北洋军阀政府一筹莫展，陷入极度恐慌之中。群众运动的威力迫使北洋军阀政府免去了曹汝霖、章宗祥、陆宗舆三个卖国贼的职务。出席巴黎和会的中国代表拒绝在和约上签字。至此，五四爱国运动的直接斗争目标实现了，斗争取得了重大胜利。

五四运动，是一次彻底的和不妥协的反帝反封建的爱国运动。五四时期，杭州成千上万的青年学生关心祖国的前途和命运，英勇地站在斗争的最前列，表现出强烈的爱国热情，起着先锋和桥梁的作用。它标志着杭州青年新的觉醒，谱写了杭州青年运动史上光辉不朽的一页。五四运动中，杭州工人参加了杭州学生支援北平学生的爱国运动。

五四运动是近代中国革命史上具有划时代意义的事件，标志着新民主主义革命的伟大开端。五四运动推动了中国社会进步，促进了马克思主义在中国的广泛传播，促进了马克思主义同中国工人运动的结合，为中国共产党成立作了思想上、干部上的准备。五四运动孕育了以爱国、进步、民主、科学为主要内容的伟大五四精神，在近代以来中华民族追求民族独立和发展进步的历史进程中具有里程碑意义。

"一师风潮"

五四运动后，新文化运动在杭州进入了一个新的发展阶段。在传播新文化、新思想的过程中，浙江省立第一师范学校（简称一师）逐渐成为全省新文化运动的中心。

五四运动后，在一师学生组织的"全国书报贩卖部"和"书报贩卖团"的推动下，杭州青年争相阅读《新青年》《星期评论》等进步书刊，吸取各种新思想。1919年10月10日，一师创办介绍新思潮的《浙江省立第一师范学校校友会十日刊》。接着，以一师学生施存统、俞秀松等为主，编辑出版《浙江新潮》周刊，这是浙江最早的一份受俄国十月革命影响而宣传社会主义思想的刊物。

一师校长、浙江新文化运动的先驱经亨颐受五四潮流的影响，摆脱因循守旧的教育制度，积极推行"学生自治""教员专任""国文改授国语""试行学科制"四项重大教育改革，促进了学校学生精神面貌的急剧变化。为保证教学改革的顺利贯彻，他聘请新派教师陈望道、夏丏尊、刘大白、李次九等4人为国文主任教员。他们竭力提倡自由平等思想、反对封建专制主义，提倡白话文、反对文言文，被称为"四大金刚"。一师还成立学生自治会，徐白民、宣中华等学生当选为负责人。这是浙江省乃至全国最早成立的学生自治组织之一。一师师生用民主思想开展教育改革，以及拒绝参加政府当局的秋季"祭孔"活动，一师学生施存统在《浙江新潮》上发表了一篇题为《非"孝"》的文章，主张在家庭中用平等的"爱"来代替不平等的"孝道"，在社会上尤其教育界中引起了强烈的反响和共鸣，许多学校纷纷效仿，但被军阀当局和封建守旧势力视为"大逆不道"。省长齐耀珊、教育厅厅长夏敬观等公然查办一师，查禁《浙江新潮》，解聘陈望道、夏丏尊、刘大白、李次九等4位教师，开除施存统等10余名学生，撤换校长经亨颐。学生自治会负责人徐白民、宣中华等连续3次发信给放寒假回家的同学，揭露反动当局的阴谋，要求同学们火速返校，共同与摧残教育的反动势力决一死战。由此，于2月9日爆发了以"去经留经"为斗争形式、以摧残与维护新文化运动为斗争内容的"一师风潮"。

　　一师学生以"维持文化运动，坚持到底"的决心，在杭州学联和各校同学的支持下，同反动当局展开"面对面"的斗争，向社会连发了5次宣言，举行了多次游行请愿活动。一师师生的正义斗争，得到全国各地各界的声援，全国各大中城市、全国各界联合会、留日浙江同乡会、留美浙籍学生等纷纷来电来函声援。全市学生并肩战斗，省内外及全国各界知名人士的同情支持和出面调停，反动当局发出的解散学校的"休业令"和出动500多军警包围学校、强拖硬拉学生出校的一系列迫害和镇压被挫败，反动当局被迫接受学生提出的立即撤退驻校警察、收回解散一师的命令和定期开学、原有教职员复职、撤销新校长的任命等各项要求。最后经教育界知名人士、北京大学校长蒋梦麟出面调停，并推荐姜琦出任校长，学生同意，姜琦也表示愿意维持一师经校长改革精神，巩固浙江文化基础，历时两个多月的"一师学潮"始告平息。

　　4月中旬，杭州学联又发动了驱逐镇压"一师风潮"的浙江反动势力代表省长齐耀珊和教育厅厅长夏敬观的斗争。在全国学联、省内外各团体和各阶层人士支援下，省议会于6月16日通过"弹劾省长齐耀珊案"。齐耀珊、夏敬观被迫先后辞职离杭。

　　"一师风潮"是1920年全国学生运动中最为突出的事件之一，也是五四运动以后浙江思想界新旧思想、新旧文化的一次重要交锋。通过斗争，反动当局虽在最后仍仗其高压政策，撤换了经亨颐校长和解聘了陈望道等4位新派教师，但他们并不能摧毁浙江的新文化运动，革命的火种并没有熄灭。相反，斗争进一步巩固和发展了浙江新文化运动的成果，为中国革命培养和造就了一大批勇于追求真理、决心救国救民、改造中国社会的有志青年。

　　"一师风潮"后，一批曾在杭州学习、工作过的知识分子前往上海、北平等地参与新文化运动，积极宣传马克思主义。与此同时，杭州进步学生的思想认识有了进一步提高，他们创办了《钱江评论》《杭州学生联合会报》等刊物，介绍新思想，探索救国救民的道路和改造社会的方法，推动了马克思主义在杭州的传播。

二

投身工农运动

　　具有初步共产主义思想的青年学生，经过五四运动的锻炼，开始认识到工农劳动群众所显示出来的伟大力量。因而他们开始改变对人民群众的看法，逐渐认识到要真正改变中国社会的现状，必须发动广大的工农群众起来进行革命斗争。于是，他们一方面努力学习马克思主义，一方面决心到工农群众中去进行宣传和组织工作，走上了与工农相结合的道路，工农运动得到了蓬勃的发展。

早期的杭州工人运动

　　五四运动以后，杭州青年学生纷纷走出学校，到工厂和农村去，了解工人、农民的疾苦和要求，直接给他们做宣传和组织工作，以提高他们的觉悟，促进工农革命斗争的开展。由于排印报纸和刊物的关系，杭州的一些学生首先与印刷工人发生了关系。他们对工人进行了"工人养活资本家，而不是资本家养活工人"的教育，工人觉悟大大提高。1920年7—8月，在一师进步学生的帮助和印刷职工倪忧天、徐梅坤等的努力下，成立了"浙江印刷公司工作互助会"，并通过了互助会

11

草案。工作互助会一成立，就把改善工人生活、组织工人斗争作为使命。他们改变不合理的工作制度，把包工分工制改为包工统工制，减轻了工人的劳动强度，提高了工人的工资。

12月，浙江印刷公司工作互助会在进步学生的帮助下，创办了《曲江工潮》，这不仅是浙江第一份工人刊物，也是当时全国最早的工人刊物之一。一师学生钱耕莘、魏金枝等先后担任过主编，向工人进行通俗的马克思主义宣传。它以革新旧工业、研究新技术、图谋工界福利、增进工人知识为宗旨。宣中华、施存统、刘大白、安体诚等进步知识分子，一师及省立第一中学的许多进步师生都积极为该刊撰写稿件，使得该刊对进一步沟通和密切知识分子与工人群众的关系，起到了促进作用。第3期刊登《仇敌和恩人》《劳动和文明》《工人解放的先决条件》《反对遗产制》《工人教育的目的》等文章，用通俗的文字、浅显的道理，如实地描绘了工人在资本家统治下如何过着被剥削被压榨的悲惨生活，向工人说明劳动创造世界、劳动创造价值和资本家剥削劳动者剩余价值的道理。在《仇敌和恩人》一文中向工人大声疾呼："工人只有赶快猛醒，团结起来，打倒资本家和它的爪牙——工头，才能摆脱这种被奴役的地位。"《曲江工潮》共发行14期，所发表的许多文章大胆地举起工人解放的旗帜，用鲜明的观点表明自己的立场，用通俗的语言向工人宣传必须彻底打碎这无情世界的道理，启发工人的阶级觉悟。

在办刊过程中，互助会的组织者意识到，要办好工人自己的刊物，必须提高工人的文化水平。于是青年知识分子在工人比较集中的地方创办了工人业余补习学校和识字班，不仅向工人传授文化知识，还向工人宣传新思想，启发工人的阶级觉悟。一师学生钱耕莘和余大同等做过教员，宣中华也常来和工人聊天，还向补习学校的学生作过《我们为什么要反对"二十一条"卖国条约》《资本家是工人养活的，还是资本家养活工人》的演讲，通过这种方式把进步知识青年同工人群众联系起来，把青年运动与工农运动结合起来。很多参加过业余补习学校学习的工人，后来走上了革命道路。

互助会的活动推动了杭州的工人运动。1921年五一节，在互助会的发动下，组织了以印刷工人为先导的杭州各业工人的全市大游行。此后又在互助会的基础上筹建"杭州工人协会"。

在进步知识分子的帮助下，杭州的工人运动此起彼伏，尤其是印刷业和理发工人的斗争，揭开了浙江现代史上工人运动的序幕。

由于青年知识分子在工人中做了卓有成效的工作，工人阶级的组织程度和觉悟程度有了很大提高，马克思主义同工人运动逐步结合起来，使工人阶级的斗争更加蓬勃地发展起来。这一时期的杭州工人运动，不仅在数量规模上超过了过去，而且政治罢工斗争显著地增加。其中规模较大的有：1921年4月，杭州店员工人罢工；5月3日，2000余名布厂工人总罢工等。其中规模最大、斗争最剧烈的是杭州理发工人的罢工斗争。在革命知识分子的直接帮助下，5月，杭州市280余家理发店1000余名理发工人为反对雇主的苛刻剥削，要求改善生活和增加工资，联合举行大罢工。16日，工人们派出代表参加全市理发店雇主召开的会议，向雇主提出了要求，但遭到拒绝。理发店雇主还勾结官厅毒打工人，并拘捕了工人代表和工人7名。24日，全体理发工人宣布罢工，举行集会抗议，结果又遭到了反动军警的干涉和阻挠，三四十名工人被捕，但工人们并不屈服，他们除继续坚持罢工外，还先后发出了抗议反动统治当局迫害工人和要求各界援助的两个宣言。

工人群众的坚决斗争及社会各界舆论的支持，迫使反动当局不得不在28日释放被捕工人，并惩办迫害工人的凶手，增加工人的工资。罢工斗争取得了胜利。

这次罢工是杭州第一次行业总同盟大罢工，在这次罢工中，青年知识分子起了重要作用。当时，他们深入理发行业，调查工人的生活状况及劳资关系，并且脱下学生装，穿上工人服，剃了和尚头，同理发工人一起，直接参加斗争。

萧山衙前农民运动

先进的知识分子在和工人运动相结合的过程中，也注意与农民的联系。他们深入农村调查农民生活，宣传减租减息，教育农民，培养骨干。在声势浩大的萧山衙前农民运动中，以宣中华等人为代表的青年知识分子起了极大的推动作用。

1921年秋，一师进步师生刘大白、宣中华、徐白民、唐公宪和杭州女子师范的杨之华等，应早期中共党员沈玄庐之邀到萧山衙前村，从创办"衙前农村小学"着手，开展农民运动。在免费招收农民子弟入学的同时，开设成人班向农民讲授文化知识，宣传革命道理，介绍城市工人运动、学生运动的情况，启发农民要团结起来开展减租抗税、捍卫自身权益的斗争。这些进步青年知识分子通过讲课、家庭访问座谈、开会演讲、茶店喝茶、桥头乘凉等多种形式，跟农民谈心，向广大农民讲解农民之所以受压迫、受剥削的道理，启发农民群众的阶级觉悟，破除"命中注定八字苦"的宿命论，只有团结起来，与地主阶级进行顽强的斗争，才能挣脱锁链，砸烂镣铐，改变自身的政治经济状况。

9月27日，萧山衙前农民协会成立，领导农民开展减租、反对奸商垄断米价、取消地主苛例等斗争。这是中国共产党领导下的全国第一个有组织有纲领的农民革命组织。农民协会发表了我国第一个反封建的革命纲领——《衙前农民协会宣言》（简称《宣言》）和《衙前农民协会章程》。《宣言》首先指出，"农民在中国历史上是被尊敬的人民"，"农民出了养活全中国人最大多数的气力"，"而这许多血汗所换来的，只有贫贱、困顿、呆笨、苦痛"。《宣言》明确提出"世界上的土地是应该归农民使用"，并号召农民行动起来，"我们的觉悟，才是我们的命运。我们有组织的团结，才是我们离开恶运交好运的途径。决定我们的命运，正是决定全中国人的命运"，为农民指出了自身解放的道路。

衙前农民协会成立后，推举贫苦农民李成虎、陈晋生、单夏兰、金如涛、朱梅云、汪瑞张等6人为协会领导者，开展了减租减息斗争，曾获得了取消地主原定的"倒四六"租额，废除"东脚费"和迫使奸商恢复原来十元银洋一石米价等的胜利。在衙前农民斗争的推动下，萧山、绍兴、上虞一带农民在两三个月内有82个村建立了农民协会。11月24日，成立了衙前农民协会联合会，10多万农民投入声势浩大的反抗封建地主阶级的斗争。农会组织的扩大、农民斗争的发展，引起了地主阶级和反动当局的不安，他们相互勾结，把农协领导者李成虎拘捕入狱，凌虐致死；强行解散了衙前农民协会。斗争受到了挫折，运动转入低潮。

衙前农民运动是中国共产党成立后领导的第一次有组织有纲领的农民运动，被称为"全国农民运动的历史上最先发轫者"。衙前农民运动给农民留下了深刻的影响，它为党成立后在浙江农村领导农民革命斗争打下了基础。当1927年北伐军来到萧山时，衙前农民协会很快恢复成立，波澜壮阔的反封建农民运动很快兴起。

三

青年团杭州地方组织的建立与初步发展

五四运动以后，马克思主义在中国得到进一步传播，全国很快出现了一个研究和宣传马克思列宁主义的新潮流。在这个新潮流中，杭州的进步知识分子和青年学生，广泛地介绍和推销全国各种进步报刊，并纷纷组织进步社团，创办刊物，颂扬和介绍俄国十月革命经验，为马克思主义在青年中的传播起到了极大作用，从而使杭州的先进知识青年的思想觉悟有了很大的提高。一部分人已初步确立对马克思主义的信仰，一部分人虽还未确信哪种主义，但他们的思想都倾向进步，对黑暗的旧社会不满，要求革命，推翻压在人民头上的两座大山，建立独立富强的中国。在宣传马克思主义的同时，还投身于如火如荼的实际斗争中，推动了马克思主义与青年运动的结合。

浙籍先进分子参加建团活动

五四运动以后，青年知识分子通过革命思想的熏陶和工农运动实际斗争的锻炼，在唤醒民众的同时，也促进了自身革命意识的发展和成熟，勇于追求真理，决心救国救民，改造中国社会，开始由激进的民主主义者向共产主义者转变。

1920年4月，俄共（布）代表维经斯基来华，会见李大钊、陈独秀，讨论建立共产党的问题，杭州五四运动中的学生领袖俞秀松担任其助手，协助他做了大量工作。5月，陈独秀组织成立了上海马克思主义研究会，从杭州走出去的浙籍先进分子陈望道、施存统、俞秀松、沈玄庐、刘大白等参加。6月，陈独秀同李汉俊、俞秀松、施存统等人开会商议，决定成立共产党组织，俞秀松参加了起草党的纲领工作。8月，共产党早期组织在上海《新青年》编辑部成立，陈独秀任书记。至党的一大召开之前，上海的共产党早期组织共发展成员17人，陈望道、施存统、俞秀松、沈玄庐均在其列。

为了更好地在青年中进行社会改造和马克思主义的宣传，更好地团结和教育大批优秀青年，上海共产党早期组织在成立的同时，决定组建青年团。陈独秀派小组里最年轻的成员俞秀松出面筹建社会主义青年团。8月22日，上海社会主义青年团成立，发起人有浙籍先进分子俞秀松、施存统、陈望道、沈玄庐、叶天底等。俞秀松任书记。9月，俞秀松主持制定社会主义青年团章程，并写信联络、指导各地建团。之后，俞秀松、叶天底、施存统等经常往返于沪杭之间，进行革命活动，传播革命种子。当时，杭州青年运动中的部分骨干如汪寿华、韩慕涛、梁伯台、胡公冕等也相继去上海，接受进步思想。1921年3月，中国社会主义青年团临时中央执行委员会在上海建立，俞秀松任书记。

中国社会主义青年团杭州支部的建立

　　马克思主义在杭州青年中的广泛传播和杭州工人运动的发展，以及二者走向结合的初步实践，锻炼造就了一批献身于中国解放事业的革命分子，为杭州社会主义青年团的建立作了思想上、干部上的准备。

　　1921年7月，中国共产党正式成立后，中国革命和青年运动迈进了一个崭新的阶段。党的一大研究了在各地建立和发展社会主义青年团作为党的预备学校问题，并派了许多党员到各地建立、恢复和加强团的工作。10月，受党中央指派，倪忧天作为杭州工人协会代表，宣中华作为浙江农协代表一起赴莫斯科，参加远东各国共产党和民族革命团体第一次代表大会，聆听了列宁的报告。

　　1922年4月初，团临时中央局派俞秀松来杭指导筹建社会主义青年团。俞秀松一到杭州，就与一师、安定中学等校进步学生取得联系，很快发展了一批团员。19日，中国社会主义青年团杭州支部在皮市巷3号成立，团员有俞秀松、宣中华、倪忧天、唐公宪、徐白民、金佛庄、韩伯画、俞尔衡、李宪仲、王华芬、魏金枝、华林、赵并欢、钱耕莘、郭静唐、瞿文候、朱文瑞、张春浩、俞庆源、王贯三、邵季昂、钱义璋等27人，俞秀松担任书记。团杭州支部是浙江省第一个青年团组织，也是全国最早建立的17个团组织之一。

　　杭州青年团组织的建立，是五四运动以来杭州地区革命运动深入发展的必然结果；而它的建立，又推动了革命运动的向前发展。杭州青年团在早期革命斗争中，充分发挥了党的助手作用，大大提高了青年、团员们的马克思主义理论水平。许多进步青年通过马克思主义的教育与革命斗争的锻炼，成为坚定的马克思主义者。青年团团结广大进步青年，站在革命斗争的最前列，培养造就和输送了一批优秀的革命活动家，如俞秀松、宣中华等，真正发挥了党的先锋桥梁作用，这些光辉业绩永远鼓舞着后人继续为共产主义事业而奋斗。

青年团杭州支部的初步发展

杭州社会主义青年团诞生后，就在党的领导下开展了积极而有效的革命活动，并在实际斗争中显示了革命青年先进组织的彻底革命精神，成为领导青年运动取得胜利的希望。

杭州社会主义青年团建立以后，团员发展很快。1922年6月7日，社会主义青年团杭州支部根据团中央执行委员会的指示，扩组为地方执行委员会，成立第一届团杭州地委，选举韩伯画、徐白民、吴明、詹炎、胡公冕等5人为执行委员。设立书记、经济、宣传三个部，由韩伯画、徐白民、吴明分别担任书记和主任。杭州社会主义青年团有了比较健全的组织系统。同时选派团员到各地进行联络，为筹建各地团的基层组织做了大量工作，也为中共杭州地方组织的建立奠定了基础。

杭州地方团组织建立后，首先着重抓新团员的发展工作，把工厂、学校作为团的基本单位，指定组织员负责各厂、校团员的发展工作。他们深入市区各工厂、学校开展社会调查。还发起组织了浙江文化书局，公开成立了"马克思主义学说研究会"，开办工人补习学校，开展了各种形式的演讲宣传活动。同时，加强对团员的教育，规定每个团员必须购买阅读团中央机关报《先驱》。每次团员大会，由团地委执行委员向团员报告国内外政治经济形势以及国内国际工运状况，并定时举行有关共产主义理论与实际经验的讲座。团地委还公开发起组织"马克思学说研究会";由团员组织演讲队、编演节目,举办演讲会和节日纪念活动。

7月9日,团地委召开大会,胡公冕作了《关于世界工人运动史的经验和我们应该采取的方针》的报告,指出了工人运动的方向。党团员深入工人中间,宣传和研究马克思主义,建立工人自己的组织,开办工人补习学校。11月间,团员宣中华、钱义璋、魏金枝、王贯三等人在萧山创办《责任》周刊等,向团员和青年宣传马克思主义和反帝反封建的革命主张。

9月初,中共杭州小组在皮市巷3号建立。从此,杭州青年的革命斗争,在党团组织的直接领导下,进入了新的阶段。1923年春,中共杭州小组扩建为支部。在中共杭州支部的领导下,杭州团组织深入工农群众中开展宣传马克思主义、宣传党的反帝反封建的民主革命纲领,揭露帝国主义和北平军阀的黑暗统治,推动革命运动的发展。金佛庄参加了团杭州地委组织的杭州青年协进会及其编辑出版的《协进报》半月刊的工作;沈干诚在闸口铁路机修厂创办了工人自修夜校,亲任语文教师,培养了一批工人运动的骨干;倪忧天组织排字工人,发起成立了"杭州印刷工人俱乐部",以"联络感情、增加知识、促进道德、完全人格"为宗旨,向工人群众宣传马克思主义。

随着革命形势的不断发展和革命青年思想觉悟的不断提高,团组织得到了进一步的壮大和完善。到1924年3月,杭州团员人数增为33人,基层支部5个。许多优秀团员被吸收入党,使社会主义青年团成为党的名副其实的"预备学校",不断增加党的新鲜血液,壮大党的组织。在杭州党组织领导下,杭州团组织迅速发展起来。从1924年起,团杭州地委在进行内部整顿和训练团员的同时，努力开展铁路、电灯、电话、邮政系统的工人运动，组织团员筹建青年补习学校。

团组织经常组织团员调查本地方工人经济生活状况，揭露资本家对工人的剥削和压榨，使团员青年认识到工人阶级是改造社会的伟大力量。团地委还派执行委员詹炎参加杭州印刷公司工会筹备工作，帮助恢复印刷工会和糖业工会。一些团员则在工厂中组织和主持工厂俱乐部工作。1922年，杭州工人为庆祝五一国际劳动节，举行了规模盛大的罢工和示威游行。1923年5月9日，举行了五九国耻纪念日游行活动。9月，工人、学生和各界群众万余人，集会湖滨公众运动场，反对曹锟贿选总统和军阀的反动统治，会后举行示威游行。1924年5月1日，青年团员、工人2000余人集中在湖滨公众运动场，召开纪念大会，宣中华、沈玄庐、倪忧天、张秋人等先后登台演讲，号召全体劳动者联合起来，反抗列强，打倒军阀，争取民主自由。会后举行声势浩大的游行。

在农村工作方面，团员宣中华、何赤华、唐公宪、王贯三、赵并欢等到萧山衙前小学担任教员，创办农村夜校，举办"农民谈话会"，开展建团工作。

工农运动的发展，使学生中的团员有更多机会接触工农，熟悉了解工农，走与工农相结合的道路，在工农运动中锻炼成长。杭州党团组织的发展壮大，显示出中国工人阶级坚定的革命性和坚强的战斗力，有力地推动了革命统一战线的巩固和发展，为党同其他革命力量合作、掀起全国规模的大革命准备了一定条件。

四

投身大革命洪流

1922年8月，中国共产党在杭州召开西湖会议，确立第一次国共合作的原则。1923年6月，召开中国共产党第三次代表大会，确定了国共合作的方针。国共合作实现后，在杭州迅速形成了轰轰烈烈的大革命高潮。杭州青年团积极贯彻共产党的国共合作方针，参加帮助国民党重建和改组工作，参加巩固广东革命根据地斗争，协助共产党掀起大革命高潮。

推动国共合作和国民革命

中国共产党人在革命斗争中认识到结成最广泛的统一战线的重要性，决定采取积极步骤，联合孙中山领导的中国国民党。党的三大正式确定了与国民党合作，建立民主统一战线的决定。决定共产党员以个人身份加入国民党，同时保持共产党在政治上、思想上的独立性。大会还要求社会主义青年团应积极参加国民革命运动。青年团立即行动，积极参加帮助国民党改组和推动国民革命运动深入发展的工作。在团组织带领下，团员和进步青年踊跃到广东黄埔军校学习，参加广东革命根据地的建设。

1923年8月，中国社会主义青年团在南京召开了第二次全国代表大会，它坚决地接受了党的三大确定的与国民党建立统一战线的方针，并采取了与党同一的步骤，决定社会主义青年团团员以个人名义加入国民党。杭州团地委唐公宪出席了这次大会，回来后不久就担任了杭州地方团执行委员长。之后，杭州青年团积极配合党帮助国民党改组，建立革命统一战线，把改组国民党作为全团的中心任务。团员以个人名义跨党、跨团加入了国民党，为国民党增加了革命血液。

1924年1月，国民党一大在广州召开，大会通过了共产党员和社会主义青年团员以个人身份加入国民党的决定，确定了联俄、联共、扶助农工的三大政策，标志着第一次国共合作正式形成。3月底，由中共党员沈玄庐、宣中华、俞秀松等为主筹建的国民党浙江临时省党部成立，当选的委员中，共产党员、青年团员和国民党左派人士占了绝大多数，起着骨干作用，并且共产党员和共青团员在其中担任重要职务。国民党浙江临时省党部的成立，标志着第一次国共合作在杭州的实现。6月，国民党浙江临时省党部创办了机关刊物《浙江周报》，撰稿人大多是跨党的中共党员和社会主义青年团员。该刊以大力宣传国民革命的思想为宗旨，明确指出，改组后的中国国民党是领导人民群众开展反对帝国主义、反对军阀旧官僚统治斗争的革命政党；大声疾呼全省人民团结起来，反抗帝国主义的侵略，收回关税、收回教育权，争取言论、出版、集会、集社的自由；提出开展农民运动的积极主张；并号召广大爱国学生继承五四光荣传统，用彻底的、一致的团结精神，去实行国民革命。

在杭州党、团组织和国民党左派的共同推动下，杭州的国民革命运动开始蓬勃发展。杭州的青年团组织积极响应中央号召，开展了建立统一战线的工作。他们通过演讲会、研究会、出刊物、发传单及纪念活动等多种形式，大力宣传共产党反帝反封建的政治纲领和孙中山先生以联俄、联共、扶助农工三大政策为灵魂的新三民主义。国民党一大后，杭州地方团又在党的领导下，通过反对伪和平会议、纪念二七惨案、五四纪念大会，向青年宣传孙中山先生的新三民主义。这一系列的宣传工作，为团结各界青年积极投入大革命运动奠定了基础。1924年8月31日，成立了国民党浙江省临时执行委员会，出现了浙江国共合作的新局面。1925年1月，中国社会主义青年团三大决定将青年团改名为中国共产主义青年团。在共青团杭州特支的积极帮助下，青年学生、青年工人积极加入国民党。

参加黄埔军校

国共合作实现后，国民革命的影响迅速扩大。这时，以广州为中心，汇集全国革命力量，形成反对帝国主义和封建军阀的革命新局面。先后由彭湃、毛泽东等主持，在广州开办6届农民运动讲习所，培养了一批农民运动骨干。学生运动和妇女运动也得到发展。

为造就革命武装的骨干力量、培养革命军事干部，国共两党合作创办黄埔军校。1924年5月，孙中山在广州黄埔创办陆军军官学校。中国共产党积极支持，从各地选派大批共产党员和青年团员入校学习。周恩来、恽代英、萧楚女、聂荣臻等先后担任军校领导和教学工作。浙江青年团积极选派优秀团员和进步青年到黄埔军校学习，参加广东根据地的建设。杭州团组织选派了宣侠父、汪志清、周梦莲、樊松华、宣铁吾等5人进黄埔军校第一期学习。宁波、绍兴团各选派2人，嘉兴团选派1人去黄埔军校学习。团杭州地方委员会委员胡公冕受团中央的指派，到浙南一带为黄埔军校招募学生，后来胡公冕本人也到黄埔军校工作，曾任黄埔军校校卫队队长。从黄埔军校第一至第四期毕业的浙籍学员共419人，仅次于广东、湖南、湖北，他们中有许多人参加军校的教育和行政领导工作。

随着革命形势的发展，黄埔军校改名为中央军事政治学校。军校政治部宣传科科长由杭州青年团早期领导人安体诚担任，他与另一位黄埔学生合作负责编辑的校刊《黄埔日刊》集中宣传了孙中山的三大政策，发表该校官生有关革命言论，对扩大中国共产党的影响，团结全体官生，把国民革命进行到底起了重要作用。

响应五卅运动

1925年5月15日，上海日商纱厂的日本工头枪杀青年工人、共产党员顾正红。在中共的领导下，团中央通过上海学联，发动学生响应党的号召，走上街头，开展反对帝国主义暴行和支援受难工人的宣传募捐活动。并决定举行反帝大示威，共青团中央局成员恽代英担任上海学联组织的学生反帝示威活动总指挥。5月30日，上海2000多名学生、工人上街游行示威，遭租界英国巡捕枪击，打死学生、工人13人，伤数十人，制造了震惊全国的五卅惨案。当晚，中共中央召开紧急会议，决定把斗争扩展到各阶层人民，号召全国被压迫的民众团结起来，反抗帝国主义野蛮屠杀。全国学生总会立即通电全国，号召全国学生一致罢课，并呼吁全国民众急起声援。一时如火如荼的反帝国主义怒潮奔腾汹涌，席卷全国。

杭州青年积极响应五卅反帝爱国运动。5月31日，学生代表参加了中共杭州支部召开的号召杭州人民紧急行动起来反击帝国主义暴行的动员大会。宣中华受中共上海地委的指派来到杭州，报告五卅惨案的经过，痛论中华民族的危机及中国青年拯救祖国的光荣职责，号召全市立即行动，反对帝国主义的暴行。会场响起"为死难者报仇""收回英租界！""打倒帝国主义！"的口号。曾被军阀政府解散的杭州学生联合会也恢复机构，开展活动。

6月1日，浙江省教育会召开各校共青团员和教育界代表联席会议，宣中华作报告，指出："救国的责任不应光负在上海一部分学生及市民身上，杭州学生及各界都应起来救国，援助上海被惨杀的同胞。"共青团员们立即回校行动。杭州学生联合会和杭州青年协进会当即召开紧急会议，决议"一致援助"。2日，在省教育会礼堂举行为声援五卅惨案的杭州各校学生代表临时紧急会议。会上成立了"杭州中等以上学校学生五卅惨案后援会"。声援五卅反帝爱国运动，在杭州学联的组织推动下，很快就由学校走向社会。学生组织了上千支宣传小分队，深入大街小巷，奔赴穷乡僻壤，即席演说、张贴标语、散发传单，并编演《亡国恨》《血泪仇》《同胞血》《南京路上惨案》等剧，宣传上海五卅惨案的经过，揭露帝国主义残杀我国同胞的罪行。

6月3日，杭州90余所学校、100多个团体、5万余人齐集在湖滨公众运动场举行国民大会。会场响彻"打倒英日帝国主义""誓为上海死难同胞复仇""血债必须以血偿还""收回拱宸桥日本租界"等口号。大会发表了宣言、通电，提出了"惩凶恤死、收回租界、废除不平等条约、经济绝交、抵制日货"等11项要求。会后举行了反帝大游行。

　　为了统一指挥学生运动，1925年6月，全国学生会总会在团中央负责人恽代英、任弼时的领导下召开了第七次全国学生代表大会。恽代英作了《"五卅"后政治形势》的报告，提出"全国一切民众团结起来，打倒帝国主义！"大会确定了反抗帝国主义与废除不平等条约，作为中国学生的最大使命，号召全国学生做"全国民众运动的勇猛的冲锋队"。会后，全国学联总会及上海学联派代表来浙江宣传、指导运动。团中央执行委员会委员恽代英、张秋人也来浙江省指导，使杭州的青年运动更有组织地发展。

　　杭州学生后援会联合省教育会、省农会、杭州律师工会、杭州商会等于6月4日成立杭州各公团联合会，使杭州的反帝运动有了公开的指挥机构。为了支援上海工人罢工斗争和死难同胞的家属，学生后援会又展开了大规模的募捐活动。有的去萧山、富阳、诸暨、海宁、德清等县城乡宣传劝募。共募捐5万元，悉数汇寄上海。学生还组织抵制敌货的纠察队，宣传提倡国货，并和店员工人一起到各大商店、车站、码头，查禁洋货、焚烧洋货。

　　在党组织的领导下，共青团通过学联会纷纷举办工人夜校、平民夜校，帮助工人提高文化和政治觉悟。学生通过对工人的接触，体会到工人阶级是革命的主要力量，密切了对工人阶级的感情，成立了杭州第一个产业工人的赤色工会——杭州机织工会。之后又相继组织了印刷工会、邮务工会、铁路工会，并在此基础上成立了总工会，工人运动得到迅速发展。

　　根据共青团三大的决议，将1925年圣诞节前后一个星期作为"反基督教周"，杭州又掀起了一次反对帝国主义、反对文化侵略的宣传高潮。12月25日圣诞节晚上，"非基同盟"会员分赴蕙兰中学、弘道女中等教会学校，以及青年会和各礼堂进行了反对帝国主义糖衣炮弹的文化侵略、不做洋奴等的宣传，散发传单、张贴标语。在共产党人张秋人等同志的指导下，又把以反对帝国主义宗教文化侵略为主要目标的非基督教运动，汇入全民族反对帝国主义侵略怒潮之中，发生了杭州广济医专、冯氏女校学生为争取爱国权利，不愿做洋奴，而集体离校的壮举。

杭州的"非基"运动，有力地配合了"废除不平等条约、反对帝国主义"运动，大大地削弱了帝国主义宗教文化侵略的阵地，成为全市青年反对帝国主义斗争中的一个重要组成部分。

在这次空前的五卅反帝怒潮中，杭州的青年学生以坚强的意志、彻底的革命精神，出现在运动的风浪里，给帝国主义及其走狗以沉重的打击，极大地提高了杭州人民反帝反封建的觉悟和组织程度，为提高中国共产党和工人阶级的威信，揭开第一次大革命的序幕，作出了自己的贡献，并为此后大革命在浙江省的发展奠定了基础。

掀起大革命高潮

国共合作成立后，一个包括全国各族绝大多数人民在内的国民革命运动迅速兴起。经过共产党、共青团的群众发动工作，中国的广大民众都投入轰轰烈烈的大革命中，工农运动、爱国反帝运动、反军阀争民主运动，相互推进，向前发展，掀起了中国人民反对帝国主义封建主义斗争的大革命高潮。在这个斗争高潮中，杭州共青团在共产党的领导下，带领青年始终战斗在斗争的最前线，向帝国主义、封建主义势力发动猛烈的进攻，谱写了杭州青年运动史壮丽的篇章。

1924年5月31日，中苏两国签订《中俄解决悬案大纲协定》和《中俄暂行管理中东铁路协定》，废除帝俄与中国所订立的一切有损中国主权及利益的条约，苏联政府放弃帝俄时代在中国划定的租界、赔款及领事裁判权等。中苏协定的签订，在中国人民中引起强烈反响，以此为契机，全国兴起大规模的废除不平等条约运动。从7月开始，北平、上海、武汉、长沙、广州、杭州等地的群众团体和各界人士，纷纷组织反帝同盟，召开群众会议，发表通电和宣言，展开反帝废约宣传。

废除不平等条约运动是一场包括上层人士参加的广泛的群众性的反帝国主义运动，它起到了动员中国人民进行反帝国主义斗争的作用。孙中山北上后，废除不平等条约运动同召开国民会议运动结合起来，形成更为巨大的群众运动的洪流。

11月，孙中山应冯玉祥电邀北上，发表《北上宣言》，提出召开国民会议等主张。中共中央发表《对于时局的主张》，全力支持孙中山《北上宣言》关于国民会议的倡议，并在全国发起了召集国民会议运动。浙江、杭州青年团组织立即发表通电、声明，表示拥护，并发动团员青年积极参加，努力促成国民会议的召开。在中共杭州支部的领导下，杭州印刷工人俱乐部、临时省党部致电拥护孙中山北上。12月15日，在杭工人协进会、青年协进会等17个团体组成的浙江省国民会议促成会筹备会，中共党员安体诚，社会主义青年团员邵季昂、黄中美等为筹备委员。1925年1月4日，成立了"浙江国民会议促进会"，宣中华、俞秀松、安存真、吴文祺、查猛济、沈玄庐为委员，其中绝大多数是共产党员、青年团员。他们分头组织演讲队，赴街头、公共运动场等处宣传演讲。在《浙江民报》开辟国民会议特刊，并通电全省国民党员和共产党员、青年团员迅速行动起来，组织民众成立国民会议促成会。对段祺瑞政府企图以假和平的手段欺骗民众的所谓"善后会议"，中共杭州支部书记安体诚以"青年协进会"的名义通电反对。

1925年3月12日，孙中山先生病逝，杭州共青团组织致电表示哀悼。4月12日，根据团中央关于团员、青年在中国共产党的领导下，团结无产阶级青年与一切被压迫的青年，完成孙中山先生尚未成功的工作——中国的民族革命的号召，积极配合左派国民党在西湖边的公共体育场举行了盛大的追悼大会和集会游行，杭州各界万余人参加。这场追悼孙中山先生的群众运动与国民会议促成会相结合，形成了新的反帝、反封建、反军阀的政治活动，推进了杭州国民革命运动的深入开展。

大革命是一场以工农群众为主体的、包括民族资产阶级和上层资产阶级参加的人民革命运动。它沉重打击了帝国主义在华势力，基本上推翻了北洋军阀反动统治，使民主革命思想在全国范围内得到了空前传播，促进了中国广大民众的觉醒，为后来党领导的土地革命战争奠定了群众基础，推动了中国社会的进步。

1926年7月，国民革命军誓师北伐，团中央立即响应党的号召，召开第三次扩大会议，动员和组织广大团员青年参加北伐战争。28日，团中央领导下的全国学联召开了第八次全国代表大会，通过了《拥护国民政府并赞助北伐决议案》，号召全国青年学生从本地实际出发，宣传群众、组织群众，积极参加北伐战争。浙江青年团和学联响应团中央号召，向广东国民政府发电、发函，拥护北伐。在这之前，浙江的党和团发动了一大批青年参加广州的国民革命军，在平定商团叛乱，扫除滇桂军阀杨希闵、刘震寰叛乱和讨伐陈炯明的两次东征战役中，立下了殊勋，从而为广东革命根据地的统一与巩固作出了贡献。

北伐军势如破竹，军阀孙传芳在江西屡次惨败，主力遭到严重损失。其部下浙江省省长夏超在共产党的策动下，宣布"反孙独立"。共青团员利用这个有利时机集中宣传北伐的意义，号召青年响应北伐军的胜利进军，积极组织参加党发动的各界群众大会。杭州总工会、学联会查封了孙传芳的财产和直系的喉舌——《大浙江报》。共青团员和共产党员一起组织前敌宣传队，慰问前线将士。共青团员还参加前线运输队，为部队运送作战用品。夏超"浙江独立"失败后，革命团体虽受到破坏，一批共产党员和共青团员被捕，但阻止不了革命的进程。团员和进步青年一起继续发传单、贴标语，宣传北伐军胜利进军的消息，准备迎接北伐军的到来。

12月，北伐的东路军进到衢州。杭州的全体党、团员在玉皇山脚下举行了大会，对于如何迎接北伐军、如何夺取孙传芳的军用仓库，以及如何破坏水陆交通要道、切断军阀部队退路等问题进行了周密的布置。之后又发动骨干积极分子进行"十分钟演说"，宣传孙传芳军吃败仗和北伐军胜利的消息。同时秘密组织了工人纠察大队，由闸口铁路机厂的党团员组成精悍的"铁道队"，监视敌人行动、侦探军情、破坏铁道、缴夺散兵枪械，为北伐军带路、运送军队和弹药，不久即和北伐军的先遣部队取得联系，提供有关孙军的活动情况和铁路军运情况。

在党团组织的领导下，工人群众对孙传芳部设在玉皇山天龙寺的军用仓库不断进行扰乱破坏，张贴标语，散发传单，扰乱孙传芳部队的军心。同时为了有效地阻止军阀部队乘火车从铁路上逃走，闸口铁路机厂修车工人中的党团员秘密地把机车上的几个主要零件拆了下来，巧妙地进行技术性的破坏，使机车开不动、拉不出。另外，还先后拆毁艮山门站、嘉兴至石湖荡等段的轨道。

在北伐军的强大声势面前，军阀孙传芳如惊弓之鸟，于1927年2月16日逃离杭州。17日，北伐军在工人纠察队的陪同下，浩浩荡荡开进杭州城，杭州人民夹道欢迎。次日，青年学生、产业工人、市民群众5万余人举行了庆祝杭州光复的大游行，并在城站广场集会，成立杭州各界联合会。2月，北伐军光复浙江全境，彻底推翻了军阀孙传芳在浙江的反动统治。

北伐战争是在共产党提出的反对帝国主义、反对军阀的口号下进行的。北伐进军过程中，共产党员、共青团员舍生忘死，发挥了先锋模范作用。北伐战争打垮了由帝国主义支持的吴佩孚、孙传芳几十万的封建军阀武装，动摇了帝国主义势力和封建军阀的反动统治。在这彪炳千古的史册中也清晰地记载着杭州青年光辉的一页。

五

坚持反抗国民党反动统治的斗争

1927年4月12日，蒋介石在上海发动反革命政变，公开背叛革命。大革命失败，全国陷入一片白色恐怖之中，中国共产党领导的人民革命斗争进入极其艰苦的土地革命战争时期。面对反动派的血腥屠杀，中国共产党人没有被吓倒、被征服、被杀绝。他们从地上爬起来，擦干净身上的血迹，掩埋好同伴的尸首，又继续战斗。杭州和浙江省各地党团机关也屡遭破坏，一批批党团负责人和革命者被捕入狱，英勇就义；一批批后继者又临危受命，冒着死的威胁顶上来，进行恢复、整顿党团组织的工作，开展斗争。武装暴动和工农红军游击活动，此起彼伏，虽一再遭到镇压，又一再重新兴起。这样的反复斗争，贯穿于整个十年土地革命战争时期，终使革命火种在杭州地区延续下来，而且得到发展壮大，迎接着抗日战争、解放战争革命高潮的到来。

在白色恐怖下坚持斗争

1927年4月11日，在浙江和杭州的国民党右派，秉承蒋介石"清党"密令，向革命者开刀，杭州陷入一片白色恐怖中。面对险恶的白色恐怖，杭州的团组织在党的领导下，没有被吓倒、被征服。他们从血泊中站立起来，高举武装斗争和土地革命的旗帜，进行了艰苦卓绝的斗争。

北伐战争在杭州地区的胜利，推翻了北洋军阀的反动统治，各进步党团组织和总工会、学生联合会、农民协会、商人协会、妇女协会等取得了公开合法的地位，活动十分活跃，促使工农群众运动空前迅速高涨起来。为反击国民党右派势力，在中共杭州地委领导下，组织罢工、罢课、罢市等群众政治运动。为配合上海工人第三次武装起义，沪杭甬铁路工人举行罢工。在工人运动蓬勃发展的同时，杭州各县的农民运动也迅速开展起来。杭县、萧山、建德、分水、淳安、桐庐等县纷纷成立农民协会组织，开展减租减息、反对高利贷、打土豪、分田地等农村革命运动。但潜伏在革命队伍中，代表帝国主义、买办资产阶级利益的国民党右派分子，对此十分恐慌仇视。1927年春，他们加速反共步伐，加紧与帝国主义和买办资产阶级的勾结，着手反革命政变的准备和行动。在浙江和杭州的国民党右派势力，抢先派黄埔系的反动分子章烈出任杭州公安局局长，同时到处勾结土豪劣绅，收买地痞和青帮流氓等，数度捣乱袭击杭州总工会、杭州学生联合会等处。

3月31日，杭州公安局出动大批军警，对连日来杭州总工会、杭州学生联合会等发动的抗议活动进行血腥镇压，向游行队伍开枪，打死打伤多人，逮捕数十人。4月初，国民党右派在上海以新军阀蒋介石为首开会作出反共决定。章烈到上海领得蒋介石授予的"以实力革除共产党"的秘密指令，于10日赶回杭州，当晚即宣布全城戒严，开始实施反革命政变计划。同日晚上，中共杭州地委和国民党省党部中的党团负责人召开紧急会议商量部署应急措施。

4月11日，章烈即指挥大批军警和流氓特务，分头封锁和包围了国民党省、市党部、杭州总工会、学联会等公开机关及一些事先侦知的革命者住宅，进行突击大搜捕。11日、12日两天就有共产党人和进步人士唐公宪、何赤华、宣中禅等30余人被捕；著名共产党人宣中华、张秋人等被通缉。12日晚，中共杭州地委主要负责人庄文恭、华林等秘密碰面商定，转入地下活动，并派出同志到宁波、嘉兴、上海等地传达消息，联络组织。14日，宣中华去上海向中央汇报，在龙华车站被捕，17日即被杀害。右派势力取缔了以左派为核心的党、政、工、学各级组织，实行"清党"，成立特种刑庭专门迫害被捕共产党人和左派人士。7月，著名人士何赤华、宣中禅等数十人被杀害。党、团和工会组织遭到严重破坏，许多党团员和革命志士被捕、遇害，杭州及各县的党团组织被迫转入地下。轰轰烈烈的大革命运动在杭州遭到失败。

大革命虽然失败了，但它的历史意义是不可磨灭的。中国共产党人进行了轰轰烈烈的革命斗争，表现出大无畏的自我牺牲精神，表现出宁死不屈的革命意志，在中国革命史上写下了可歌可泣的一页。大革命失败，白色恐怖笼罩杭州。杭州的团组织和青年运动，经受住腥风血雨的严峻考验，前仆后继，团组织屡遭破坏，屡破屡建，坚持斗争，革命烈火永不熄灭。

参加农民暴动

蒋介石和汪精卫背叛革命后，神州大地笼罩在腥风血雨之中。严酷的斗争和血的教训，使党深刻认识到，没有革命的武装就无法战胜武装的反革命，就无法夺取中国革命的胜利。1927年8月1日，南昌起义打响了武装反抗国民党反动派的第一枪，树起了坚持革命斗争的光辉旗帜。它是中国共产党独立领导革命战争、创建人民军队和武装夺取政权的开端，开启了中国革命新纪元。为了挽救中国革命，7日，中共中央在汉口召开紧急会议（八七会议），确定了土地革命和武装反抗国民党反动派的总方针。从此，中国革命进入了以武装斗争为主要形式、以土地革命为中心内容的新的阶段。

八七会议后，中共杭州地下党组织在新建立的中共浙江省委领导下，于8月建立党团合一的杭州支部工作指导委员会，统一管理全市69个支部577名党、团员，领导革命群众在白色恐怖下开展斗争。9月，省委决定建立中共杭州县委，革命力量和党团组织在斗争中得到了重新组合和发展，党团员发展到659名，领导6个区委、176个产业工会、60个村农协以及学联、妇联，使杭州成为全国革命形势恢复较快的地区之一。中共浙江省委召开杭州党的活动分子会议，提出今后的革命任务是进行土地革命、组织武装暴动，在城市组织罢工、罢课。会后，中共杭州县委立即组织工人、学生开展了一系列反对国民党统治的罢工、罢课斗争。

杭州地区党团组织积极贯彻党中央八七会议确定的土地革命和武装反抗国民党反动派的总方针，以及党的六大决议和团的五大精神，大批党团员深入工农群众之中，团结更广大的劳动青年在党的周围，进一步发动他们积极参加工农的革命斗争，组织武装起义，夺取政权，向国民党反动派进行英勇的反击和不屈不挠的斗争。在杭州地区就有富阳农民暴动、杭县西镇农民暴动和建德农民暴动等。虽然这些暴动遭到了失败，但是，在打击反动统治、探索革命胜利道路、播撒革命种子、扩大革命影响等方面，是有着深远的意义的；而革命者的顽强斗争精神和威武不能屈的气概，更是可歌可泣的。

富阳农民暴动。1930年4月下旬，杭州市行动委员会书记郑馨到富阳，指导县委召开党员活动分子会议，议决"响应诸暨暴动，举行富阳暴动"。全县组织2000余名农军，定于30日傍晚分6路集结县城周围待命攻城。由于暴动计划失密，使敌有备，调集兵力守城；各路农军行动受到限制，互相失联，未能发出攻城信号，只得各自撤回，暴动中途夭折，6名县委委员和20多名农军骨干被捕。

杭县西镇农民暴动。为响应以诸暨为中心的浙西总暴动，5月19日，杭县西镇区40多个自然村的2000多名农民，在中共西镇区委领导下，手持猎枪、马刀、锄头、木棍等，举行武装暴动，攻打地方武装"保卫团"，捣毁地主房屋，将财物、粮食分给农民。省府派保安大队等数百武装人员到西镇，搜捕党团员和暴动群众82人。

建德农民暴动。5月下旬，担任中共中央巡视员的卓兰芳来到建德，组织领导农民暴动。6月初，在大洋行台主持召开由40多人参加的建德县委扩大会议，作出了举行全县农民暴动的决定。先开展全县大规模的分粮斗争，把满仓数百担稻谷全部分光。分粮斗争首次告捷，很快发展到东、南、西区各地，全县参加分粮群众达1500余人，共分粮1000余担。6月底，卓兰芳再次来建德召开县委扩大会议，宣布建立行动委员会。7月6日，洋尾、大洋、麻车、三都等地先后开始暴动，攻打县城，夺取政权。焚烧田契，没收地主的粮食、钱财和衣物，分给贫苦农民；缴了土豪劣绅和地主武装的土枪，镇压个别反抗的恶霸地主，还数次击退来袭的警察和保卫团。这次暴动历时两个半月，全县有东、南、西3个区9个乡45个行政村，1000多人参加，声势十分浩大。后来虽因敌强我弱而遭到镇压失败，曾任建德县委书记的童祖恺、县委宣传部部长童润蕉等被捕牺牲，但这次暴动沉重打击了建德的反动势力。

淳安农民暴动。7月13日，爆发茶园暴动。由建德暴动失散的部分队伍转入淳安天亮头地方，与当地一支武装队伍汇合组成六七十人的农军队伍攻入茶园镇，冲击警察所，打死警察和保卫团成员9人，缴获一批枪支，队伍扩大到百余人，遭省保安队镇压。8月，在淳安、歙县交界一带数百名农民在中共淳安县委领导下举行金竹暴动。各路农军袭击伪乡公所、联防队，缴了土豪和乡保的武器和钱粮，暴动扩大到交界的10多个乡100多个村。后在浙、皖两省保安大队合围镇压下失败。

分水毕浦农民暴动。建德暴动失利后，部分领导人撤退到分水县毕浦隐蔽，建立了中共永安区委。于同年10月17日组织了毕浦暴动，在突破毕浦后转向分水进发途中，遭反动势力的反扑镇压，暴动失败。

这个时期此起彼伏的农民武装暴动，因受当时"左"倾冒险错误的影响，带有一定的盲动性，在敌强我弱的形势下遭到反动武装的镇压而失败，但声势浩大，影响深远，沉重地打击了地方封建势力，动摇了反动统治的社会基础，扩大了党在群众中的影响，在人民心中播下了永不熄灭的革命火种。

狱中斗争

大革命失败后和土地革命时期，国民党大肆搜捕共产党员、共青团员和革命群众。但是，真正的共产党人并没有被敌人的屠杀吓倒，他们在腥风血雨中前仆后继，坚持斗争，谱写了一曲曲可歌可泣的英雄赞歌。大革命失败后，杭州全城笼罩在白色恐怖中，革命活动被迫转入地下。中共中央和共青团中央多次派人来浙江、杭州整顿、恢复党团组织，在极其艰难的条件下开展工作。但党团组织屡遭破坏，领导人被捕、被害。土地革命时期，国民党反动政府在杭州长期囚禁迫害共产党人和革命者的监狱，主要有三处：国民党浙江陆军监狱、浙江反省院、浙江省公安局拘留所。1927年至1937年期间，浙江陆军监狱关押共产党人和革命人士达1512人，152人被枪杀，其中包括浙江和杭州团组织的负责人徐玮、裘古怀、李临光等。

国民党监狱中政治犯的生活是非人待遇。狱方对待政治犯，不但刑讯逼供、威胁利诱，而且在日常生活中，加以百般虐待和折磨。他们对政治犯不宣布刑期；除了反动宣传品外不给看书报；吃的是五子饭（用发黄发霉的仓脚米做的饭，里面有沙子、石子、稗子、谷子、虫子），蔬菜是黄叶烂菜，喝的是黄浊水，生了病不给治疗，千方百计摧残革命者的肉体和意志。难友们曾多次进行绝食斗争，争取改善生活待遇。

浙江陆军监狱难友们发动了争取改善生活待遇的斗争，提出了改善伙食，反对打骂，反对戴手铐脚镣，定时放风等"十大要求"。

1929年6月，根据斗争需要，经过秘密串联，中共狱中特别支部（简称狱中特支）在狱中建立，徐建三为书记、裘古怀为宣传委员、邹子侃为组织委员。采取党、团混合编组，但组织相当严密，被吸收参加的共产党员、共青团员都经过严格的考察和介绍。

监狱既是反动派的杀人魔窟，也是革命者的熔炉和战场。在狱中的革命者都自觉学习马克思主义学说。特别是狱中特支建立后，学习就更有组织地进行了。因为这是在监狱这种特殊环境下的一种斗争形式，可以借此提高难友的政治文化水平，稳定革命情绪，坚定革命信念。他们组织学习《国家与革命》《帝国主义论》《社会民主党在民主革命中的两个策略》《无产阶级革命与叛徒考茨基》《共产主义运动中的"左派"幼稚病》等，还组织难友阅读《一周间》《铁流》《毁灭》等苏联小说。在监狱中还编辑过两个秘密刊物：一个叫《火花》，主要供政治犯传看；另一个叫《洋铁碗》，主要供普通犯阅读。通过刊物传达支部意图，沟通难友思想，组织学习和斗争。当时担任监狱中特支宣传委员的裘古怀，还以监狱中的生活和历史题材为内容，编写了三册"教科书"，组织文盲半文盲难友读书识字，提高文化，启发觉悟。徐建三和李新还作词，徐建三谱曲作《囚徒歌》在难友中学唱，鼓励革命斗志。

在监狱中的同志，他们十分向往重新获得自由、参加革命斗争，因此，在取得外面联系和支持的可能条件下，还组织越狱斗争。1930年夏，卓兰芳在组织全省各地武装暴动的同时，给狱中特支发来指示，要求谋划"破狱"斗争。当时正值工农红军攻打长沙之后，国民党反动派为了反扑，在全国疯狂施行反革命白色恐怖，进行大屠杀，在杭州制造了八二七监狱大屠杀事件，一次枪杀徐英、罗学瓒、裘古怀等19位同志，使难友们十分激愤。监狱形势越来越严峻，许多人都有随时被拉出去枪毙的可能，难友们的情绪更趋激愤。这时，以邹子侃为书记的狱中第二届支部，再次讨论破狱问题，邹子侃和何觉人（组织委员）等人做了许多越狱工作，邹子侃亲任总指挥，何觉人任政委，下设三个大队，向各监传递条子时，突然被狱方查获。越狱斗争流产了，邹子侃、何觉人被改判死刑，于1932年2月英勇牺牲于狱中。

　　许多被捕入狱的同志，虽然最后被凶残的敌人杀害了，但他们不但在长期的监狱生活中，坚持与敌人进行不屈不挠的斗争，而且在临刑前的最后时刻，也没有忘却斗争，以大无畏的革命精神，显示了共产党人、共青团员的崇高革命气节和英勇气概。

　　团浙江省委常委徐玮在被叛徒指认暴露身份后，知道自己必死无疑，就天天在监狱中宣传八七会议精神和土地革命。1928年5月3日，看守来提徐玮开庭。徐玮对在牢房中探望的难友深情地望了最后一眼，高呼："同志们，今天和你们永别了，你们继续努力吧！共产党万岁！"牺牲时年仅25岁。共青团浙江省委代理书记裘古怀被捕入狱，担任狱中支部宣传委员，领导狱中斗争。临刑前他给党写了一封信，"我满意我为真理而死""同志们，壮大我们的革命武装力量争取胜利吧！胜利的时候，不要忘记我们！"牺牲时亦是25岁。团杭州中心市委书记李临光在给母亲的信中写道，"我们离开了家，并不是不要母亲，而是我们实在不能做家庭的奴隶，更不能做金钱的奴隶"，充分表达了他"人类不解放，何以家为"的革命情怀。

　　大革命失败后，共产党员、共青团员和革命群众，虽身深陷囹圄，面对国民党反动派凶狠残暴的虐待、迫害、屠杀和卑鄙、阴险毒辣的欺骗诱降手段，但他们始终胸怀崇高的共产主义理想和坚贞不屈的革命气节，在这一特殊的战场上前仆后继地同国民党反动派进行艰苦、曲折、英勇的斗争，谱写了可歌可泣的英勇篇章。革命烈士为党和人民的革命事业，为共产主义的伟大理想而英勇献身的精神，光照千秋，永垂史册！

六

杭州地方团组织在斗争中曲折发展

大革命失败后，杭州和浙江省各地党团机关屡遭破坏，一批批党团负责人和革命者被捕入狱，英勇就义；一批批后继者又临危受命，冒着生命危险，进行恢复、整顿党团组织的工作，开展斗争。

1925年1月，中国社会主义青年团改名为中国共产主义青年团。2月，团中央鉴于杭州因军阀混战和学校放寒假，团员人数减少，决定将地方团委改组为特别支队，并设干事会。10月25日，经团中央批准恢复团杭州地委建制。

1927年4月，因国民党右派发动反革命政变，团的基层组织受到不同程度的冲击，团地委领导进行了调整。6月，团中央决定，以团杭州地委为基础，扩建为共青团浙江省委员会，一度由团浙江省委兼负杭州团市委的职能。下设共青团杭州中心区委员会，负责城区团的工作。7月和11月，团的省市机关先后两次被敌人破坏，团中央均派人员前来整理组织，但由于白色恐怖严重，难以立足，团浙江省委机关被迫随中共浙江省委迁至宁波。1928年2月，团浙江省委派专人到杭州整顿团组织，并建立共青团杭州县委员会。4月1日，团浙江省委机关随中共浙江省委机关迁回杭州。

　　1929年4月17日，中共中央作出《浙江问题决议案》，决定暂时取消省委，加强直达地方的巡视工作，划分6个中心县委直辖中央。团浙江省委取消后，团中央派谢仲怀（李临光）负责整顿、恢复杭州及邻县团的工作。6月，建立共青团杭州中心市委员会，谢仲怀任书记；7月30日，谢仲怀被捕。1930年5月，团中央再次派员重建共青团杭州中心市委；9月，领导人被捕，书记易人；11月，团杭州中心市委机关又被破坏。11月，共青团江南省委决定，建立共青团杭州中心县委员会，由中共杭州中心县委委员兼任书记。1931年5月，机关又遭破坏。此后至1949年4月中国新民主主义青年团正式建立，杭州市一级团的组织一直没有恢复。

　　在今杭州所属各区县（市）中，萧山于1923年3月在衙前建立社会主义青年团萧山支部。1927年8月，杭县成立共青团杭县支部。1928年春，临安成立共青团临安特别支部。同年秋，於潜县成立了共青团於潜特别支部。1928年至1930年间，杭县、萧山、富阳、临安、建德等县，先后成立了共青团县委或临时县委。团临安县委于1929年1月改组为团余（杭）临（安）孝（丰）边区工委。上述团组织在1929年至1930年间，因先后遭破坏而终止活动。

　　土地革命战争后期，在浙皖边游击区内，有中共皖浙赣省委所属组织在今属淳安、建德的原遂安、寿昌等境内建立共青团的组织。1936年6月，建立共青团下浙皖特别委员会；同年8月成立共青团遂安县委员会；10月，成立团衢（县）遂（安）寿（昌）中心县委员会。这3个团组织于1937年2—3月因遭国民党重兵"围剿"而先后被迫停止活动。

第二章

全民族抗日战争

1931 年，九一八事变爆发，抗日救亡运动兴起。1935 年 12 月 20 日，中共中央通过中国共青团发表了《为抗日救国告全国各校学生和各界青年同胞宣言》，提出把共青团转变为民族解放性质的青年抗日救亡组织。杭州共青团积极响应党的号召，接受改造，成立中华民族解放先锋队等青年抗日救亡组织。他们高举抗日民族统一战线的旗帜，团结各民族、各阶级、各阶层和各团体的青年，同仇敌忾、共赴国难，同日本侵略者进行艰苦的斗争，为夺取抗日战争的胜利作出了伟大的贡献。

一 站在抗日救亡运动的前列

1929年，资本主义世界爆发了新的经济危机。日本国内阶级矛盾激化，日本统治集团急于发动一场侵略中国东北的战争，借以转移日本人民的视线，缓和本国国内的阶级矛盾，并依靠掠夺中国东北的丰富资源来寻求摆脱经济危机的出路。1931年九一八事变后，日本帝国主义按照"灭亡中国、称霸西太平洋"的既定国策，加紧侵略中国的活动。民族危机日益加深，杭州青年积极参加了抗日救亡运动。

九一八事变后的抗日救亡运动

1931年9月18日晚，日本关东军向中国军队驻地北大营和沈阳城发动进攻，制造了震惊中外的九一八事变。第二天，日军占领沈阳。九一八事变，开始了日本帝国主义侵略中国的新阶段。中日矛盾成为主要矛盾，反对日本帝国主义侵略成为中国人民的共同要求，抗日救亡运动在全国迅速兴起，中国局部的抗日战争从此开始。

而此时正在南方大规模"围剿"中国工农红军的国民党统治集团，对日本帝国主义的侵略采取绝对不抵抗的态度。全国人民对日本帝国主义的武装侵略和国民党政府的不抵抗主义，无不义愤填膺，纷纷要求进行抵抗。全国各大中城市和乡村掀起了空前规模的抗日救国运动。9月21日，共青团中央发表《告全国青年书》，号召全国青年起来罢工、罢课、罢市，抗议日本帝国主义的侵略暴行，要求国民党政府出兵抗日。22日，中共中央作出决议，号召全国人民进行广泛的反对帝国主义暴行的群众运动，要求各级党团组织加强学生工作，推进和发展群众性的反对帝国主义运动。

杭州各大中学校的爱国师生自发成立各种爱国团体，杭州青年又一次勇敢地走在了爱国运动的前列。九一八事变的消息传到杭州后，杭州学生率先停课，立即进行了规模巨大的反日救国活动，成立"抗日义勇军""十人团"等抗日组织。9月22日，浙江大学、国立杭州艺术专科学校、省立杭州高级中学、省立杭州师范学校等大中学校近万名学生冲破阻力，成立了"杭州中等以上学校学生抗日救国后援会"，并组织示威游行。23日，又参加了全市15万人在湖滨公众运动场举行的抗日救国市民大会。大会通过了《电请中央国府准备实力对日》《举行市民对日经济绝交总宣誓》等4项通电提案，强烈要求国民党政府停止内战、一致抗日。杭州20余所大中学校学生成立由5800多人组成的"杭州学生抗日救国宣传团"，分成643个宣传队，串街走巷进行抗日宣传，募捐支援抗日义勇军，提倡国货、查禁日货等。10月10日，杭州市各界民众对日经济绝交总宣誓大会在湖滨公众运动场举行。与会者郑重起誓："从今日起，努力提倡国货，永远不买日货、不卖日货、不为日人服务。"各校学生组织流动检查队，对市面商家进行严格检查。

杭州学生抗日救国后援会还组织近2000名学生在铁路工人援助

下，于10月初去南京请愿。政府非但不采纳学生的抗日要求，反加训斥，并用武力把学生强行遣返回杭。受到杭州学生这次赴南京请愿行动的影响，全国各地学生纷纷进京请愿。12月17日，汇集南京的近万名杭州、北平、天津、广州等地学生和南京学生举行联合大示威，遭到国民党大批军警镇压，造成死30余人、伤100余人和被捕60余人的珍珠桥惨案。最后国民党军又以武力将外地学生遣返原籍。杭州学生在湖滨公众运动场为两位殉难学生召开悼念大会。

1932年，一·二八淞沪会战爆发，杭州青年学生在市区募捐、宣传，呼吁市民起来支援抗日将士和上海人民，并参加了由中国共产党地下组织领导的杭州左翼作家、艺术工作者、剧作家等联盟，进行抗日救亡宣传和反对蒋介石反动统治的斗争。省立杭州师范学校白煤学社、国立杭州艺术专科学校木铃木刻研究会、萧山湘湖师范学校嗒嗒歌咏团等，是当时杭州较有影响的进步文化组织。

九一八事变引发的抗日救亡运动，是一场大规模的人民爱国运动，标志着全国范围内的民族斗争和阶级斗争进入了新的阶段。以学生为主的杭州各界群众在运动中表现出的强烈的爱国主义热情和顽强的斗争精神，与这一时期的杭州抗日文化运动相呼应，在各阶层群众中产生了极为广泛深远的影响。

声援一二·九运动

日本侵略者在侵占东北后，把侵略的魔爪伸向华北。1935年6月，国民党中央军撤出平津和河北，整个华北危在旦夕，中华民族的危机更加严重了。北平学生悲愤地喊出："华北之大，已经安放不下一张平静的课桌了！"8月1日，中国共产党发表《为抗日救国告全体同胞书》，即八一宣言，号召实行全体同胞总动员，以战胜日本帝国主义。站在华北前线的北平学生，在中国共产党的八一宣言、工农红军北上抗日的鼓舞和党的直接领导下，举起大旗，掀起了波澜壮阔的一二·九运动。

12月9日，在中共地下组织的领导下，北平学生举行了声势浩大的反日救国示威游行。6000多名爱国的大中学校学生，冲破北平当局军警的封锁和拦阻，聚集到新华门前，高呼"打倒日本帝国主义""反对华北自治""停止内战，一致抗日"等口号。遭到北平当局军警的镇压，百余人受伤，30多人被捕。由此开始的一二·九运动迅速波及全国。许多大中城市学生和工人纷纷投身抗日救亡运动。

12月10日，北平学生一二·九示威游行的消息传到杭州，浙江大学学生首先奋起响应，召开全校学生大会。会上，同学们情绪激昂，把九一八事变以来郁积在心底的愤怒和期望统统倾吐出来。许多同学大声疾呼："我们不能安心读书了，民族危机已经到了最严重关头，是我们奋起抗战的时候了！"大会成立浙江大学学生自治会，并通过通电响应北平学生示威运动、呼吁全国学校一致响应、组织宣传队向民众宣传反对华北自治、联合全市中等以上学校学生举行示威游行、发起组织杭州市中等以上学校学生联合会等6项决议。当夜，浙江大学学生会代表就分头到各校联络、发动，得到杭州各校学生的响应。11日，全市16所中等以上学校学生与部分教师、工人、船员、店员和市民1万余人，在湖滨公众运动场举行"反对日本帝国主义，抗议国民党政府卖国政策大会"。这次学生示威游行大会，实际已变成杭州各界民众的抗日大会。大会通过要求政府对日宣战、反对华北自治、释放被捕同学、成立杭州市学生联合会4项决议。大会结束后举行示威大游行，沿途高喊"反对日本帝国主义""反对不抵抗主义"等口号。12日，各校学生代表齐集浙江大学举行杭州市中等以上学校学生第一次代表大会，宣布成立杭州市中等以上学校学生联合会（简称市学联），推选浙江大学学生代表施平担任市学联主席。

杭州学生响应一二·九运动的斗争迅猛发展，市学联迅速成立，使国民党省市当局惊恐万状。他们在学生大游行的第二天下午，就派出大批警察、特务，封锁各校，不许学生外出。特别是参加市学联的代表和学生中的积极分子，更受到特务的恐吓和监视，使各校学生会和市学联的活动遇到了很大的困难。但是，杭州学生和全国学生一样，他们在党的指引下，决心打开前进的道路。

北平学生"一二·一六"更大规模的示威游行及受镇压的消息传来，激起杭州学生更大愤怒，他们一致要求采取强有力行动，赴南京请愿，支援北平学生，粉碎省市当局的封锁和压迫，争取爱国自由。12月21日，浙江大学、浙江农学院、杭州高等工业学校等校2000多名学生到城站火车站准备去南京请愿。国民党大批军警、特务包围火车站，架起了机枪，把枪口对准手无寸铁的学生。同学们毫无惧色，整齐地坐在铁轨上高呼口号，高唱救亡歌曲，并向旅客散发《告全国同胞书》。国民党浙江政府被迫派人与学生进行谈判，答应学生提出的立即释放全体被捕同学、向学生公开道歉，承认杭州市学联为合法团体，立即撤销对各校的封锁，开放杭州的新闻自由等4项要求。斗争获得了初步胜利。

杭州青年学生响应北平一二·九运动，揭露了日本帝国主义吞并华北进而侵占中国的阴谋，打击了国民党政府对日妥协的政策，有力地宣传了"停止内战，一致对外"的主张，进一步推动了全国抗日救亡运动的蓬勃开展，标志着中国人民抗日救亡运动新高潮的到来。一二·九运动培育了一代革命青年，他们在党的教育和影响下，经受锻炼，不断丰富斗争经验，在伟大的抗日战争和以后各个时期的革命、建设中，都继续作出了自己的贡献。一二·九运动中的先进青年，后来沿着中国共产党所指引的道路，深入农村、工厂和革命部队中，走上了与工农兵群众相结合的道路。其中许多人后来成了中国革命事业中的骨干。

二

参加全民族抗日战争

日本帝国主义者发动的对华战争，是企图灭亡中国、变中国为其独占殖民地的帝国主义侵略战争。1937年7月7日，日军发动卢沟桥事变，全民族抗日战争爆发。第二天，中共中央通电全国，号召"全中国同胞、政府与军队，团结起来，筑成民族统一战线的坚固长城，抵御日寇的侵略！"8月，中共中央在陕北洛川召开政治局扩大会议，通过《抗日救国十大纲领》。会议号召共产党员及其所领导的民众和武装力量，为实现争取抗战胜利而坚决奋斗。9月，在共产党领导下，国共两党实现第二次合作，抗日民族统一战线正式形成，全国抗日救亡运动迅速高涨。

为实现党的全民族抗战路线，进一步动员和组织一切抗日力量，杭州青年在杭州地下党的领导下，以各种方式积极开展活动，组织抗日宣传，积极拥护《抗日救国十大纲领》，有的奔赴延安直接参加抗日武装斗争。秘密翻印了一万多份党的《抗日救国十大纲领》，在市内广为散发，扩大了党的影响，使党的抗日政策深入人心。浙江大学学生联合杭州市的教育机关，出版了《抗敌导报》《抗敌三日刊》《浙大学生战时特刊》等，宣传抗日救国。浙江大学学生会还联络杭州市的其他学校，组成"抗敌后援会"，后来发展成为"浙江省抗敌后援会"。杭州青年学生还组织流动剧团，排演《保卫卢沟桥》等抗日救亡剧目，并赴浙西、浙东巡回演出。浙江大学学生组织"黑白文艺社""黎明歌咏团"，教唱进步歌曲，并举行劳军公演、抗敌锄奸漫画展等。

浙赣铁路工人配合战事需要，全力运送军火，支援前线。八一三淞沪抗战爆发后，在杭的中国空军主力投入战斗，8月14日，空军第4大队由大队长高志航率领升空迎敌，以无一伤亡的记录，取得击落日机3架、重伤1架的胜利。浙江大学、之江大学、国立杭州艺术专科学校、省立医药专科学校等学校学生及杭州青年会分别组织联合慰问团，携带大批慰劳品，前往上海前线慰劳抗日军人。浙江大学女学生组成"抗战服务队"，捐献金银首饰和募集棉背心等送往上海劳军。

杭州青年工人也迅速动员组织起来参加运输、消防、纠察队等组织，积极支援抗战，疏散群众转移后方。商界发起对敌实行经济绝交运动，召集商会及各业同业公会代表，成立"不买卖敌货运动委员会"。沪杭铁路工人发表《告全世界铁路工人书》，呼吁世界铁路工人抵制日货，拒运日本物资，支持中国人民反抗日本侵略。在九一八国难纪念日这一天，杭州青年参加了10万市民"誓死抗倭到底"的宣誓大会和晚上的火炬游行。青年学生参加募捐、征募寒衣、慰劳前线抗日将士、慰问住院受伤士兵。

11月5日，日军进攻上海时，分兵从杭州湾金山卫全公亭登陆，偷袭上海守军的后路，进逼杭州。12月，钱塘江以北的杭嘉湖地区失守。浙江省主席黄绍竑下令省、市各机关团体向金华方向撤退。12月24日，日军从武林门侵入市区，并向南星桥进发。这天，余杭、杭州、富阳相继沦陷。日军沿途杀人放火，奸淫掳掠，无恶不作，制造乔司大屠杀、午潮山惨案等惨绝人寰的恶行。日军所到之处，肆意烧杀淫掠，扶植汪伪政权，实行残酷统治，人民惨遭蹂躏。

成立中华民族解放先锋队

为了响应中国共产党提出的建立抗日民族统一战线的主张，1935年12月20日，中国共青团发表了《为抗日救国告全国各校学生和各界青年同胞宣言》，号召"一切爱国的青年同胞和青年组织，大家在抗日救国的义旗之下联合起来"，主动提出把狭隘的先进青年的共青团转变为民族解放性质的抗日救国青年团。号召"把抗日救国运动扩大起来！到工人中去，到农民中去，到商民中去，到军队中去！唤起他们救国的觉悟，推动他们建立救国的组织。进一步建立各地各界救亡大会和全国救亡大会，实行全民抗日救国大联合，和实行全国各界同胞武装抗日的共同战斗！"[①]随着一二·九运动的深入发展，北平、天津大批青年学生走与工农结合的道路，组织"平津学生南下扩大宣传团"，把学生抗日救亡运动发展为人民的抗日救亡运动。1936年2月1日，中华民族解放先锋队（简称民先队）成立。民先队是在中国共产党领导下建立的抗日的、先进的、具有广泛群众性的青年抗日救亡团体。民先队成立初期，只在平津两地发展。暑假后，民先队在各地迅速发展起来。

9月20日，中共北方局作出《关于青年团的决定》，指出"根据国际与中央的指示，共产主义青年团即行取消"。11月1日，中共中央政

[①]《中国共产主义青年团中央委员会为抗日救国告全国各校学生和各界青年同胞宣言》（1935年12月20日），《中国青年运动历史资料》（13），中国青年出版社1996年版，第147页。

治局作出《关于青年工作的决定》，指出国民党统治区的共青团员参加现有的、合法的、公开的青年群众组织，建立民族解放性质的群众组织；将革命根据地的共青团组织改造成为青年的各种文化教育、体育、军事等团体的联合组织。

杭州共青团组织是在全面抗战爆发后，通过地下党组织了解到党中央的决定，遂取消了团组织，团员或转党或分别参加到各种公开的青年救亡团体中，投身抗日救亡活动。共青团的改造使得作为中国共产党助手的共青团摆脱了孤立、狭小的状态，适应了迎接全民族抗战的总形势，使青年抗日救亡活动在全国各地蓬勃展开，中国青年运动出现了崭新的局面。

民先队在杭州最早建立的组织，是1937年4月下旬的浙江大学民先队支队。1937年初，浙江大学"时事研究会"的同学鉴于开展青年学生的抗日救亡运动需要一个强有力的核心组织，遂于是年4月派人到北平与民先队总部联系，并按民先队章程于4月下旬建立民先队支队，有队员13人，队长毕拱华（毕平非）。支队建立后，在浙江大学同学中组织"黎明歌唱队"与秘密读书会等，在校内进行时事讨论、开展文艺活动；在社会上进行街头抗日救亡宣传教育，募集捐款支援抗日战士等。11月，浙江大学开始内迁，部分队员去浙南参加抗日救亡工作，此后在金华参加中共浙江省委领导下的各项抗日工作。与"民先"组织成立同时，浙江大学还成立了进步学生组织——"黑白文艺社"（"黑"指黑龙江，"白"指长白山，包含抗日救国、恢复失地之义）。学校西迁后，"黑白"社又恢复活动，并在此基础上建立了浙江大学的"马列主义小组"，这个组织在之后的该校学生运动中起到核心作用。

富阳、萧山、於潜、建德等县也有民先队活动。1938年初，新四军驻丽水办事处派遣进步青年王奋生到建德县，以开办新知书店为掩护，在三都、洋尾等地积极发展民先队员。7月，民先队员在梅城北峰塔开会成立民先队建德县队，队员20余人。同年秋，王奋生调离，民先队组织活动停止。同年7—8月，在富阳县政治工作队中，秘密发展民先队员10余人，成立民先队富阳县队部。同年夏秋，萧山县也发展了民先队员，建立民先队萧山县队部。同年8月，由中共浙江临时省委派来西天目一带进行党的地下工作的徐洁身在於潜发展沈慕约参加民先队。

民先队组织没有垂直的领导关系。地方的民先队组织，在当地中国共产党地方组织领导下，组织队员学习《论持久战》《大众哲学》等进步书刊，提高思想认识，开展各项活动，向广大青年进行抗日宣传教育和组织动员工作。

1939年3月5日，中共中央东南局发出《关于开展青运转变民先工作问题给各级党的指示信》，决定将部分优秀的民先队员吸收为中共党员，动员一般队员参加到各种公开合法的群众团体中去继续发挥作用。

战时政治工作队的主力军

浙江省战时各县政治工作队（简称政工队），是在抗日民族统一战线形成的大好形势下，于1938年1月由浙江省政府主席黄绍竑采纳中国共产党的建议，以浙江省抗日自卫委员会名义举办的，吸收各地爱国知识青年组成的进行抗日宣传和战时动员工作的合法的抗日组织。

日军侵占杭州后，在杭的中共组织和许多抗日团体先后撤离，抗日救亡运动转移到杭州周边各县展开。杭州沦陷前，抗战意志比较坚决的黄绍竑出任浙江省政府主席。黄采取了一些顺应抗日潮流的政治举措，促进了全面抗战前期全省国共两党密切合作、共同抗日局面的形成。在中共党员的建议下，黄绍竑决定在全省各地成立政工队。在中共党员参与组织下，1938年上半年，富阳、萧山、桐庐、建德（含寿昌）、淳安（含遂安）、余杭、杭县的战时政治工作队先后建立，党员和进步青年加入各县政工队。在中共组织派党员骨干参加和积极工作下，抗日救亡运动出现了蓬勃发展的新局面。各县政工队以《抗日救国十大纲领》和抗日民族统一战线为准则，宣传抗日救国思想，提高人民的政治素质和文化水平，坚定民众抗日最后胜利的信念。

萧山县政工队员深入城乡，通过办识字班、访贫问苦、教唱、演出等形式，揭露日军暴行，宣传团结御侮；举办抗日建国训练班，出版《抗建小报》《大家看》等油印小报，介绍抗战形势，鼓舞必胜信心。淳安、遂安政工队组织"夜呼队"，创办民众业余宣传剧团、联合战时妇女团演出抗战戏剧，召开保民大会、国民月会，宣传抗日救国的政治纲领。桐庐、建德政工队开展出壁报，组织巡回宣传小分队深入城乡刷写标语，进行演说、演出。建德县、寿昌县政工队在开展宣传的同时，组织民先队，在洋尾乡、三都乡发展队员。富阳县政工队还团结乡村绅士参加活动，在他们的支持下先后在场口、窈口两区办起33所民众夜校，培训7000多名当地青年参加抗日救亡活动。在江南四区乡镇召开民众会，宣传"有钱出钱，有力出力，抗日救国，人人有责"，协助"难民救济协会"劝募财物，向江北沦陷区赈灾。驻余杭、临安、德清边区的省政工队部分队员，在边区深入发动群众的基础上，组织民先队、读书会、青年救国会、农民协会、妇女救国会等抗日救亡组织，开展各种活动。1939年7月，省政工队员严克深入敌占区塘栖镇结识、组织进步青年，成立塘栖青年工作团，创办地下刊物《吼声》，广泛宣传抗日，慰问抗日部队和伤病员等。

政工队在下乡宣传抗日救亡的同时，还贯彻政府抗日救亡法令，组织农民开展二五减租的斗争和重新组织农民协会。政工队还积极动员民众进行支前劳军活动。富阳政工队员下乡征集数万只麻袋及200担谷物，发动战地人民破坏公路、切断日军通讯，潜入敌占区散发传单、书写标语，在后方设立伤员救护站等支援驻军作战。淳安县政工队发动群众募集布鞋3万多双、草鞋2.9万双、袜子2.35万双支援抗战。萧山县政工队员亲临作战前线或深入敌后进行活动，孔坚、陈天柱、莫长润、凌云、来涌华等壮烈殉国。

这一时期，各县政工队在中共党组织参与下，成为浙江抗战初期宣传党的《抗日救国十大纲领》、动员群众积极参加抗战、组织领导农民展开对敌斗争等方面的一支重要力量。对此，中共浙江省第一次代表大会的政治报告给予了高度评价，称它"对浙江各种抗战工作起了极大的推动作用"。

三

市区青年组织的恢复和抗日活动的开辟

日军入侵杭州地区后，大肆屠杀百姓，制造乔司大屠杀、午潮山惨案等惨绝人寰的恶行。面对野蛮残暴的侵略者，杭州青年不畏强暴、不怕牺牲，运用各种办法和手段，同凶残的敌人展开了英勇顽强、不屈不挠的斗争。

杭州女子中学师生的爱国斗争

日伪铁蹄统治下的杭州，在学校中加紧推行奴化教育，妄图使学生忘掉祖国，然而具有强烈爱国心的师生则采取各种方式进行斗争，其中较有代表性的是当时杭州女子中学爱国师生的斗争。

该校国文课教师夏汝南，老家是东北沈阳，在东北沦陷之后，深感亡国之痛，不堪日伪压迫，决定进关来参加抗日斗争，后来滞留杭州准备待机去延安，暂在杭女中教书谋生。她在教学中与学生的接触日益深入，认识到对学生进行启蒙教育是当时条件下唯一可以从事的革命工作。于是以教课的便利，常在课堂上采取各种形式讲东北人民当亡国奴的悲惨生活，讲抗日联军英勇斗争的事迹，宣读屈原的《离骚》；在学生中教唱沦陷区禁唱的《松花江上》等歌曲，倾诉自己的感情，启发学生的爱国思想；还组织学生阅读鲁迅的《聪明人、傻子和奴才》《阿Q正传》《狂人日记》等作品，通过课文的分析讲解，启示学生去认识旧制度的没落腐朽，鼓励学生追求光明、追求真理。

通过这些启蒙教育，在夏老师周围团结了一批具有爱国思想和倾向进步的学生。他们在夏老师倡导下组织话剧团，除演出曹禺的《原野》、俄国的《大雷雨》，还演出夏老师自编自导的《清道夫》《荒园儿女》等剧，抨击荒淫无耻、腐朽没落的旧社会，向往、寻找自由幸福的新的生活道路。这些剧目的演出，起到了唤醒群众、教育群众的作用，培养了青年学生的爱国思想，因而遭到日伪当局的干涉。夏汝南等虽作了辩解和交涉，而《清道夫》仍被勒令停演。但这些活动也为中国共产党的地下组织所发现，并引起关注。1944年秋，党派了原该校学生邱韵华回校，以旁听生名义与夏老师秘密联系，通过夏老师把这些进步学生进一步组织起来。首先停止容易暴露面目遭受不必要损失的公开活动而转入地下；然后组织他们学习马恩列斯的一些著作、艾思奇的《大众哲学》等书籍，讨论革命理论，以提高思想认识和政治觉悟；再是扩大他们的视野，有意识地促使他们利用社会关系扩展联系到其他学校的学生中去。

1944年底，该校当局采取高压政策管束学生，学生提出意见，学校竟要处分带头的进步学生卢月梅。已在党的影响下的夏老师，抓住时机召集进步学生研究对策，开展罢课斗争，把反对无理处分学生和揭露学校当局吃空额、贪污教育经费等不法行为结合起来，组织学生派代表到教育厅等处告状，争取社会舆论同情支持。结果校方只得撤销对学生的处分，使日伪统治下杭州学生的这次罢课斗争取得了胜利。

通过学习和组织斗争的锻炼，这些进步师生成长起来，1945年初，夏汝南和余巾英两人先后光荣地参加了中国共产党。后来又通过培养、观察，在该校以及杭州市中等学校师生和个别工厂的青年工人中发展了党员，把党的种子撒在中学和工厂里，为之后解放战争时期蓬勃发展的青年运动和新的斗争，培养了一部分骨干。

开辟职工青年运动

在民族矛盾严重关头，杭州青年和各条战线人民一道，奋起抗日。1937年8月3日，杭州的铁路工人首先成立了浙赣铁路"抗日后援会"。"八一三"日军进攻上海以后，杭州面临紧张的战斗局面，各业工人迅速动员和组织起来，做好一切战斗准备工作，掀起支援前线的高潮。青年们站在斗争前列，他们参加了消防队、运输队、纠察队等组织，冒着敌机的轰炸，把战争物资源源运往前线，同时夜以继日地用各种交通工具，把成千上万的群众、工厂设备、物资疏散到浙江南部；人力车工人和码头工人，运送军用物资和伤病员不取报酬；铁路工人还组织救护队，带着药品，奔忙在前线抢救伤员。青年工人参加市区挖掘战壕、避弹所的义务劳动；工人和学生还发起爱国献金和募捐以支援前线的活动。

10月10日，杭州行素、冯氏、弘道、惠兴、女职、明敏等7所女子中学会同有关单位和一些小学，向各界总动员募捐，用募得捐款制成棉衣，送往前线。杭州女青年会也为抗战募征寒衣。

在极为紧张的形势和艰难的条件下，党派来干部连同一些刚从国民党监狱出来的同志，在杭州开展工作。他们设法弄到《抗日救国十大纲领》等文件，认真学习讨论，广泛向各界群众宣传，进行建党工作和组织抗日力量，开展抗日民族统一战线工作，举办"流动剧团"，动员进步青年到延安去，或参加当地的抗日救亡组织。

日军占领杭州后，浙江大学迁往建德、江西、湖南、广西，最后迁至贵州。在迁校途中，学生仍沿途不断向群众进行抗日宣传，组织"战地服务团"，慰问官兵。国立杭州艺术专科学校学生在流亡途中，以笔做刀枪，到处画壁画和宣传画，宣传抗日。之江大学、省立医药专科学校及一些迁出杭州市的公立中学，青年学生们一面学习文化，一面进行抗日宣传活动。

在八年全面抗战中，杭州的学生无论在后方或沦陷区都或公开或秘密地进行抗日活动，直到抗日战争胜利。

由于国民党走片面抗战路线，不给人民以民主权利，反对人民自动起来抗战，而国民党政权和军队又极为腐败，虽有爱国将士奋勇杀敌，但大片国土终被日军侵占。

12月24日，杭州沦陷，人民陷入水深火热之中。许多工人、市民纷纷撤退到后方，或回到农村种田，不少人失业。大批丝织业工人，因工厂为日本侵略军所强占，进行疯狂的经济掠夺，而惨遭严重的剥削压迫。但工人们运用各种方式进行了斗争，反抗日伪的统治。他们进行怠工、罢工，邮电工人以"磨洋工"方式延迟送电报时间；罢工时，分散在江干、净慈、老东岳等地的日军来往电报就无人投递，大大牵制了日军的军事行动。

1940年间，城站的日军军事仓库被火烧尽；1943年，永安丝厂工人发动罢工，裕丰纱厂电工马友生和游击队联系好，在春节前一天快天亮时，把方棚间（电气间）炸了，游击队配合把后面的仓库也烧毁了；杭州三友实业社工人王阿毛等，也曾把仓库和方棚车间烧毁。

在杭州被日本侵略军占领期间，共产党在艰苦的环境下，也多次多渠道地派遣干部来杭州开辟工作。1941年，曾由中共上海市职业界委员会派潘仲仁等到杭州开展工作。1943年5月，中共浙东区党委派柯里、张幼云、林曼云等人来杭州，建立了中共杭州临时工作委员会，在杭州的交通运输、铁路、电信等部门中团结进步青年职工，启发工人觉悟，开展抗日救亡运动。7月，中共苏南区党委派罗希明来到杭州，首先将进步青年虞振辉、郑迈发展入党，建立党支部。1945年初，苏南区党委又派翁迪明来杭，负责杭州的地下党工作，将夏汝南、余巾英发展入党。在报社、学校师生及一些单位的职工中，发展党的力量，做了一些开创局面、播下种子和奠定基础的工作。

四

坚持党对青年抗日救亡运动的领导

在艰难困苦的抗战期间，杭州青年之所以能不屈不挠坚持斗争，为中华民族夺取抗战的最后胜利作出重要贡献，离不开抗日民族统一战线下中国共产党组织的坚强领导。抗日战争全面爆发后，中国共产党高举起抗日大旗，形成了国共两党第二次合作和抗日民族统一战线。1937年11月，中共浙江省临时工作委员会在杭州皮市巷成立。通过开设抗日书店、举办时事讲座、组织流动剧团等形式，向广大人民群众宣传党的抗日主张，唤醒民众的爱国情绪，组织开展抗日救亡运动。1938年2月、5月，先后在金华、平阳改组为中共浙江省改组委员会和中共浙江临时省委。9月，经中央批准，临时省委转为正式省委。全民族抗战爆发前，党、团在杭州各县的地方组织被破坏殆尽，工作停顿，失去联系的党团员散落于当地城乡。从1938年起，临时省委派遣党团员与当地政工队中的党组织联合在城镇、山区、农村和文教团体内开展活动，逐步发展了一批党团员，建立了一批基层组织。5月，临时省委在金华成立民先队浙江地方队部，同时要求各级组织"加紧青年运动"，领导建立民先队各县临时队部。根据临时省委要求，中共浙西特委先后在天目山区、富春江两岸联络旧关系，开辟新局面，领导抗日救亡运动。在临安、於潜（今属临安）先后建立中共余临孝边区抗日游击大队和横路两个党支部。中共金衢特委派党员到富春江沿岸各县联合政工队内的党团员进行开辟工作，秘密发展人员成立民先队地方队部，有组织、有系统地培养骨干。建立富阳县下图山、小刹两个农村支部；恢复发展建德县的党组织，成立"民先"建德县队；恢复萧山县党组织，组建"萧山县抗日自卫队"。

为了巩固抗日民族统一战线，1939年3月，受中央委托，周恩来以国民政府军事委员会政治部副部长的公开身份，到东南抗日前线视察并传达党的六届六中全会精神。21日，周恩来抵达於潜县（今临安区於潜镇）。当晚召开国民党浙西行署、於潜县政府中级以上官员会议。周恩来分析了国内外敌我形势，号召统一意志、精诚团结，争取抗战胜利。之后，周恩来和国民党浙江省政府主席黄绍竑就团结抗战、巩固浙江的抗日民族统一战线问题进行商谈并达成协议。24日，周恩来在西天目山禅源寺向参加浙西临时中学开学典礼的全体师生、浙西行署干部训练班的学员和政工队员1500余人发表演讲，高度评价浙江地区的抗战成绩，号召全体人员团结抗战、收复杭嘉湖、保卫大浙江。26日，到桐庐，在县府礼堂向县政工队、妇工队、机关团体200余人发表演讲，称赞桐庐"确系战时前进之县"。下午，到桐庐窄溪镇，再次指出，中国不会亡，抗战一定能胜利，但任务是艰巨的、长期的，全国同胞必须团结一致，万众一心，军民协力，共赴国难，争取最后胜利。27日，周恩来经富春江水路到富阳县大源镇省抗敌自卫团一支队司令部，勉励自卫团官兵继续努力，早日收复杭嘉湖。下午，到萧山县临浦镇，在视察沿岸江防后，与各界人士座谈，勉励大家共赴国难，坚持抗战。

　　1942年7月，中共上海工委派王惠民到杭开展工作，与胡天民、金秉礼组成临时党支部，这是杭州市区沦陷后第一个得到恢复的基层党支部。他们通过与工人交朋友、开展经济互助活动、成立工人俱乐部等方式，提高工人阶级的阶级觉悟，并从中发展优秀分子加入中国共产党。1944年11月，叶午权等进步青年发起成立杭州职业青年福利会（简称职青会），中共上海职委在杭负责人潘仲仁（又名沈士廉）、中共苏南区党委邱韵华等直接参与了职青会的筹备工作。200多名职青会会员中大多数是下城区一带的青年店员。他们通过开设图书馆、举办国文补习班、开展文艺演出和体育比赛，团结了一大批店员职工。此后活动范围不断扩大，影响覆盖了中山中路一带的百货店、国药、钱庄等行业，团结了更多的市区青年职工，使会员发展壮大到了3000多人。

　　1945年8月15日，在中国军民、苏军和美军的打击下，日本天皇宣布无条件投降。9月2日签订投降书。中国的抗日战争取得了伟大胜利。

　　中国人民抗日战争是近代以来第一次取得完全胜利的民族解放斗争。抗日战争时期，杭州青年在党的领导下，和各党派、各民族、各阶层、各团体同仇敌忾、共赴国难，同日本侵略者进行了英勇顽强的斗争。抗日战争的胜利，彻底洗刷了鸦片战争以来中国人民受帝国主义奴役和压迫的耻辱，显示了中华民族觉醒和民族团结的巨大力量。

第三章

夺取新民主主义革命胜利

抗日战争胜利后，革命形势和任务发生了变化。在抗日战争中发挥了重要作用的青年抗日救亡组织已经不能适应新的形势和任务的要求了，为适应革命形势的发展，党中央决定重新建立青年团组织。1946年11月5日，中共中央发出《关于建立民主青年团的提议》，杭州青年团也在党的领导下重新建立。同时，在杭州地下党组织领导下，杭州青年开展了声援一二·一运动、抗暴运动、于子三运动等人民解放战争的第二条战线的斗争，迎着新中国的曙光，杭州青年运动进入了一个新的历史时期。

一

学生爱国民主运动的兴起

抗日战争胜利后，中国人民热切希望和平、民主，建设一个新的中国。但是，1946年6月26日，国民党重兵围攻中原解放区，挑起全面内战。围绕着建立一个和平、民主、富强的新中国，还是坚持独裁、内战方针，回到抗战前半殖民地半封建社会状态去的斗争，在国民党统治区掀起一次又一次的反抗国民党反动统治的学生爱国运动。

反甄别斗争

1945年9月，国民党政府通过所谓的《收复区中等以上学校甄审办法》，宣布沦陷区的中等以上学校为"伪学校"，不予承认，要解散或改为补习；就读的学生和任教的教师是"伪学生""伪教员"，学生要甄别考试，否则不予承认学籍，不得转学，毕业班学生不发文凭，不得升学。这一严重歧视沦陷区广大师生的反动措施，激起学生的强烈不满。南京大中学生率先发动反"甄别"斗争。杭州的学生情绪激昂，浙江省立杭州女中、杭州市立中学在党员教师夏汝南、余巾英，私立海星女中在党员教师方琼启发组织下，开展了一场反对"伪学生"、反对"甄别考试"的斗争。杭女中学生自治会召开全校学生大会，揭露国民党当局要甄别学生、解散女中的阴谋。会后整队到省教育厅请愿，迫使省教育厅长出见，并接受学生可不经考试直接转学的部分要求。女中学生又乘国民党宣慰特使钮永建和宋美龄先后来杭之际，两次组织游行，到他们驻地请愿。杭州市立中学的进步学生通过在校内的激烈辩论，使更多同学擦亮了眼睛，壮大了进步力量。海星女中进行罢课，拒绝国民党当局和校方要挟学生参加"三民主义青年团"；要求撤销甄别考试、改革校政、改善教学条件。罢课坚持了两个星期。

通过斗争，学生们取得了一定胜利，"甄别"考试在全国各地学生群起反对下被冲垮。反甄别斗争揭开了解放战争时期杭州学生爱国民主运动的序幕，使广大青年学生认清了国民党反动独裁、与人民为敌的真面目，并在思想觉悟、活动能力和斗争方式上得到锻炼。

声援一二·一学生运动

1945年11月下旬，昆明学生为"反对内战、呼吁和平"，连续进行游行、罢课，举行时事晚会。12月1日，国民党反动当局组织大批特务和军人闯入西南联大、云南大学等校，殴打师生，并向学生集中的地方投掷手榴弹，造成4人死亡、25人重伤的轰动全国的一二·一惨案。其中有杭州籍的中学教师、共产党员于再和李鲁连不幸遇难。面对反动派的血腥镇压，昆明学生坚持斗争。昆明学生的斗争在全国激起强烈反响，各地各界人士及广大人民群众纷纷举行支持和声援活动。

惨案发生后，在贵州遵义的浙江大学学生举行罢课抗议，并发表《致昆明各大中学校全国各学校各报馆暨各界人士书》，表示反对国民党发动内战并提出惩办凶手等要求。这时在杭州，抗战时内迁的大中学校开始陆续迁返，学生的力量处在聚集阶段。1946年1月30日，浙江大学龙泉分校迁回杭州的学生和在杭州新招收的学生联络杭州高级中学等校700余名学生，冲破国民党反动势力的阻挠，在杭州举行抗议国民党暴行、促进政协决议、反对内战、要求和平、争取民主的示威游行。

一二·一学生运动揭露了国民党的假和平、真内战的阴谋，是解放战争时期第一次大规模的学生爱国民主运动，有力地打击了国民党反动派的气焰，揭露了国民党反动派发动内战的阴谋，对之后学生爱国民主运动的发展起了重要推动作用。

六一三杭州学生大游行

1946年6月，国民党政府与美国签订《中美友好通商航海条约》，开放沿海及内河航行权，激起广大青年学生的强烈愤慨。省立杭州高级中学学生自治会首先起来举行集会声讨，成立罢课委员会，并到各校联络。10日，省立杭州高级中学、浙江大学等校学生开始罢课。11日，浙江大学、省立杭州高级中学、省立杭州师范学校、省立杭州高级工业职业学校、省立高级商业职业学校等14校学生代表在浙江大学集会举行全市大中学校学生代表会议，商讨全市罢课、游行，并成立"杭州市大中学校学生联合会"（简称"市学联"）统一领导斗争。浙江大学学生自治会负责人吴士濂被推选为市学联主席。

13日，全市20余所大中学校学生5000余人，冲破种种阻力，集中在湖滨省民众教育馆广场，声讨国民党的专制独裁。著名爱国人士、经济学家马寅初教授上台发表演讲。他的演讲，像一把火点燃了积聚在学生心头的怒火，全场爆发出"反对内战，停止内战"的怒吼声。会后举行了反内战示威大游行，马寅初教授"一马当先"，与大会主席团成员一起走在游行队伍的前列。学生扛着"杭州市大中学校学生联合会"大旗，高呼"反对内战""反对开放内河航行权"等口号，张贴、散发"人民第一、民主第一""和平第一、建国第一"等标语。游行队伍所到之处，群众挤满了街道两旁，公共汽车上的乘客，路旁的黄包车夫、小贩手里都举起了反内战的小旗子。军警如临大敌，全副武装，跟在队伍的后边。游行队伍因群众的不断加入变得更长了，最后汇集到梅花碑市体育场，马寅初先生再次登台演说。

六一三杭州学生反内战示威大游行，是沉闷的杭州学生运动的一声惊雷，使国民党政府十分震惊。蒋介石对正在南京的国民党浙江省主席沈鸿烈严加训斥。沈匆匆赶回杭州，在游行后的第四天召集杭州各公立、私立中学校长开会，布置要开除参加游行的学生。不久，沈将游行发起学校省立杭州高级中学的校长崔东伯免职。之江大学、树范中学数十名学生被开除，部分教师被解聘。

六一三游行后，面对国民党当局对进步师生的迫害，杭州师范学校学生联合省立杭州高级工业职业学校、省立高级商业职业学校、省立医药专科学校、省立杭州蚕丝职业学校等5所学校学生开展"要吃饭、要读书、要活命"的请愿、静坐、游行活动。之江大学学生进行请愿和控诉，迫使校方收回开除学生的成命，请回了部分被解聘的教师。

六一三杭州学生反内战示威大游行，显示了杭州学生大团结的力量，标志着学生思想觉悟和组织水平的进一步提高，使杭州学生的爱国民主运动进入了新阶段。

二

第二条战线的形成

在杭州地下党组织领导下，杭州青年开展了抗暴运动和"反饥饿、反内战、反迫害"运动等人民解放战争的第二条战线的斗争，迎着新中国的曙光，杭州青年运动进入了一个新的历史时期。

抗议美军暴行运动

随着国民党政府日益依靠美国支持打内战，在华美军不断制造事端侮辱残害我同胞。1946年12月24日，北平发生美兵强奸北京大学先修班女生沈崇事件，全国性的大规模抗议美军暴行的爱国运动爆发。北平大中学校学生罢课抗议，并举行万余人的抗议美军暴行大游行。随后，抗暴的怒火燃遍全国，各地学生50多万人相继罢课游行，抗议美军暴行。

12月27日，美军施暴消息传到杭州。29日，在浙江大学"民主墙"上披露，唤起广大学生的斗争意识。在中共地下组织领导下，浙江大学学生自治会召开了全体学生大会，成立抗暴委员会，并派两同学到上海与"上海学生抗暴联合会"联系，得到他们的支持。郭沫若、许广平、马叙伦等还接见了杭州代表。杭州学生在"六一三"之后被压抑的忧愤，像火山一样爆发出来。他们冲破三青团和青年军骨干分子的阻挠，通过了罢课、游行的决议。

1947年1月1日，浙江大学、省立医药专科学校、之江大学、国立杭州艺术专科学校、省立杭州高级中学、省立杭州师范学校、浙江大学附中等校学生2500多人，在浙江大学集中出发，举行"要求撤退美军、制止内战"示威游行。一路高呼"抗议美军暴行""美国佬滚回去"等口号，唱着《美国佬坏东西》《中国百姓太痛苦》等歌曲。游行队伍沿路张贴标语、散发传单，演出活报剧，讽刺美军，博得围观群众阵阵掌声。

但是斗争并没有就此结束。国立杭州艺术专科学校同学游行归来后，在《嘉陵江》壁报上重申自己的严正立场，并斥责阻挠破坏这一爱国行动的败类。有一位进步同学在所写的《羊狗杂》一文的开头，用讽刺的口吻写道，"只要强奸的不是我的妈，管它干啥！算了吧"，刺痛了那些给美军暴行辩护的反动分子。反动分子恼羞成怒，利用所把持的学生自治会，唆使打手，对进步同学大打出手，撕毁《嘉陵江》壁报，学校当局趁势迫令《嘉陵江》停刊。

杭州学生的抗暴斗争，使杭州广大青年认清了国民党反动当局丧权辱国、内战独裁的反动本质，思想觉悟进一步提高，有力支持了全国性的斗争。作为杭州学生爱国民主运动主力的浙江大学进步学生，在斗争中得到了锻炼，为此后迎接新的斗争打下了基础。

反饥饿、反内战、反迫害运动

全面内战爆发后，国民党政府军事上连遭失败、政治上完全孤立、经济上出现严重危机，通货恶性膨胀、物价飞涨、民不聊生。杭州各阶层人民在饥饿和死亡线上挣扎，不得不团结起来，同国民党政府作你死我活的斗争。

1946年2月24日，杭州爆发解放战争时期首次打米店风潮，愤怒的市民打砸米店、哄抢大米，共捣毁米店200多家。5月2日，杭州发生大规模的市民群众打米店风潮，捣毁米店300多家。一场由反饥饿的经济斗争引向反内战的政治斗争，正在整个杭城酝酿起来。党中央密切注视着整个国统区形势的发展。根据当时的斗争局势，中共中央上海局决定，首先在国民党首都南京突破，举行一次声势浩大的"反饥饿、反内战"的学生运动，上海、北平、天津、杭州等地配合响应。

5月17日，为响应南京、上海、苏州等城市学生的倡议，浙江大学派学生代表李景先、崔兆芳、杨正衡、曾守中、邵浩然、方元康等去南京。19日，宁、沪、杭、苏的学生代表汇集在南京中央大学召开联席会议，决定于20日联合南京各大中学校学生举行请愿游行。20日晨，宁、沪、杭、苏学生代表和南京各学校学生共6000多人举行"反饥饿、反内战，挽救教育危机"的示威大游行，高呼"反饥饿、反内战"等口号，到国民参政会和国民政府去请愿，遭到反动当局的镇压，学生当场被打伤50多人，重伤29人，遭逮捕28人。这就是震惊全国的"五二〇惨案"。

惨案发生后，浙江大学代表崔兆芳于当天夜里赶回杭州，向广大师生报告五二〇惨案真相。次日，召开浙江大学学生代表大会，决定联合杭州各大中学校举行罢课游行，抗议国民党制造血案，声援全国学生斗争。5月24日，浙江大学、之江大学、国立杭州艺术专科学校、英士大学、浙江大学附中、省立杭州高级中学、省立杭州师范学校、女中、市中、省立高级商业职业学校、省立杭州高级工业职业学校等校学生及部分教职员，冲破国民党当局和各校反动力量的监视、封锁、威胁，分头赶到浙江大学文理学院广场集中。下午，举行"反饥饿、反内战、反迫害"示威大游行。游行队伍高举着"反饥饿、反内战、反迫害""向炮口要饭吃！向炮口要书读！"的横幅标语。

游行后，杭州反动当局加强对学生的监视和处罚，出动大批军警、特务偷袭杭州高级中学，勒令之江大学大批进步学生和地下党员退学，解散市中学生自治会，开除校学生自治会主席裘家钜等8名同学。在这种情况下，杭州地下党为了使进步力量避免遭受损失，采取灵活机动的斗争方式，决定和全国各地城市一样，不上街游行，改在各校校内分散活动，一面上课，一面斗争，继续发展胜利成果。

由于杭州学生贯彻了党的正确指示，始终掌握明确的斗争方向和灵活的斗争策略，五二○反饥饿、反内战运动取得了一定的胜利，沉重打击了国民党反动派，动摇了他们在杭州的统治基础，成为解放战争时期杭州市学生运动的第二次高潮。

三

于子三运动

随着解放战争的胜利推进，国民党统治区的人民运动有了新发展。然而，国民党反动当局也加紧了对国统区进步运动的镇压，将其罪恶的魔爪伸向了民主运动的堡垒——浙江大学，伸向了冲在五二〇运动前列的浙江大学学生自治会主席、浙江大学农学院学生于子三。

一〇二六事件

于子三是浙江大学农学院农艺系的学生，在1947年5月学生运动中被选为浙江大学学生自治会主席，接受中共杭州地下党的领导，组织全市学生参加"反饥饿、反内战、反迫害"运动，站在斗争前列，并负责浙江区学联和全国学联的联系，担任党的外围组织新民主青年社华家池分社负责人。1947年10月26日，国民党特务非法秘密逮捕了于子三、郦伯瑾、陈建新、黄世民等4名学生。敌人对于子三进行威逼利诱和各种刑讯逼供，妄想从于子三口中获得共产党地下组织、新民主青年社和学联的情况。于子三在敌人的刑讯面前，坚贞不屈，没有透露点滴情况。29日，于子三在国民党浙江省保安司令部看守所内被迫害致死。事件发生后，浙江大学党支部、浙江大学学生自治会先后召开紧急会议，向社会公布事件真相。同时，浙江区学联和全国学联或就此事件发表书面谈话，或作出决议，号召全省、全国各校开展一场反迫害斗争，以击退国民党反动派的猖狂进攻。

反迫害运动

于子三被迫害后，在中共杭州地下组织领导下，浙江大学和杭州市各大中学校学生迅速掀起了以"反迫害，争自由，求生存"为口号的于子三事件反迫害运动。

10月30日，浙江大学1600名师生集合在广场上，举行追悼于子三烈士大会。学生自治会门前的走道上，写着血红的大字："血！血！踏着于烈士的血上去！"许多同学激昂陈词，广场上不时响起"我们要申冤！""我们要为死者复仇！"的口号声。下午，浙江大学、浙江大学附中和省立杭州师范学校等校1200多名学生，以于子三烈士的巨幅遗像和"冤沉何处"的大横幅为前导，到监狱瞻仰烈士遗容。此后，连续向社会散发申诉书、告同胞书，在校内外举办于子三遗物展、哀悼会等一系列宣传申诉活动，提出释放被捕同学、严惩杀人凶手、切实保障人权等要求，取得竺可桢校长和教职员工的支持，实行全校罢教、罢课、罢研、罢工。浙江大学附中、省立杭州高级中学、省立医药专科学校、国立杭州艺术专科学校、之江大学、弘道女中等校纷纷响应。于子三惨案的消息还通过各种渠道，冲破当局设置的新闻封锁和邮电检查，传播到全国一些大中学校，并且在中共中央上海局青年组发动国统区学生群众开展有力声援和全国学联号召下，于子三事件反迫害运动迅速由杭州扩展到整个国统区。这样，在党的领导下，一场反迫害、争民主的于子三运动在杭州乃至全国展开了。北平、上海、天津、南京、西安、武汉、长沙、昆明、福州、厦门、苏州等城市的数十万大中学生先后举行了罢课和示威游行。香港等地的学生也都开追悼会，捐款致函，表示声援。

国民党统治区的学生在中国共产党地下组织领导下，喊出了"争自由、反迫害""踏着烈士血迹前进！"的口号，形成了全国性的大规模的学生运动高潮。声援信、慰问信像雪片一样飞向浙江大学。11月25日，国际学联自布拉格来电，指出于子三事件是"国民党政府对民主的及爱好和平的中国学生的又一次暴行"，表示"国际学联愿尽一切力量支援中国学生的英勇斗争"。于子三的死使全国爱国学生汇成一股强大的洪流，冲击着国民党反动派统治。

1948年1月4日，2000余名浙江大学学生和杭州各校学生代表，在浙江大学"于子三广场"集会，宣布成立浙江大学人权保障委员会，准备按事先与国民党当局达成的方案为于子三出殡。言而无信的国民党反动当局派出大批军警包围浙江大学，殴打学生。学生在浙江大学求是桥畔筑于子三衣冠冢。

为了把主要精力转移到新的斗争，通过有理、有利、有节的斗争和谈判，3月14日，由300余名浙江大学和各校代表护送的于子三灵柩，在"学生魂"巨幅挽幛和"于子三烈士千古"花圈的前引下，安葬在凤凰山万松岭。4月，杭州学生在党和学联的组织下，迎接上海20余所大中学校5000余名学生来杭活动，进行了沪杭青年大会师和学运经验大交流，对于子三烈士大哀悼，对反动统治大控诉，宣告这一运动胜利结束。

　　于子三事件反迫害运动，是解放战争时期爆发于杭州、扩大至全国的学生爱国民主运动，是继抗议美军暴行运动和五二〇"反饥饿、反内战、反迫害"运动之后的又一次全国性的大规模的学生运动高潮。它沉重地打击了国民党的反动统治，有力地支援了解放战争，为迎接全国解放，建立一个独立、自由、民主、富强的新中国，奠定了思想基础。

四

新民主青年社的成立与发展

　　抗战结束后，随着革命形势和任务的变化，在党领导下的抗日战争中发挥了重要作用的民先队等青年群众组织，已经不能适应新的形势和任务的要求了。解放战争时期在杭州的青年群众组织主要是新民主青年社。新民主青年社是解放战争时期中国共产党领导下的秘密外围组织之一，1947年8月间在杭州筹建，开始称新民主主义社。11月，经上级党组织同意，正式定名为新民主青年社，代号 Y. F.（The New Democratic Youth Federation 的缩写）。新民主青年社章程规定，其成员要"接受中国共产党的领导，严守纪律，服从分配，为中华民族的解放和实现新民主主义而奋斗"。

　　1947年，杭州各大中学校的青年学生，在经历了"抗议美军暴行""反饥饿、反内战、反迫害"等斗争锻炼后，涌现了大批积极分子。6月，中共中央上海局青年组派洪德铭来杭，加强对中共浙江大学支部及杭州学生运动的领导。为了团结教育青年，推动全市学生运动的迅速开展，中共浙江大学支部征得上海局青年组同意后，7月，根据洪德铭的指示筹建党的秘密外围组织。8月初召开会议，正式成立新民主青年社，并很快在积极分子中发展了于子三等一批社员。新民主青年社按院系和社团分别编组，建立有党员在内的分支组织，共有社员五六十人。由各分支组织负责人共同组成新民主青年社领导核心，党支部委员李景先（9月后为吴大信）总负责。其间，还将浙江大学学生进步社团之一干社的负责人吸收为新民主青年社领导核心成员，并将干社在校外部分中学中发展的"新青联"成员，陆续吸收为新民主青年社社员。

12月底，中共杭州工作委员会下设中学区委，加强对杭州市的青年学生工作，并将浙江大学以外的杭州市区新民主青年社工作划归中学区委负责，新民主青年社组织得到迅速发展。1948年2月，中共杭州工委为适应秘密工作的需要，避免遭到破坏，决定对外不再统一使用"新民主青年社"这一名称，Y. F.仅作为内部代号；基层Y. F.组织的具体名称由各基层党组织自定。到1949年5月杭州解放时，杭州市区的新民主青年社社员总数达300余人，分布在浙江大学、省立杭州高级中学、浙江大学附中、之江大学、国立杭州艺术专科学校、西湖艺术研究所、省立医药专科学校、省立杭州师范学校、杭州女中、建国中学、弘道女中、省立杭州高级工业职业学校、省立高级商业职业学校、蕙兰中学、安定中学、新群中学、宗文中学、中山中学、正则中学等大中学校。由中共杭州工委直接领导的中共英士大学支部（校址在金华），也在英士大学和金华中学内发展了40名新民主青年社社员。

新民主青年社在各基层单位的社员，分别编成小组，在所在单位的中共基层组织领导下进行学习和工作，不实行垂直自成系统的领导，也不发生横向关系。新民主青年社在青年群众（主要是大中学校学生）中组织公开或半公开的社团，通过读书会、歌咏会、剧团、墙报社以及编印刊物、组织旅游等活动，学习革命理论，宣传中共的主张和革命形势；广泛团结青年学生，争取掌握学生自治会等组织的领导权；引导和组织广大学生青年参加党领导的各项斗争，站在斗争前列；向中共输送经过斗争锻炼考验的先进分子，加入党的队伍，成为中共联系青年群众的纽带和桥梁，发挥了助手和后备军的作用。1947年10月，新民主青年社在中共的统一部署下，掀起了遍及整个国民党统治区的"反迫害、争自由、求生存"的于子三运动。1948年3月至4月间，新民主青年社发动杭州学生接待由上海地下党通过上海学联组织的上海20余所大中学校5000余名学生分批来杭春游的活动。5月，新民主青年社积极参加"反美扶日运动"。杭州解放前夕，积极参加护校斗争。

杭州解放后，新民主青年社的绝大部分社员第一批参加了中国新民主主义青年团，新民主青年社结束。

五

保护城市，迎接解放

1949年1月，辽沈、淮海、平津三大战役结束，国民党主要军事力量被摧毁。针对国民党当局企图将京、沪、杭一带重要工厂、学校、科研机构迁往台湾和华南各地或实行破坏政策，并严令炸毁钱塘江大桥等破坏城市的重要设施的严峻形势，杭州青年在中共地下组织下，通过进步社团的组织推动，积极投入了反对破坏、反对迁移、保护工厂、保护学校、保护重要设施，迎接解放的斗争。

护校斗争

为了迎接全国解放，严防敌人溃退时狗急跳墙，把杭州城完整地交回人民手中，1949年3月，中共中央上海局决定统一杭州党的组织，将同属上海局领导的杭州市工委和杭州工委合并成立中共杭州市委，派上海局外县工委书记林枫担任杭州市委书记。市委下设青年工作委员会、职工工作委员会、文教工作委员会等机构。中共杭州市委适时地作出了"反破坏、反迁移、保卫城市、迎接解放"的指示。党在各个学校的地下组织，分头在党员中和党的外围组织——"新民主青年社"成员中，进行了革命气节教育和纪律教育，强调在胜利的形势面前，要保持高度的警惕性，隐蔽力量，坚守岗位。为防止敌人在解放前夕捕杀党员和进步群众，地下党将一部分已经暴露了的进步学生转移到解放区和本省金萧、浙南等游击武装队伍。留在杭州的各大中学校学生，就在党的领导下，坚持黎明前的斗争。

为了应付在紧急情况下可能出现的突然事变，如敌人强迫解散或搬迁学校，转移资财和教学设备、仪器，特务闯入学校捕人、散兵游勇侵扰等，各校根据党的指示，公开打出"应变会"的旗号，组织同学统一进行保护学校的工作。

浙江大学是杭州最早成立护校组织的学校。早在1948年底，浙江大学的地下党组织就作了部署，先在各院、系分别酝酿组织，到1949年2月召开联席会议，成立全校联合机构——浙江大学应变委员会，下设秘书处、生活部、文化部、安全部、联络部等部门，分别负责生活、宣传、保卫、联络等工作。此后，杭州有20余所学校陆续组织了应变会和安全会，相邻或附近的学校还互相串联，交流经验，商定有紧急情况时互相支援。浙江大学、省立杭州高级中学和省立杭州高级工业职业学校、蕙兰中学、杭州女中、省立高级商业职业学校、省立杭州师范学校、省立医药专科学校、浙江大学附中等校，都由学生自治会出面主动和校方联系协商，由师生员工各派代表组成安全会。

国民党反动派曾企图将浙江大学、国立杭州艺术专科学校及省立杭州高级工业职业学校等一些学校南迁，将其他学校的学生遣散回家，留下一个空壳子。根据党的指示，各校应变会和安全会对学校进步群众和积极分子，提出要依靠和组织广大群众起来护校，准备迎接解放和协助参加接管工作。与此同时，各校都有自己的纠察队组织，保卫学校。纠察队日夜巡逻，防止敌人部队占驻校舍，严防散兵游勇侵扰和特务闯入捕人。对学校的教学仪器、设备、图书等进行清点、装箱，妥善保管，以防散失。浙江大学还发动师生员工搬运石块，垒筑围墙，加强安全。另外，各校还分析和掌握学校人员的政治情况，监视反动骨干的动态，为解放后的工作提供参考。

护厂护桥斗争

杭州青年还积极参加保护工厂的斗争。杭州电厂工人组织工人纠察队日夜巡逻，防止特务破坏，使杭州唯一的发电厂完整地保留下来。杭州纱厂组成护厂委员会、杭州华丰造纸厂组织护厂队、杭州电信局组织积极分子，日夜轮流值班、巡逻，严防国民党溃兵和特务破坏。杭州铁路支部发动工人将12台机车关键部件拆散藏入水塘，挫败国民党当局企图撤逃机车的阴谋。杭州解放前夕，有30多家工厂成立群众性的护厂组织，同敌人的破坏活动进行了坚决的斗争，取得了护厂斗争的胜利。

钱塘江大桥是我国东南地区重要的战略交通枢纽，在军事上、经济上都具有极大的价值，是国民党破坏的重点，也是杭州市委保护城市、迎接解放斗争的重要一环。1949年1月，中共中央上海局指示杭州地下党组织，要特别注意保护好钱塘江大桥，强调这对于保证人民解放军胜利进军、恢复国民经济都有着重要的意义。杭州市委成立以后，即将保护钱塘江大桥作为保护城市工作的重中之重，由市委书记林枫亲自部署和筹划。针对敌人的炸桥阴谋，市委迅速掌握了敌人的炸桥计划，林枫先后与浙赣铁路局内与党有联系的进步人士华允璋和钱塘江大桥工队队长赵燧章接上关系，通过他们领导广大桥工队员积极开展护桥斗争，转移、隐蔽、保护了大桥工程图纸和施工器材，密切监视国民党军队破坏大桥的一切情况。在杭州党组织领导下，保护钱塘江大桥斗争取得了胜利。

5月3日下午2时，中国人民解放军第三野战军第21军进入市区，杭州人民获得了渴望已久的解放！之江大学学生在钱塘江大桥侧，其他学校学生在本校附近热烈欢迎解放大军进城。

在党的正确领导下，杭州的护厂、护校、护桥斗争取得了重大胜利，基本上完整地保留了杭州市及各县重要政治、经济、军事价值的单位和设施，使它们完整地回到了人民手中，为解放和接管城市、建立人民政权、恢复经济奠定了基础。

第四章

巩固人民民主政权和建立社会主义制度

1949 年 5 月 3 日，杭州解放，杭州青年得到新生。在中国共产党的领导下，杭州青年团以党的中心工作为团的中心任务，团结广大团员青年，积极参加了抗美援朝、镇压反革命、土地改革、"三反"、"五反"、民主改革等一系列的社会改革运动和国家建设工作；学习和宣传党在过渡时期的总路线，动员全团站在为逐步实现国家的社会主义工业化而斗争的最前列；积极参加劳动竞赛，开展青年生产突击队、青年节约队、青年团监督岗等适合青年特点的活动，投身到保卫和建设祖国的事业中；协助党对农业、手工业、私营工商业进行社会主义改造，当好党的助手；巩固壮大团的组织，提高团的战斗力，成为党的有力助手和可靠的后备军，成为党团结教育整个青年一代的核心。

团杭州市工作委员会的成立和各项工作的开展

　　杭州解放后，迎来了中国共产党执政、人民当家做主的新时代。为了建立新政权、巩固新政权，杭州青年在党的领导下迅速开展了接管城市、建立各级政权和恢复经济、稳定社会的斗争。

新生人民政权的建立

　　广大杭州青年和全市人民一起迎接中国人民解放军挺进杭州市区。伫立在街头夹道欢迎解放大军的，是受到解放战争形势影响、鼓舞，在中共杭州（地下）市委领导下，胜利进行爱国民主运动和护厂、护校等斗争教育、锻炼的广大杭州青年以及各界群众。六和塔下公路边和钱江大桥头，簇拥着之江大学的学生。在断桥一带迎候的有艺术专科学校的同学们。当解放军分别挺进各驻地时，立刻有浙江大学等大中学校的师生及青年工人涌上学校、工厂附近街头，进行热烈欢迎和慰问活动，唱着歌，跳起舞，送上茶水，问长问短。

　　1949年5月4日晚上，7000余位青年学生和工人在浙江大学广场上举行"纪念'五四'庆祝解放大会"，向毛主席、朱总司令发出致敬电，向解放军敬献写着"把解放大旗插遍全中国"字样的大红旗。5日，根据杭州青年"纪念'五四'庆祝解放大会"的建议，成立了"杭州市学生联合会筹备委员会"。在此之前，杭州青年早已派出自己的代表卢月梅、蔡安富、吴大胜和何诚等4人，于1949年3月秘密通过国民党长江封锁线，到达北平参加中华全国青年第一次代表大会。5月12日，卢月梅代表国民党统治区青年向毛主席、朱总司令敬致献词："敬爱的毛主席、朱总司令：在您们历史性的命令下，太阳的光辉已经开始照到我们的家乡！……"

5月7日，杭州市军事管制委员会成立，谭震林任市军管会主任。11日，新的中共杭州市委建立，谭震林兼任杭州市委书记。杭州青年在军管会和新市委的领导下，发扬革命传统，在原来的基础上，迅速地组织起来当家做主人。6月17日，在参加全国青代会的4位代表返杭向各界青年传达汇报大会盛况和任务后，通过酝酿协商，成立了杭州市民主青年联合会筹委会，周力行兼任主任。

在党的领导下，青年团和青联、学联等组织，积极组织杭州10万青年响应中共浙江省委提出的"团结一致，努力建设人民的新浙江、新杭州"的号召，投入学习运动，掀起参军、参干、参加接管和恢复生产等工作的热潮。各大中学校校园里醒目地张贴着《迎接解放宣言》、"开展学习运动号召书"等。市学联（筹）组织了7个学校的文工队，分赴附近划片联系的学校工作区开展宣传工作，协助各校建立新民主主义研究会、读书会等新社团。学期结束前，全市中学以校为单位组织10天学习；暑假里举办暑期工作团，组织留校学生进行学习，开展活动，提高认识，培养工作能力，然后于新学期开展建立学生会的工作。

有数百名分布在各大中学校、工厂、单位里的地下党员、新民主青年社（Y.F.）成员和积极分子，由军管会批准参加接管工作。约有7000多名各界青年和学生，怀着对中国共产党和中国人民解放军的崇敬心情，兴高采烈地报考浙江干部学校、杭州青年干部学校、新闻干校、浙江财政干校等，踊跃参加中国人民解放军第二、第三野战军的军政干校。

团杭州市工作委员会的成立和各级团组织的发展

1949年4月，中国新民主主义青年团第一次全国代表大会在刚刚解放的北平举行。中共中央主席毛泽东亲笔为大会题词："同各界青年一起，领导他们，加强学习，发展生产。"① 中国新民主主义青年团第一次全国代表大会的召开，在中国青年运动史上有着十分重大的意义。它标志着中国青年运动又有了自己的领导核心，中国青年运动将由此进入一个崭新的历史发展时期。

5月17日，中共杭州市委员会青年工作委员会（简称市青委）成立，同时行使中国新民主主义青年团浙江省杭州市工作委员会职权，书记周力行（兼），委员黄逸宾、陈向明。乔石曾先后担任杭州市青委宣传部部长、组织部部长、市青委书记。逐步设立学生部、组织部、宣传部、青工部、秘书科。5月，中共杭州市青委派出青年工作小组，到杭州自来水厂、铁路机务段、长安纱厂、杭江纱厂等处开展建团工作。6月8日，市青委在孝女路2号召开全市机关第一次团员大会，有

---

① 毛泽东生平和思想研讨组织委员会编：《毛泽东百周年纪念——毛泽东生平和思想研讨会论文集（中册）》，中央文献出版社1994年版，第456页。

89名团员参加，他们都是随军南下的团员。建2个团支部、3个团小组。同时党又指派优秀的青年党员和青年团员深入工厂、学校、机关开展团工作。到7月底，团员发展到510人，设3个团工委、10个团支部。

为培养青年干部，根据中共杭州市委决定，由中共杭州市青委主办的杭州青年干部学校（杭州市团校前身），于6月30日开学。中共杭州市委副书记林枫兼任校长，市青委书记周力行兼任副校长，市青委组织部部长黄逸宾兼校务主任。7月初，乔石同志调来杭州后，也直接参与了青干校的领导。中共浙江省委副书记谭启龙以及张劲夫、林乎加、吴宪等负责同志都亲自来校给学员讲课。从报名的1239人中录取945人，加上吸收的市教师训练班的部分青年教师，共计学员1022人。青干校的课程，一是思想政治课，有"论人民民主专政""改造我们的学习""劳动改造世界""阶级与阶级斗争""新人生观""中国革命与中国共产党""人民军队""形势与任务"等课，都是请省市党政领导同志讲授的。二是团的基础知识，由周力行、乔石讲授。学习期间，第一次在杭州大批发展中国新民主主义青年团团员。到8月底结业时，有519名是团员，他们通过学习和各项工作斗争实践考验，被派回杭州各个学校、单位，以及省内部分地、县工作，成为开辟浙江、杭州市团工作的骨干力量之一。

8月底，团市工委干部得到充实和调整，副书记兼组织部部长方晓到职，乔石任宣传部部长，周峰任青工部部长。9月3日，团市工委建立团学校工作委员会，与学生部合署办公，部长费瑛。11月，费瑛调走后由乔石兼任。到11月底，团市工委所属有：青年团工厂工作委员会、学校工作委员会、杭县工作委员会、浙江干校工作委员会、省政府机关工作委员会、市政府机关工作委员会、公安局总支、小教总支、党委机关各支部。

1950年3月28日，周峰任市青委副书记、团市工委副书记，乔石、许良英、陆鑫康为青委委员。4月，将省委、省政府机关、浙江干校的团组织关系转交给团浙江省委，另撤销学校、工厂两个团工委。11月，为了加强领导，对团的基层组织形式作了调整，在团市工委下面分别建立纺织、市政、搬运、店员、机印文（机器、印刷、新闻、文艺）、公立学校、私立学校、教会学校等8个团工委。全市共计相当县级团工委1个，相当区级团工委11个，总支26个，支部193个，全市团员6670人。

1951年2月，周峰任团市工委书记，乔石任副书记。

1952年5月，乔石任团市工委书记，原青工部副部长陆鑫康任团市工委副书记兼组织部部长。6月，分别建立青年团上城区、中城区、下城区、江干区、拱墅区工作委员会。8月，分别建立西湖区、艮山区、笕桥区团工委，撤销原有的产业团工委，成立公营公私合营工厂、私营工厂、建筑搬运和企业等4个团工委。10月，团市工委增设军事体育部、少年儿童部。

为恢复经济而努力

刚解放的杭州，在经济上，继承的是一个千疮百孔的烂摊子，民穷财竭、百业凋疲。1949年，全市国内生产总值为25501万元，人均国内生产总值仅为89元。其中工业总产值14107万元，工业水平极低，百人以上工厂仅33家，重工业比例仅占3.8%。具有历史传统的杭州丝绸业，1949年产量只及1926年的21.57%，织绸机也从1926年的13500

台下降到3500台。许多工厂倒闭、商店关门，完全失业工人达17.3万人，半失业人数更多；郊区37%的耕地已常年荒芜，全市粮食总产量仅45.75万吨，缺口达15万吨；再加上帝国主义实行沿海封锁，美蒋飞机时来侵袭扰乱，残匪在农村为害，阻碍城乡交流，部分工厂暂时停工待料，情况是十分困难的。刚刚迎来解放、翻身做主人的青年与全市人民一起，响应党的号召，站在为恢复经济、争取财政经济情况基本好转而斗争的前线。

党需要青年一起克服困难，恢复生产，全市青年就掀起"献料"热潮，有的节衣缩食，加紧生产。当时有的工厂一星期只能开3天工。浙江铁工厂的青年工人，把在反动统治时期自己积存起来的许多原材料和工具献给工厂，使工厂在短短4天内就恢复生产，迅速投入支援解放舟山的斗争。长安纱厂本来是个私营企业，一向依靠"美棉"生产，美帝的封锁禁运使原料一天天枯竭，以致出现停工待料的局面。青年工人首先喊出"过去我们是奴隶，现在我们是主人，困难吓不倒我们工人阶级，封锁停不了我们的机器"的豪迈口号，带头拆掉自己的棉衣、棉被，拿出棉花，坚持生产。接着全厂形成拆衣献棉热潮，从而使织机轰响，棉布源源不绝供应市场，一直坚持到新棉上市。交通公司的青年工人，发起"百辆好车"活动，利用业余时间，利用废旧原料，修复死车100多辆，奔驰在全省各条公路干线上，为支援解放全国出力。

党需要青年随军下乡，发动群众，剿匪反霸，减租减息，全市就有700多名青年学生奔赴郊区。其中有杭州青干校学员100人，他们于1949年7月14日奔赴杭县（今余杭区）农村，与部队指战员、南下干部组成工作队，在当地党委和人民政府领导下，开展剿匪、反霸、组织农民协会、减租减息、征粮、生产救灾等工作。在平径乡工作的学员胡根荣被土匪杀害。下乡学员并没有被吓退，而是更加坚定，化悲痛为力量，坚决克服困难，把群众发动起来，彻底剿灭土匪，保卫新生的人民政权。

党需要青年树立志气，战胜敌人封锁，粉碎敌人轰炸，全市青年就同仇敌忾，投入反封锁、反轰炸的战斗。1950年2月22日上午，闸口电厂遭到蒋机袭击，锅炉房中弹起火，炉子破裂，2名护厂解放军战士壮烈牺牲，全市大部分工厂被迫停工，入夜灯火不明。美蒋飞机的罪行激起全市人民和青年的无比愤怒。被炸当天，电厂团总支就召开了全厂团员紧急会议，决定在"以实际行动打击蒋匪帮"的战斗口号下，带头突击抢修。团员、青年爬入高温的炉膛，登上悬在高空的运煤机进行抢修。全市各界青年也迎着红旗、背着工具、敲着锣鼓来到电厂工地支援。原定20天完成抢修任务，结果提前13天胜利完成，使全市工厂机器重新轰鸣，城市又闪出耀眼的光明，彻底粉碎了反动派的破坏阴谋。

部分学生因农村民主改革和城市生产改组而出现的缴费暂时困难，也难不倒他们。在党和人民政府关怀下，他们开展"工读"运动，一面读书，一面组织参加农业、工业和手工业等劳动，努力把自己培养成为有觉悟、有文化的国家建设人才。一个学期就得到50万斤大米的劳动收入，解决了近4000名学生的入学困难。

党需要青年配合反击银元贩子的投机活动，稳定金融和市场，全市就有4000多名青年工人和学生，上街宣传，打击奸商。1949年6月13日至16日，他们分片出动，高举红旗、敲锣打鼓，高喊口号，张贴标语、漫画，演出歌舞、活报剧，深入茶楼菜馆和居民家庭作口头宣传，工农劳动群众对取缔银元投机表示由衷拥护，有的还自告奋勇加入宣传的行列。

解放后的第一个"七一"党的生日，青年们参加了从"七一"到"七七"为时一周的宣传和庆祝活动。活动以7月7日盛大阅兵式、群众集会和晚上提灯游行为高潮，尽情地表达了杭州青年和广大人民对中国共产党的爱戴拥护之情。

在庆祝"十一"新中国诞生的欢庆日子里，杭州青年又出动4000多人上街宣传，参加于3日晚上举行的全市10万人的盛大庆祝集会和示威大游行，其中青年学生就有11300余人。全市2000青年团员表示决心：团结起来，加倍努力地搞好生产，支援前线，努力学习和工作，为实现中国人民政治协商会议通过的共同纲领，建设新民主主义的中国而奋斗。

二 参加巩固新生人民政权的斗争

1950年4月16日，中共中央在批转《中共中央西南局关于目前建团工作的指示》时指出："在目前，青年团与青年运动的工作，不论在城市或乡村中，均应提到更加重要的地位。""为了使工会、农会、青年团成为新区社会改革可以依靠的组织，各级党委必须十分注意加强这些团体的工作，特别是青年团应该成为党的最亲密的、最可靠的助手，应该加强它的工作。"[①]6月，中共七届三中全会召开。按照部署，党中央有步骤地在全国开展大规模的土地改革、镇压反革命、"三反"、"五反"等一系列社会改革运动。在党的领导下，杭州青年团各级组织带领广大团员、青年积极地参加各项社会改革运动，保卫和巩固了新生的人民政权。

奔赴土地改革第一线

1950年6月，中央人民政府通过了《中华人民共和国土地改革

---

① 团中央办公厅编：《文件汇集》(1949年1月—1951年11月)，第101页。

法》。它总结了党过去领导土地改革的经验和教训，为适应新中国成立后的新形势确定了新政策，提出保存富农经济，不动中农土地，限制没收地主财产。7月，浙江省委作出决定，要求组织机关和知识青年奔赴土地改革第一线，积极参加土地改革运动。8月，青年团中央召开全国农村青年工作会议，明确规定，全力发动青年农民与全体农民一道参加土地改革和减租、反霸的斗争，是青年团在新区农村的主要任务。

杭州市郊区团组织把发动青年参加废除封建土地所有制的土改运动，作为自己的中心工作，培训了团干部，在青年中广泛宣传土改政策，并通过回忆诉苦、听报告会等形式，讨论"谁养活谁"，使青年们提高阶级觉悟，划清阶级界限，明白了"农民的穷根是封建土地制度"等基本道理。提高了觉悟的青年农民，迫切要求共产党领导他们翻身做主，并带头参加农民协会，串联苦主，调查材料，发动群众；分配土地时说服家长不争多、不争好田；还积极参加民兵，监视地主，保卫胜利果实。城市中的团组织，也向广大城市青年进行了土改运动的教育，做到拥护和促进农村土改工作的顺利进行。城市中还有500多名青年工人和学生，响应党和政府号召，报名参加土改工作队，分赴市郊及全省各地农村参加土改运动。浙江大学文学院等学校师生，曾奔赴皖北五河县等处参加土改工作。团员和青年在斗争实践中，贡献自己的力量，经受了锻炼、考验。至1951年冬，全市轰轰烈烈的土地改革运动全部结束。市郊25个乡完成了土改运动。

土地改革的完成，标志着我国延续了几千年的封建制度的基础——地主阶级的土地所有制，至此彻底消灭了，农民真正成为土地的主人。青年农民在摆脱了长期束缚自己的封建枷锁后，劳动生产积极性空前高涨，他们在党的领导下，和全体翻身农民一起，成立互助组，此后又走上合作化道路，向社会主义大步迈进。

和反革命分子作斗争

国民党蒋介石集团败逃前，曾在杭州有计划地潜伏了一大批特务和反革命分子。朝鲜战争爆发后，残留的反革命分子气焰更加嚣张，进行种种破坏和捣乱活动，残害革命干部和群众，妄图里应外合，颠覆新生的人民政权。

1950年10月10日，中共中央发出《关于镇压反革命活动的指示》，决定对罪大恶极、怙恶不悛的反革命分子实行坚决镇压，大规模的镇压反革命运动拉开序幕。12月10日，杭州市委、市人民政府在浙江大学召开了由7000余名群众参加的公审大会，公审杀害于子三烈士的刽子手和杨松山、杨继震、郦金华等特务恶霸分子，极大地震撼了反革命分子。

1951年2月21日，中央人民政府公布《中华人民共和国惩治反革命条例》，全国镇反运动进入高潮。3月5日，青年团中央、全国青联、全国学联联合发表《拥护〈中华人民共和国惩治反革命条例〉的声明》，号召"全国青年一定要和国内外一切反革命分子做坚决的斗争"，"以巩固人民民主专政，保卫我们伟大的祖国"。3月，市第二次党的代表会议通过了《关于坚决镇压反革命的决议》，确定了党委统一领导、全党动员、大胆放手、发动群众、大张旗鼓镇压反革命分子的方针。

4月中旬，杭州市抗美援朝分会与广播电台联合举办"反对美国武装日本，镇压反革命"的广播大会，全市各界广大青年和学生参加收听了广播。此后开展了大张旗鼓的镇反运动学习,除学习有关文件外,还组织观看《不拿枪的敌人》等戏剧、电影,组织讨论会、控诉会,揭露美帝、日本军国主义势力和国内反革命分子互相呼应,妄图破坏和颠覆新中国的种种罪行。旧恨新仇,使青年们提高了认识,明确镇反运动的意义和政策,提高敌情观念,克服麻痹情绪和温情思想,分清敌我,站稳立场,积极行动起来投入运动,展开宣传攻势,组织纠察队护厂、护店、护校。有的检举或协助政府搜捉反革命分子。还有些青少年站稳革命立场,大义灭亲,主动检举自己的反革命亲属,在群众中传为佳话,受到赞扬。

浙江铁工厂青年团员王宏景检举当过伪保长、还乡团中队长的叔父,府前街小学14岁少年儿童队员郭琼芳勇敢机智检举反革命特务恶霸分子,受到团市工委通报表扬。江干区水陆码头的搬运工人掀起检举封建霸头热潮,摧毁了码头上盘根错节、互相勾结的反革命势力和封建霸头势力。艮山区乌龙乡青年团员、民兵联防队长楼顺毛和全体联防队员,一连在田野、坟堆、村边守候七日七夜,抓住烧杀抢掠、无恶不作的惯匪严毛银。楼顺毛被评为市防特治安模范。

到1953年10月,全市镇压反革命运动基本结束。镇压反革命运动扫除了国民党遗留在大陆的反革命残余势力,巩固了人民政权,为大规模的经济建设和确保社会稳定创造了必要条件。

抗美援朝运动中的杭州青年

新中国成立后,为进一步完成新民主主义革命和恢复国民经济的任务,一方面,党和人民政府领导开展了土地改革、镇压反革命等一系列社会改革运动，另一方面，为了挫败美帝国主义侵略朝鲜，把战火烧到我国鸭绿江边，妄想把新中国扼杀在摇篮中的阴谋，开展了轰轰烈烈的抗美援朝、保家卫国运动。

1950年6月25日，朝鲜内战爆发。美国政府立即作出武装干涉朝鲜内战的决定，并派遣第七舰队侵入台湾海峡，公然干涉中国内政，阻挠中国的统一大业。10月初，美军无视中国政府一再警告，悍然越过"三八线"（北纬38°线），把战火烧到中朝边境，直接威胁新中国的国家安全。危急关头，朝鲜劳动党和政府请求中国出兵支援。19日，中国人民志愿军正式入朝作战，轰轰烈烈的抗美援朝运动在全国范围内迅速展开。

抗美援朝之初，青年团协助党和人民政府，对青年进行了广泛深入"抗美援朝，保家卫国"的爱国主义和国际主义教育。根据中共中央和浙江省委指示，杭州市开展了以仇视、鄙视、蔑视美帝国主义为中心内容的时事宣传教育活动，市委先后发出《关于开展时事宣传教育的指示》《关于进一步开展时事宣传教育的意见》。团员和青年在党的统一领导下，在工厂、农村、商店、机关、学校中摆开了认真学习、热烈讨论的课堂。团市工委还组织了5次讨论会，邀请全市各厂矿的先进青年参加讨论。市学联（筹）于11月28日至12月1日召开了"杭州市学生临时代表大会"，专门讨论并通过了《广泛深入开展抗美援朝保家卫国运动的决议》。这样，在很短时间内就掀起了学习热潮，普遍组织控诉美帝国主义的罪行，有的还自觉地清除残存的恐美、崇美、亲美思想，树立起蔑视、鄙视、仇视帝国主义侵略者的观点，激发起更大的爱国主义和国际主义热情。青年们还按基层单位组织上街宣传和游行示威，短短几天，参加宣传、游行的青年学生就达8.66万多人次。还相继开展了美帝重新武装日本、反对缔结对日和约宣言的签名活动等。杭州约有70%以上的青年工人、学生、机关各界青年参加了签名。

在学习提高认识的基础上，全市广大团员青年，纷纷向组织写申请、表决心，有的还写了血书，提出奔赴前线杀敌的要求，表示"为了和平，决心献出自己的一切""放下榔头，拿起武器""放下笔杆，拿起枪杆"。1950年12月和1951年7月，中央军委和政务院决定招收学生和青年工人参加各种军事干部学校。市委号召党、团员带领青年学生、青年工人积极参军、参战和参加各种军事干部学校。全市团员青年热烈响应祖国号召，争着表决心、说服家庭，"一切为了祖国""让祖国挑选"成了每一个爱国青年的决心和骄傲。两次动员中有近万名青年报名，大大超过规定的名额。有的学校一两个小时就完成了报名任务。有1245人被审查批准光荣录取，分别输送到陆海空军的院校，走上保卫祖国的岗位。他们中先后被批准入朝的有6022人，铁路工人224名、汽车驾驶员150人、医务人员699人，其中大部分是青年。还先后组织3个医疗队和护士队奔赴朝鲜前线。他们与祖国各地优秀儿女汇合，奔赴朝鲜战场，为祖国立下了不朽功勋，有的还献出了自己年轻的生命。

轰轰烈烈的抗美援朝运动，大大鼓舞了全市团员、青年的劳动热情，"以实际行动支援中国人民志愿军"是全市各界青年的战斗口号。1951年6月1日，中国人民抗美援朝总会发出关于推行爱国公约、捐献飞机大炮和优待烈属、军属的号召。11月，团中央召开团的一届二中全会，通过开展增产节约运动的决议，号召广泛开展"增加生产，厉行节约"及爱国丰产运动等形式，支援朝鲜前线。全市团员青年热烈响应、积极贯彻。他们把如何努力搞好日常生产、工作、学习，捐献飞机大炮，优待烈军属都订入爱国公约中，使抗美援朝运动持久深入地发展，成了推动生产、工作、学习的强大动力。杭州市江干木材搬运支部发动团员宣传制定爱国公约的意义，针对存在问题，订入爱国公约的条款中。团员以自己的模范行动带动青年执行爱国公约，大大提高工作效率和质量。103个团员、青年捐献飞机大炮代金180多万元（旧币，下同），63个团员捐献优扶款11万多元，被团杭州市委授予"模范团支部"的称号。杭女中初秋三班金纪仁小队11位同学，热烈投入"春节慰劳烈军属一件事"活动，并与烈属诸老奶奶结成长期服务的关系，成了诸老奶奶的"亲孙女"一家人。金纪仁小队受到团中央、教育部、抗美援朝总会和中央广播事业局的联合表扬。华丰造纸厂的团员青年不仅把自己的一部分积蓄、工资、生产奖金捐献出来，还与老工人一起努力增加生产，共同捐献"华丰工人号"飞机（代金）3架。到年底，全市人民共捐献金额达361.84亿元，折合战斗机24架半，超过认捐数6架半。

1953年7月，朝鲜停战协定签订，朝鲜战争以中朝两国人民的最终胜利而结束。

抗美援朝是一场爱国主义、国际主义的伟大运动。志愿军归国汇报团、朝鲜人民军访华代表团及中国人民赴朝慰问团来杭传达等活动，使杭州青年进一步受到深刻生动的教育。前方的每一个胜利，都深深地鼓舞着杭州青年；青年们的每一个成就，又有力地支援了前线的战斗。全国上下、前方后方团结成一座钢铁堡垒，汇成一股战无不胜的力量，杭州青年在赢得抗美援朝保家卫国的伟大胜利中作出了自己应有的贡献。

杭州青年团在"三反""五反"运动中的作用

1951年12月1日，中共中央通过《关于实行精兵简政、增产节约、反对贪污、反对浪费和反对官僚主义的决定》，从此，以反贪污、反浪费、反官僚主义为中心任务的"三反"运动在全国展开。1952年1月，中共中央发出了《关于在城市中限期展开大规模的坚决彻底的"五反"斗争的指示》，要求在全国大中城市资本主义工商业中开展反行贿、反偷税漏税、反盗窃国家财产、反偷工减料、反盗窃经济情报的"五反"运动。在这一系列的政治运动中，青年团以坚定的立场和信念忠实地发挥了党的最亲密、最可靠的助手作用，广大团员和青年成为斗争中的先锋和突击力量。

杭州市的"三反""五反"运动在党委统一领导下有计划有步骤地展开。1952年1月，团市工委召开了全市团员代表会议，330位正式代表和83位列席、邀请代表听取了市委宣传部部长顾春林作的《为在全市开展反贪污、反浪费、反官僚主义运动而斗争》和团市工委副书记乔石作的《发挥青年团在反贪污、反浪费、反官僚主义运动中的积极作用》的报告。1月中旬，全市青年店员代表又参加了店员工会召开的代表会议。2月初召开的全市学生第三次代表大会一致通过关于拥护并积极参加"三反""五反"斗争的决议。

一系列的宣传动员、培训骨干、发动群众工作，使广大团员和青年提高了认识和觉悟，认识到开展这个运动，一方面要清除"三害""五毒"，另一方面要在思想上树立起国家人民利益第一的新观念，培养爱护公共财产、廉洁、朴素的新道德。青年们还从资产阶级不法分子三年来给国家和人民造成的严重损失的事实，认识到资产阶级唯利是图的本质，了解了党对资产阶级的政策和工人阶级的责任，鼓起了斗争的勇气，积极参加运动。尤其是工厂、商店的青年工人、店员，站在斗争第一线，与老工人、职员一起，揭发资本家的问题，参加查账、评审守法情况、坚持生产等工作，日夜奋战，废寝忘食，作出了很大的贡献。即使在学校中学习的青年团员、工商界子弟也义不容辞地奋起参战。学校团工委在开初的10天内，就收到他们的检举信102起，被检举的不法商人和贪污分子工131人，其中，子女检举父亲26人，弟妹检举兄姐10人，外甥检举娘舅5人，其他87人。检举金额最高的达1亿元以上（旧币）。

杭州市"三反""五反"运动到1952年5月基本结束，转入巩固胜利和搞好生产的建设阶段。它打击了资产阶级的不法活动，在清除社会污毒方面，起了移风易俗的作用。团员青年在运动中，通过学习教育，普遍树立了剥削可耻、贪污浪费可耻的观念，增强了劳动光荣、廉洁节俭光荣的思想，提高了政治思想觉悟。

新民主主义青年团杭州市第一次代表大会召开

　　1953年1月14日，新民主主义青年团杭州市第一次代表大会召开。大会的主题是：贯彻青年团中央第一届三次全体会议"号召全国青年必须积极参加祖国的建设，站在祖国建设的前列"的决议精神，总结杭州市建团三年多来的工作，确定1953年全市团的工作任务，表扬优秀团员和青年，民主选举成立青年团杭州市委员会；明确认识当前形势与任务，从思想上、组织上、工作上作好充分准备，以迎接全国大规模的经济建设与文化建设的高潮，更大地发挥青年团在祖国建设中的作用。

　　参加大会正式代表460名，列席代表109人，另有青年代表37人，少儿代表29人，代表全市1.27万名团员。中共杭州市委副书记吴宪出席大会并作了政治报告；市财政经济委员会秘书长周峰、中共杭州市委宣传部副部长、市文教局局长胡景城、市民主妇联副主任张瑞等分别到会作了关于杭州市财政经济情况、杭州文教建设、婚姻法的报告。大会审查通过了团市工委书记周芝山所作的团工作总结与今后任务的报告，大会听取了团杭江纱厂总支等的典型报告。

　　团市工委书记周芝山向大会作团工作总结与今后任务的报告。报告指出，杭州市团的组织在党的领导下，紧紧以党的中心工作为团的中心任务，领导团员，团结广大青年，积极地参加了抗美援朝、镇压反革命、土地改革、"三反"、"五反"、民主改革等一系列的社会改革运动和国家建设工作。在各种运动和工作中，团都积极响应党的号召，宣传党的政策，执行党所交给的任务，发挥了党的助手作用和后备军作用。在各种运动中，广大团员青年受到了一系列的政治思想教育，提高了政治觉悟。报告明确了今后全市团的具体任务：继续加强抗美援朝斗争，积极参加国防建设；积极参加爱国主义增产节约运动；积极参加全国民主普选运动；积极参加文化建设；大力宣传与贯彻婚姻法；加强团的建设。

大会通过了《向毛主席、中国共产党中央委员会致敬电》《向朱总司令及中国人民解放军致敬电》《向中国人民志愿军致敬电》《致团中央电》。根据充分发扬民主和协商一致的原则，大会经过无记名投票表决，通过了《关于表扬优秀团员的决定》。

大会选举周芝山等13人组成青年团杭州市第一届委员会，周芝山、陆鑫康、何金亮、孙霆、于锡兰、陈炳亮等6人组成青年团杭州市第一届常务委员会。一届一次全会选举周芝山为团市委书记，陆鑫康为副书记。

1月19日，青年团杭州市第一次代表大会闭幕。中共杭州市委书记陈伟达、青年团浙江省委副书记刘明参加闭幕式并讲话。周芝山代表大会向中共杭州市委献旗，题为"保证在党的领导下努力学习，积极工作，成为党亲密的助手和可靠的后备军"。陆鑫康致闭幕词，他指出，大会明确了当前的政治形势与今后工作方向和具体任务，认识到完成这些任务必须保证党对团的领导，改进领导作风和密切团与群众的联系。

四

争当经济建设突击队

1953年9月，党中央提出了党在过渡时期总路线，这就是："从中华人民共和国成立，到社会主义改造基本完成，这是一个过渡时期。党在这个过渡时期的总路线和总任务，是要在一个相当长的时期内，基本上实现国家工业化和对农业、手工业、资本主义工商业的社会主义改造。"①12月13日，青年团中央发出《关于学习和宣传国家在过渡时期总路线的指示》，要求团的各级组织，在党的领导下，组织好全体团员和全国青年学习与宣传过渡时期的总路线，并作为青年团当前和今后长时期最根本的思想建设任务来抓。杭州团组织根据团中央指示，迅速在团员和青年中广泛开展学习和宣传活动。

团组织结合宣传青年工人王崇伦等的先进事迹，总结表扬市各条线上涌现的先进人物，树立活的榜样，并且多次召开青年先进生产者会议、生产积极分子会议等，相互交流经验，用具体事例鼓舞青年以革新、首创精神从事生产、工作。大力开展学习，大搞技术革新。1954年3月，团杭州市委发出通知，号召青年发扬爱国主义精神，以

---

① 中共中央文献研究室编：《建国以来重要文献选编（第四册）》，中央文献出版社1993年版，第368−369页。

自己的新创造、新进步的实际行动来纪念"五四"。4月25日，召开了全市青年先进生产（工作）者、活动分子大会，有1520名各条战线的青年先进生产（工作）者和积极分子参加大会。市青年劳模周根生、俞凤英等在会上介绍先进事迹。团员、青年带头响应积极拥护增产节约运动，带头表态、开展宣传；以身作则，在完成当前生产任务中起带头模范作用。

1955年1月，团杭州市委与市工会联合会联合召开全市工业青年生产积极分子会议，180名代表中有市级以上劳模16人，先进生产者37名。如市劳模俞凤英、史济淦、朱掌男等。会议听取和讨论了团市委书记周芝山作的《学习技术、掌握技术，发挥青年职工的积极性、创造性，为完成和超额完成1955年国家计划，支援解放台湾而斗争》的报告。表扬了31名青年先进人物和电厂团总支、铁工厂团总支、炼油厂团委、杭江纱厂拖纱车间丙班团小组等4个青年集体。会议还发出《给全市青年职工的信》，倡议"全市青年职工团结一起，积极投入增产节约劳动竞赛"。2月，召开广播大会，广泛宣传、深入贯彻会议精神。全市各级团组织切实做好培养先进人物和先进集体工作，广泛宣传先进思想和先进事迹，给青年职工在生产上、思想上树立榜样，掀起一个向先进人物学习的热潮，进一步吸引青年职工参加增产节约劳动竞赛。

在这期间，一些适合青年特点的青年生产组织，在全国各地的带动促进下，围绕增产节约劳动竞赛，也在全市建立和推广开来。

青年生产突击队。杭州市第一支青年生产突击队，是在全国第一支青年突击队（北京苏联展览馆工地木工青年突击队）的影响下，于1954年9月10日在杭州市建筑工程公司铁佛寺工地05工段成立的。全队46人，其中团员21人。他们表现出了高度的政治热情和劳动积极性，改进了劳动组织和操作技术，带头突破定额、提高工效，全面超额完成了任务。到1955年10月底，全市青年突击队发展到83个。青年突击队既组织青年在急、难、新、重的任务中发挥突击作用，又注意了青年的娱乐和休息；突击队在突破劳动定额，加强生产中的薄弱环节，提前完成任务；在学习先进经验，推动劳动竞赛，提高劳动生产率；在教育青年改进劳动态度，提高生产劳动的自觉性等方面，都发挥了重要作用。青年突击队工作的发展，既丰富了青年团在生产建设中的工作内容，也改进和提高了基层团组织的工作，把思想工作和生产劳动、政治和业务更好地结合起来。

青年节约队。1954年10月24日，杭州市铁工厂团总支成立了全市第一支青年节约队。它是青年志愿组织的业余的义务劳动性质的生产组织。全队67人，其中团员50人，由团总支书记孙海龙担任队长。分别在铸工、金工、准备、装配、行政等工场、部门设小队。随后又有杭州炼油厂等成立了青年节约队。到1955年7月，全市共有87支青年节约队、130多支小队、3401人。10月底发展到158支青年节约队。青年节约队的活动有力地揭露了企业管理上责任不清、无人负责、制度不严的混乱现象，推动行政改进管理和全面节约运动不断深入，培养和提高了青年爱护国家财产、关心集体的共产主义思想认识。

青年团监督岗。1955年3月在杭州铁工厂首先建立。到10月有17个厂建立了36个青年团监督岗（小组），岗员245人，共提出有关建议、表扬批评等423件，针对生产关键的建议100件，其中81件收到良好的效果。监督岗的活动，在协助行政发现和消除、克服生产中的缺点，贯彻操作规程，反对浪费，防止事故，巩固劳动纪律，提高产品质量的斗争中，发挥了很大的作用，成为推动劳动竞赛进一步开展的一支重要力量；同时也教育提高了青年的共产主义道德品质，丰富了团的工作内容。

其他还有青年生产班组、青年检查队、青年消灭差错小组、青年不领料工作日等多种形式的组织。

以上这些青年生产组织，既是劳动组织，又是青年建功立业的阵地，同时还是青年学习共产主义思想的学校。这些青年生产组织有力地推动了增产节约劳动竞赛的开展，使广大团员青年在实践中得到锻炼、茁壮成长，为社会主义革命和社会主义建设培育了一代青年。团杭州市委每年都要总结、表扬一批青年先进生产（工作）者，并向党和政府部门输送一大批在实践中锻炼成长、德才兼备的青年干部。如1953年，团员、青年中涌现的市级劳动模范就有31人，占市级劳模总人数的23.8%；工厂、企业中有602名团员被提拔担任车间主任、厂长、经理、工会主席。1954年，市级劳模中团员青年54人，比上一年多23人，占当年市劳模总数的30.34%，上升6.54%；有607名团员被提拔为厂长、经理、工会主席、车间主任等。1955年8月，团杭州市委又作出决定，表扬和奖励在厉行节约、反对浪费斗争中成绩优良的青年节约队、青年监督岗、青年生产小组13个，青年职工25人。

五

新民主主义青年团杭州市第二次代表大会召开

1954年3月11日，新民主主义青年团杭州市第二次代表大会召开。大会主题是：总结检查一年来杭州市团的工作，讨论确定1954年全市团的任务；民主选举青年团杭州市第二届委员会；表扬各个战线上的优秀团员，树立旗帜，鼓舞广大青年前进。参加大会正式代表250人，列席代表55人，代表全市1.69万名团员。中共杭州市委书记吴宪出席大会并作了政治报告。

周芝山代表青年团杭州市第一届委员会向大会作了题为《团结全市青年，为实现国家社会主义工业化和逐步过渡到社会主义社会奋勇前进》的报告。报告肯定了一年来杭州市青年团取得的成绩：动员团员、团结广大青年积极参加国家建设事业；全市青年进一步明确了社会主义的奋斗目标与过渡到社会主义的道路，进一步认识了劳动光荣、剥削可耻，提高了社会主义的思想觉悟，进一步认识了在祖国社会主义建设中的光荣责任，激发了在生产、工作、学习上的积极性和创造性；积极参加了各项社会民主改革和政治运动，对进一步巩固人民民主专政发挥了积极作用；团的组织也进一步得到巩固与壮大。

团鸿丰丝厂总支、团省立杭州师范学校委员会向大会作了工作介绍，交流了团的工作经验。大会表扬了陈荣华、王芝生、徐珊等17名各条战线上的优秀团员。

根据充分发扬民主和协商一致的原则，大会经过无记名投票表决，通过了《关于青年团杭州市委第二次代表大会工作报告的决议》和《关于表扬优秀团员的决定》。大会一致同意青年团杭州市委员会书记周芝山向大会所作题为"团结全市青年，为实现国家社会主义工业化和逐步过渡到社会主义社会奋勇前进"的工作报告。大会号召全市团员在中共杭州市委和青年团浙江省委的领导下，团结广大青年，为实现党在过渡时期的总路线总任务、为完成与超额完成1954年全市工农业生产计划而努力学习、努力工作，为实现国家的社会主义工业化，逐步过渡到社会主义社会而奋勇前进。

大会选举周芝山等21人组成青年团杭州市第二届委员会，周芝山、张殿臣、陈临轩、何金亮、孙霆、郭竹林、于锡兰、陈炳亮、余梯青等9人组成团杭州市第二届常务委员会。二届一次会议选举周芝山为团市委书记，张殿臣、陈临轩为副书记。

15日，青年团杭州市第二次代表大会闭幕。青年团浙江省委书记朱宏参加闭幕式并向大会作了指示。

大会基本上达到了根据总路线精神，肯定成绩，揭发缺点、错误，总结交流经验，部署工作，提高领导，教育干部的预期目的。大会进行了一次具体实际的总路线教育，进一步提高了青年团员的社会主义觉悟，明确了青年团工作和实现总路线的关系，青年团员把自己的工作和国家建设计划紧密联系起来，从而增强工作的积极性和责任感。大会总结交流了青年团工作经验，青年团深深感觉到要做好团的工作，必须依靠党的领导和有关方面的支持配合。青年团必须积极、主动、灵活地进行工作，及时向党反映团的工作情况和问题，提出工作计划和意见，请示党委给予指示和帮助。

六
在社会主义三大改造运动中大显身手

随着国民经济恢复任务基本完成和开始大规模社会主义经济建设的到来，杭州市对农业、手工业和资本主义工商业的社会主义改造逐步深入，直到1956年初掀起社会主义改造高潮，杭州市广大团员青年在党的领导下，在社会主义三大改造运动中大显身手。

青年参加农业合作化

1953年12月，党中央通过《中共中央关于发展农业生产合作社的决议》，全国农村积极稳步地开展了农业合作化运动，农村青年表现出了极大的热情。

杭州市郊区农村的互助合作运动，由互助组、低级社逐步发展起来。市郊的青年团员，参加当地党组织统一领导的学习，明确社会主义的前途方向，懂得办社的政策和工作方法，发挥带头模范作用，在推动家庭、团结带动广大青年农民参加互助合作组织中，起到了积极作用。他们在实践中锻炼，增长才干，赢得党和群众的信任。据不完全统计，到1953年底，市郊农村就有351名团员，被推选担任合作社主任、村长、乡长等工作。

1954年7月，团中央召开农村工作会议，确定了青年团在农村的根本任务，就是要在团结和组织青年积极参加农业合作化和以互助合作为中心的农业增产运动中，把广大青年培养成为具有高度社会主义觉悟、有一定文化科学知识，能够掌握先进农业技术的一代新型农民，为胜利实现对农业的社会主义改造而斗争。全市郊区农村各级团组织对团员、青年组织学习、教育和发动，团员带头行动，参加互助合作组织的团员人数，由二季度占88%上升到三季度91%，年底上升到94%。他们的模范带头行动，在一定程度上促进了互助合作运动的迅速发展。据1954年10月底统计，郊区农业社、互助组已发展到1619个，参加的农户16899户，占郊区农户总数的71.1%。

1955年10月，党的七届六中全会通过了《关于农业合作化问题的决议》。同月，青年团二届四中全会通过《关于动员和组织广大农村青年迎接农业合作化高潮的决议》，决议要求坚决把农业合作化作为在农村中进行一切工作的中心，教育青年真正成为农业合作化事业的突击队，为建设社会主义的新农村而努力奋斗，掀起了"放手地组织广大农村青年投入农业合作化高潮"。

杭州市团组织在党的领导下，组织团员青年学习决议，武装了思想。团员青年向家庭和群众讲政策算细账、宣传优越性；到老社或外地去学习办社经验，更是热情高涨。到1955年底，参加农业社的农户占农户总数的84.7%。郊区团员中有602人，担任了互助组长、农业社社长、监理事，占郊区团员总数的34.9%。

到1956年1月19日，有95%的农户参加了合作社，基本上实现了农业合作化。在推广农业技术上，团员青年更是一支积极的力量。青年农民的生产技术虽然一般较差，但他们的学习积极性高，接受新的生产知识也较快，在农业生产中发挥了生力军作用。

青年参加手工业生产合作社

对个体手工业的社会主义改造，一般都经过手工业生产合作小组、手工业供销生产合作社和手工业生产合作社三个阶段。1953年10月，市委、市政府选择了在机械铁工业、铁器业等8个行业中进行组织手工业生产合作社的试点。至1953年底，全市个体手工业9761户、从业人员23147人中，发展个体手工业合伙组织达143户、合伙人员1104人。

1954年2月，杭州市人民政府根据"积极领导，稳步前进"的方针，制订出《关于加强个体手工业生产领导与贯彻合作化的计划》，对当时全市6633户、18608人的个体手工业从业人员进行社会主义改造。到年底，市区发展的手工业合作社（组）达到109家，社员3357人，占12.19%。

1956年改造高潮中，杭州市手工业生产合作社第一次社员代表大会于1月3日至7日举行。参加会议的社员和个体手工业者代表近400人，听取中共杭州市委第二书记王平夷作的政治报告，确定市手工业半社会主义合作化的初步规划，加速了合作化的步伐。团员和青年手工业从业人员积极响应党和政府的号召，带头申请入社。9日，正式宣告杭州市手工业生产合作社联合社成立，个体手工业染织布和剪刀两个行业实现全业合作化。16日，有70%以上手工业户和从业人员申请组织合作社。在中共杭州市第八次代表会议决议《加速社会主义改造、提前进入社会主义》的鼓励推动下，手工业从业人员，特别是其中的团员、青年，争先恐后申请入社。仅拱墅、中城、下城三个区就有777人组成了37支青年突击队，积极参加建立手工业生产合作社的工作，开展"生产、建设两不误"的挑战，迅速组织起来。

1月19日，全市手工业合作化大会举行。全市建立手工业生产合作社（组）422个，入社总人数19457人，占全市个体手工业从业人员总数的98.07%，胜利完成全市手工业社会主义改造的历史任务。

青年参加私营工商业改造

对资本主义工商业的改造，是通过国家资本主义途径实现的。

在私营工业方面，开始是以初级形式的加工订货、统购包销等形式为主逐步进行改造的，也有10余家工厂实行了高级形式的公私合营。1953年过渡时期总路线提出后，加快了改造的步伐，到1955年8月，新老公私合营厂增加到87家。11月26日，缫丝工业在杭州市首先实行全行业公私合营。

商业方面，从1954年夏起，积极稳步地以实行经销、代销方式进行社会主义改造。1955年10月，政府首先批准两家棉布店公私合营，到年底，棉布、百货、国药三业实行全行业公私合营，共有184户私营商业转变为公私合营，国家资本主义商业的零售额已占全市商业零售额的43.6%。年底，杭州市大部分资本主义工商业已经转变为不同形式的国家资本主义经济，全市基本完成对私营工商业的社会主义改造。

到1956年底，杭州市对农业、手工业和资本主义工商业的社会主义改造顺利完成，以公有制为特征的社会主义经济制度在杭州初步建立起来。从此，共青团组织作为党的助手，带领广大团员青年积极地投入到社会主义建设的各项事业中。

七

新民主主义青年团杭州市第三次代表大会召开

1955年4月5日，新民主主义青年团杭州市第三次代表大会召开。大会主题是：通过总结1954年团的工作和部署以及1955年的任务，进一步明确青年团是在党的领导下培养和教育青年成为社会主义全面发展的人这一特殊的根本任务，围绕党的中心任务和中心工作，开展适合青年特点的多种多样的独立活动，以组织发挥青年在社会主义建设和保卫祖国的事业中的积极性和创造性，为完成和超额完成1955年国家计划，支援重工业建设，支援解放台湾，支援农村而斗争。会议主要议程是：听取中共杭州市委的形势任务报告；总结审查第二届团代大会以来的工作，讨论和确定1955年全市团的任务；民主选举第三届青年团杭州市委员会；表扬与奖励各条战线上的优秀青年和先进单位，树立旗帜，交流经验。

参加大会正式代表300人，列席代表50人，代表全市2.09万名团员。中共杭州市委委员丁经五同志代表市委亲临大会作了指示；市委宣传部部长胡景珹作了《培养青年共产主义道德品质，抵制资产阶级思想腐蚀》的专题报告；团浙江省委第二书记李式琇传达了团中央二届二中全会决议精神。

团市委书记周芝山代表团杭州市第二届委员会向大会作工作报告。报告指出，1954年青年团在总路线的光辉照耀下，在中共杭州市委的直接领导下，进一步贯彻毛主席"三好"的指示和青年团第二次全国代表大会决议，取得了一定的成绩。一是动员与组织青年积极参加社会主义建设和社会主义改造事业，在完成党的各项中心工作中发挥了积极的助手作用。二是在协助党完成中心任务和中心工作中，根据青年特点开展团的独立活动，有了增多。三是团的组织有了进一步的发展和提高。团委的集体领导有所加强，领导作风有所改进，发展了新团员，加强了支部工作，建立了团课教育制度，培养、训练和输送了大批干部。

根据充分发扬民主和协商一致的原则，大会经过无记名投票表决，通过了《青年团杭州市第三届代表大会关于工作报告的决议》《关于加强对青年的共产主义教育，抵制资产阶级思想侵蚀的决议》《关于奖励在社会主义建设和社会主义改造事业中成绩优良的青年团组织、青年团干部和青年团员的决定》。对围绕党的工作中心任务，积极开展适合青年特点的独立工作，关心青年的特殊要求，充分发挥青年的积极性、创造性，有助于完成党的中心工作的杭州市建筑工程公司、华丰造纸厂、浙江印染厂等10个团组织给予奖状；对钻研团的业务，密切联系群众，热情而耐心地关怀青年进步，做青年的知心朋友的丁玉珍、裘苗琴等12名青年团干部给予奖状；对创造性地劳动，顽强地学习，勇于战胜困难，向一切危害国家利益的现象作坚决斗争的俞凤英、胡顺全、朱掌男等32名团员给予奖状，并授予优秀团员的称号；对在生产、工作、学习中取得良好成绩的卢其生、刘爱宝、商秀球等42名团员，予以通报表扬。

大会选举周芝山等33人组成青年团杭州市第三届委员会，周芝山、张殿臣、何金亮、于锡兰、余梯青、陈炳亮、沈华航、谢玉泉、沈顺新等9人组成青年团杭州市第三届常务委员会。三届一次全会选举周芝山为团市委书记，张殿臣、何金亮为副书记。

4月10日，青年团杭州市第三届代表大会闭幕。大会号召1955年全市团的组织继续努力贯彻毛主席"三好"指示和全国第二次团代大会规定的方针任务，进一步加强对青年的共产主义教育，培养青年的共产主义道德品质，反对资产阶级思想的侵蚀，健全与壮大团的组织，团结全市青年继续贯彻增加生产、厉行节约、克服困难的精神，完成和超额完成1955年生产计划，以实际行动支援国家工业化，支援解放台湾。大会号召动员组织团员青年积极参加社会主义建设和社会主义改造事业，充分发挥青年的积极性和创造精神。动员组织青年参加增产节约劳动竞赛，努力节约原材料，提高产品质量，降低成本，不断突破定额，提高劳动生产率，出色地完成或超额完成国家生产计划。大会号召加强对青年的共产主义道德教育，培养青年高尚道德，树立新的风气，反对资产阶级思想的侵蚀，进一步加强团的组织建设，发挥党的助手后备军作用。

八
在社会主义经济建设和保卫祖国中发挥积极作用

随着我国社会主义建设和社会主义改造事业的迅速发展，杭州市广大青年在党的亲切领导下，积极参加了党和国家的社会主义建设事业与各项政治运动，在实际斗争中提高了自己的社会主义思想觉悟和建设国家的本领，广大青年的共产主义道德品质也有了很大提高。

植树造林、绿化祖国

林业建设是社会主义建设事业的一个部分，绿化祖国对建设幸福美好的生活有着非常重要和迫切的意义。植树造林，一直是青少年发挥重要作用的前沿阵地。1955年，毛泽东向全国人民发出了在12年内绿化祖国的号召，这个号召被写进党中央提出的《1956年到1967年全国农业发展纲要（草案）》中："从1956年开始，在12年内，绿化一切可能绿化的荒地荒山，在一切宅旁、村旁、路旁、水旁以及荒地上荒山上，只要是可能的，都要求有计划地种起树来。"①1956年3月，在延安召开了陕西、甘肃、山西、内蒙古、河南5省（区）青年绿化黄河造林大会，中共中央发来贺电。贺电对团中央植树造林作出指示："不但要快造，而且要造好；不但要多栽，而且要栽活；不但要植树，而且要育苗；不但要造林，而且要护林。"②胡耀邦在会上作了题为《青年们，把绿化祖国的任务担当起来》的报告，号召全国青年要成为造林运动中一支最积极、最活跃的突击力量，护林工作中最可靠、最勇敢的哨兵。一场空前壮阔的植树造林运动在全国展开。

为响应绿化祖国、"为祖国采集树种"的号召，1955年，杭州市有110多个学校、2万多名青少年参加这一活动，采集树种1.26万斤。少先队惠兴女中（现杭十一中）初三（4）班直属小队的队员们，还挑选出最肥大的马尾松种子寄给海防前线的解放军叔叔。1955年1月，解放一江山岛的指战员带着红领巾的心愿和种子，冒着敌人炮火登上190高地，年轻的史戊辰排长光荣牺牲了，染着烈士鲜血的种子播种在190高地上。不久，经解放军某部和学校研究决定，该少先队被命名为"190中队"，每年在学校开展学习解放军、继承光荣革命传统的教育活动。

1955年，全市1700多名少先队员在团员和青年协同下，在黄龙洞对面山坡上营造"少年林"，第一批种下三角枫、香樟树等200多株。1956年，在市委领导下，成立了"杭州市绿化指挥部"和"杭州市青

---

① 中共中央文献研究室编：《建国以来重要文献选编（第八册）》，中央文献出版社1994年版，第54页。

② 张黎群、张定、严如平等主编：《胡耀邦传·第一卷（1915—1976）》，人民出版社、中共党史出版社2005年版，第246页。

少年绿化指挥部"。各工厂、农业社、学校、机关的团组织，普遍召开了"建设祖国，绿化杭州、美化西湖"的动员会，响亮地提出"人人植树，个个造林"的口号。4月1日，是中国第一个"全国青少年植树造林日"，全市各条战线的1万多青年，分别在龙井杨梅岭、清（波门）玉（皇山）线、滨江一带绿化造林。其中在龙井、棋盘山、翁家山、烟霞岭一带营造"共青林"的就有30多个工厂的5000多名青年工人，一天种植香樟、石楠等1.78万株，形成全市青少年绿化活动的高潮。青年们还组织绿化突击队，把自己所在的工厂、学校打扮成美丽的花园式单位。仅1956年上半年，全市有10万多名青少年投入绿化活动，造林面积达5600亩，种植苗木181万株，占全市种植总数的70%。还单独营造少年林20多处，青年苗圃19个，青年果园9个，采集树种2.44万斤。截至1958年4月底，植树335万株。

此后，在每年的春季，全市青少年都参加大规模的绿化造林活动，常年坚持，分工管理，提高存活率。据记载，1959年，全市青年出动52.7万多人次，造林26.7万多亩，植树9万多株。1960年，团杭州市委发动杭州地区70万名青少年开展"十边"（指河边、湖边、塘边、堤边、沟边、坡边、田边、屋边、路边、溪边的空闲地）种植活动。青年们在绿化活动中是一支最积极的突击力量，他们绿化了荒山、荒沟、荒滩、大小路旁和溪流，绿化活动改善着杭州城市的面貌。

扫除文盲，向科学文化进军

扫除文盲、普及文化教育，是社会主义建设和农村合作化运动的一个组成部分，是全党的一个战略任务，同样是团组织所关注和承担的一项艰巨任务。由于旧中国经济上的贫困，带来了文化上的落后，虽经解放后几年的努力有了改观，但到1956年初，杭州全市在职工中还有45%、农民中86%、居民中67%是文盲、半文盲，科学技术水平方面与西方国家相比差距更大。这种状况和大规模经济建设的要求很不适应。青年们迫切要求改变这种状况。随着经济建设高潮的到来，一个文化建设高潮也随之出现。

1955年12月，团中央作出了《关于在七年内扫除全国农村青年文盲的决定》，决定用7年的时间，即从1956年到1962年，依靠已有的3000多万名农村识字青年，扫除全国7000多万名农村青年文盲，使全国80%的青年文盲脱离文盲状态，使他们每人识字1500个左右。团中央还作出了《关于奖励扫除文盲运动中青年积极分子的办法》。1956年1月，团中央发出《关于普遍建立青年扫盲队的通知》，要求全国农村团组织普遍建立青年扫盲队，组织农村有知识的青年担任扫盲教员和辅导员。青年扫盲队以乡为单位成立，村和农业生产合作社设立分队和小队，青年扫盲队在乡团支部领导下进行工作。每个乡的团支部委员会设立扫盲委员，兼青年扫盲队队长。3月，中共中央和国务院发布《关于扫除文盲的决定》，要求青年团"应该在扫盲的运动中起积极的先锋作用"。这是符合扫除文盲的对象主要是青年，扫除文盲的骨干力量也主要是青年的实际状况的。杭州市团组织和广大团员，坚决听党的话，以极大的热情积极投入扫盲工作。杭州市各地，特别是农村，普遍建立了青年扫盲队。仅笕桥区七堡乡就有32个青年扫盲队、队员499人。他们担任民校或识字班的教师，或者为不能参加集中学习的家庭妇女"送字上门"，为公社干部专门进行辅导"包教保学"。

1956年下半年，全市入学人数达到11万人，涌现出青年团宣家埠乡黄天村支部青年扫盲队、上塘区皋亭乡神王村等扫盲先进单位。青年们通过扫盲学习，不但认识了字，而且便于进一步学习政治、学习生产科学知识，促进生产发展。青年们自编顺口溜："自从来了共产党，拨开乌云见青天；村里开办好民校，个个喜笑来读书，人人认真学文化，从此'瞎子'变'亮眼'。"青年们把从课本中、报纸上学到的选用良种、盐水浸泡、密植等先进生产经验运用到生产实践中，使农作物产量大增；不少青年脱盲提高文化科技知识后，分别担任生产队里的抽水机手、农技员、民校教师、统计员、计工员等。

1956年1月，中共中央召开了关于知识分子问题的会议。会议发出号召：向现代科学进军，为迅速赶上世界科学技术水平而奋斗。青年团在青年知识分子中广泛进行了"向科学进军"的动员。3月，团浙江省委和团杭州市委联合召开了"杭州市知识青年向科学文化进军誓师大会"，介绍和表扬了在业余学习上取得出色成绩的青年，向省市知识青年发出"奋勇地参加向科学文化进军的行列，承担起攻克科学堡垒的责任""掀起一个群众性的向科学文化进军的热潮"的倡议。在团组织的发动下，全市机关青年、青年技术人员、医务人员、教师等，受到祖国建设事业迅速发展的鼓舞，有60%以上的人，结合自己业务，订出长期的学习规划，从现有水平出发，从精通业务做起，刻苦钻研，顽强学习，决心为祖国的发展作出更多的贡献。

少年儿童也参加了科学试验种植活动。临安县交口少年科学院，在1954年交口米丘林少年小组基础上发展起来。1955年，周总理在参观全国少年儿童科技作品展览会上，仔细观看了这个小组种植的大如脸盆、籽像蚕豆的大向日葵。周总理还紧紧握住这个小组代表、后任交口少科院第一任院长的陈琪坤的手，并称赞说："好！好！"又拍拍小琪坤的肩膀诙谐地嘱咐："你回去后，一定要把向日葵种得一年比一年大。"后来，交口少科院培育了130多个新品种，与全国24个省市的有关单位交换过品种。有20多位小院士，后来被培养成为国家的科技人才。

除四害，讲卫生

1955年12月，毛泽东在《征询对农业十七条的意见》中指示："除四害，即在七年内基本上消灭老鼠（及其他害兽），麻雀（及其他害鸟，但乌鸦是否宜于消灭，尚待研究），苍蝇，蚊子。"[1]1956年1月中央《1956年到1967年全国农业发展纲要（草案）》提出："除四害。从1956年开始，分别在5年、7年或者12年内，在一切可能的地方，基本上消灭老鼠、麻雀、苍蝇、蚊子。"[2]党中央向全国人民发出除"四害"讲卫生的号召。于是，"除四害"运动就像一场"人民战争"，在中国轰轰烈烈开展起来。

为了开展运动，杭州市成立了"除四害指挥部"，以"爱国卫生运动委员会"为"除四害"办公室，由市主要领导"挂帅"，加强领导，统一指挥。在市爱国卫生运动委员会的统一部署下，全市各级团组织积极发动团员和青少年，一次又一次地强烈响应号召，踊跃参加春、夏季的爱国卫生突击周、突击日活动，坚持经常性清洁卫生工作，

---

[1] 中共中央文献研究室编：《建国以来重要文献选编（第七册）》，中央文献出版社1993年版，第431页。

[2] 中共中央文献研究室编：《建国以来重要文献选编（第八册）》，中央文献出版社1994年版，第56页。

出动宣传，设立卫生岗，劝说行人遵守卫生规则，打扫本单位和一些公共场所的卫生，填壑治沟，消灭蚊蝇孳生地和钉螺等传染源，基本上消灭了危害健康最严重的血吸虫病、钩虫病、丝虫病和疟疾，使全市城乡卫生面貌显著改观，人民健康水平不断提高。

杭州市小营街道小营巷居民区，解放前这里垃圾成堆，污水存积，蚊蝇孳生，疾病流行。开展爱国卫生运动以来，铲平了"垃圾山"，清除"蚊蝇窝"，改造下水道，改进防蚊设施，建立了卫生保洁制度。1958年1月5日，毛主席来到小营巷居民区，还到青年工人家庭中查看。毛主席察看小营巷居民的卫生工作，极大地鼓舞了杭州市民、青年"消灭四害、卫生防病"的积极性，推动和促进了全市爱国卫生运动和"学小营、赶小营"的比、学、赶、帮、超竞赛活动的深入发展。8日，中共中央发出《关于在全国开展以"除四害"为中心的爱国卫生运动的通知》，要求各省市在冬天开展大规模的以"除四害"为中心的爱国卫生运动。2月12日，中共中央发出了《关于除四害、讲卫生的指示》（以下简称《指示》）。《指示》要求全国各地的"除四害、讲卫生"达到"消灭疾病、人人振奋、移风易俗、改造国家的目的"。《指示》认为，"除四害"是征服疾病和消灭危害人类的害虫害兽害鸟的一个重要步骤，争取10年内实现，而且还完全可能提前完成。《指示》还公布了计划提前实现"四无"的省市，其中浙江为5年。在中央的统一号召下，声势浩大的以"除四害"为中心的爱国卫生运动在杭州开展起来。杭州青年和全市人民一起，表现出了无比顽强的革命精神，全民动手，战果辉煌，突击战斗一个接着一个，群众性的热潮一浪高过一浪。截至4月底，全市消灭麻雀44万只、老鼠91万只、苍蝇蚊子9000多斤、蛹8万多斤、蟑螂600多万只。

在"除四害"运动中，青少年的突击作用较显著。杭州各级团组织发动团员、青年组织突击队、突击组，捕鼠捉雀、消灭苍蝇蚊子。杭州的"除四害、讲卫生"运动是全国开展以"除四害"为中心的爱国卫生运动的重要组成部分，运动取得显著效果，改变了卫生面貌，改变了人民的思想意识和精神面貌，一些地区传染病的发病率大大降低，卫生状况得到极大改观。

九

新民主主义青年团杭州市第四次代表大会召开

　　1956年9月19日，新民主主义青年团杭州市第四次代表大会召开。大会的主题是：贯彻中共杭州市第一次代表大会的决议，加强对青年的政治思想教育，发挥团的组织作用，调动全市青年的一切积极因素，为保证全面提早完成全市1956年各项国家计划，保证市工农业生产的第一个五年计划四年完成，共同为加速全市的经济建设而奋斗。参加大会代表517人，代表全市3.67万名团员。

　　中共杭州市委常委丁经五、青年团浙江省委第二书记李式琇作了指示。市工会联合会代表李耕耘，市妇联代表徐钊，浙江军区驻杭部队青年医务工作模范、浙江军区建军先进分子会议代表戴秦仙，先后向大会致祝词。

　　周芝山代表团市委向杭州市第四届团代大会作工作报告。报告指出，一年多来，杭州市广大青年正在迅速地、健康地成长起来，已成为党的各项工作中不可缺少的突击力量，青年的思想面貌和精神面貌发生了巨大的变化，关心党、国家和集体的公共利益的集体主义精神加强，劳动积极性空前高涨，政治情绪旺盛，学习的劲头很大，共产主义道德品质增长，资产阶级思想影响大大削弱。团的工作显得更活跃，更有生气，有效地发挥了青年的积极性和创造性。报告指出，全市团员和青年在党的亲切教导和关怀下，经过共产主义道德品质的教育和各项实际斗争的锻炼，社会主义思想觉悟大大提高，共产主义美德正在迅速成长，青年的文化技术和业务水平也有了很大的提高。在社会主义改造和社会主义建设中，青年人显示了自己的才能和智慧，他们欢欣鼓舞地迎接社会主义改造高潮；他们站在先进生产者运动的前列；他们也是向文化科学技术进军的尖兵。现在全市团组织已经拥有3万多团员，是党在领导社会主义改造和社会主义建设中的有力助手，是一支生气勃勃的突击力量。

大会选举周芝山等33人组成青年团杭州市第四届委员会，于锡兰、任茂堂、何金亮、余梯青、周芝山、陆苏、倪锡璋、张殿臣、谭秀娥等9人组成团杭州市第四届常务委员会。四届一次全会选举周芝山为团市委书记，张殿臣、何金亮、陆苏为副书记。

9月24日，青年团杭州市第四届代表大会闭幕。大会指出，杭州市团的工作在中共杭州市委和青年团浙江省委的领导下，是作出了成绩的。大会认为，根据中共杭州市第一次代表大会决议精神，今后一年内全市团的主要任务是：加强对青年的共产主义教育，帮助青年学习科学、文化、技术，进一步开展团的独立活动，关心青年的特殊要求，继续巩固壮大团的组织，切实改进团的领导作风，最充分地发挥青年的积极性和创造性，共同为加速全市的经济建设和文化建设而奋斗。

大会还通过决议，要求全市各级团组织的干部，在各级党委的领导下，虚心学习、积极主动、大胆工作、戒骄戒躁、深入实际、联系群众，从实际出发，克服主观主义与官僚主义，把全市广大青年的积极性充分地发挥起来。决议并号召全市团员和青年，在党的领导下，勤勤恳恳、谦虚谨慎、团结一致、积极工作、奋发学习、锻炼身体，在社会主义事业中作出更大的贡献。

十 / 参加社会主义劳动竞赛

随着杭州市社会主义改造取得决定性的胜利，全市处在伟大的社会主义建设高潮中，杭州各条战线上青年团组织动员团员、青年充分发挥积极性和创造性，积极参加社会主义劳动竞赛。

动员组织青年积极参加先进生产（工作）者运动。先进生产（工作）者运动是当前群众性的社会主义劳动竞赛的中心，是党、政、工、团的共同事业，青年运动又是整个群众运动的一部分，因而青年团应动员组织青年参加到先进生产（工作）者运动中去，成为运动中的积极力量，在劳动、工作的锻炼中，进一步树立社会主义劳动态度，明确自己劳动的目的意义，从而热爱本行本业，激发劳动积极性和劳动自觉性，以高度的负责精神去对待革命事业，对待每一件平凡的工作。团组织不仅要动员组织青年参加劳动，发挥劳动积极性，而且要十分注意青年对待劳动的态度和思想情况，注意发现劳动、工作中优秀的积极分子。这些人不仅是生产上、工作上的积极分子，也是具有共产主义道德品质的人，团组织要了解他们、支持他们、表扬他们，以树立榜样，去影响感染广大青年。

在劳动中帮助青年学习技术、改进技术、掌握新技术，不断提高技术业务水平，逐步做到从外行变内行，从不熟练变熟练，从普通工人到熟练工人，从熟练工人到技术工人、专家。举办技术表演、技术传授、技术讲座和业余技术训练班，签订互教互学、包教包学、师徒合同等，为青年创造学习条件。

在党中央"鼓足干劲、力争上游、多快好省地建设社会主义"的总路线的照耀下，在"15年赶上英国"的号召鼓舞下，杭州青年在党的领导下，以豪迈的英雄气概和冲天的革命干劲，掀起了建设社会主义全面大跃进的高潮。党指向哪里，杭州青年就干到哪里，到处突击，到处革新，到处克服困难，到处增产节约。仅以通用机械厂、华丰造纸厂、杭州化工厂等5个厂统计，青年增产节约就达818万元。为了实现粮食的丰产，8万多名青年农民参加了兴修水利活动，有90%的青年农民参加了突击积肥活动。青年农民们积肥1亿1500万担，兴修水利114万土方。商业战线上的青年服务态度显著改善，他们提出了"把顾客当亲人接待，把商品当亲儿看待"的动人口号。青年学生开展了轰轰烈烈的勤工俭学运动。全市35所中等学校和生产单位挂上了钩，参加勤工俭学的青年学生有2.5万人，他们开始把学习和劳动结合起来，形成了热爱劳动、关心集体的风气。广大知识青年刻苦钻研业务，积极做好工作，努力学习政治，自觉改造思想，朝着又红又专的方向前进，志愿终身为工农群众服务。

第五章

社会主义建设的探索

1956年社会主义制度的确立，标志着中国进入了全面建设社会主义时期。杭州全市团的组织和共青团员紧密团结在党的周围，高举马列主义、毛泽东思想伟大旗帜，积极响应党的号召，坚决执行党的各项政策，履行了党的忠实助手和职责，发挥了模范带头作用。按照团中央的部署，杭州共青团广泛开展学雷锋、学毛主席著作等运动，加强青年的社会主义和共产主义教育，用共产主义的理想和道德引导教育青少年做无产阶级革命事业的接班人，"听党的话，走社会主义道路"已成为广大青年的行动准则；遵循社会主义建设的路线，鼓足干劲，大搞技术革命和技术革新，当技术革命的能手，做生产高潮的尖兵；开展增产节约、提高劳动生产率等运动，积极投入社会主义建设的各项事业中，为国分忧、战胜困难，做社会主义建设的突击队，做战胜艰难险阻的生力军；以奋发图强、自力更生、艰苦奋斗、勤俭建国的革命精神，站在生产斗争的前列，在社会主义建设中继续发挥突击作用。

一

共青团杭州市第五次代表大会召开

　　1958年5月2日，共青团杭州市第五次代表大会召开，这是中国新民主主义青年团改名为中国共产主义青年团之后，杭州市召开的第一次团员代表大会，为了与过去历次代表大会衔接，这次代表大会定名为中国共产主义青年团杭州市第五次代表大会。

　　参加大会正式代表314人，列席代表64人，代表全市4.46万名团员。大会的主要议题是：在全民大跃进的形势下，进一步动员和组织全市团员和青年"鼓足干劲，力争上游，多快好省地建设社会主义"，在社会主义大跃进中起促进作用，做社会主义事业的促进派，为提前和超额完成1958年的国家计划而奋斗。大会的议程是：审查和批准第四届团市委的工作报告；讨论和决定1958年全市团的任务；选举共青团杭州市第五届委员会。

　　共青团杭州市委副书记陆苏致开幕词。她说，这次大会是在全民整风和"双反""双比"运动汹涌澎湃的巨浪中召开的，是在全市各项事业全面大跃进的高潮中召开的。目前全市各个岗位上的团员和青年，和全市人民一道，充满革命干劲，英勇劳动、顽强钻研、革新技术、勇往直前，充分表现了青年是社会主义建设的突击力量，是党的好儿女。

中共杭州市委书记处书记王子达向大会作了关于《当前的形势和任务》的报告。杭州市工会联合会副主席章正明、市妇联副主任徐钊到会祝贺。

周芝山代表团市委作《进一步把全市团员青年动员起来，做社会主义事业的促进派，为提前和超额完成1958年国家计划而奋斗》的工作报告。报告指出，从第四次团代会以来，全市团的组织在中共杭州市委和团浙江省委的领导下，在整风、反右派和社会主义建设高潮中做了许多工作，获得了很大成绩，团的组织从政治上、思想上、组织上更加纯洁和巩固了，青年的思想面貌起了深刻的变化，他们在社会主义革命和社会主义建设中，发挥了突击作用。报告指出，在全面大跃进的新形势下，今后杭州市团的中心任务，就是在党的领导下，动员全市团员和青年，鼓足干劲、力争上游、多快好省地建设社会主义；就是继续参加全民整风，培养青年成为又红又专的社会主义劳动者。努力帮助青年迅速提高文化、科学、技术水平，积极参加技术革命。

根据充分发扬民主和协商一致的原则，大会经过无记名投票表决，通过了《中国共产主义青年团杭州市第五届代表大会决议》《关于召开全市青年社会主义建设积极分子大会的决议》《关于加强对少先队工作的领导的决议》。

大会选举周芝山等33人组成共青团杭州市第五届委员会，王德芬、刘焕之、任茂堂、余梯青、毕贤根、陆苏、周芝山、倪锡璋、施秀珍等9人组成团杭州市第五届常务委员会。五届一次全会选举周芝山为团市委书记，陆苏为副书记。

5月5日，共青团杭州市第五次代表大会闭幕。代表们一致认为，共青团要坚决贯彻执行社会主义的建设路线，首先必须政治挂帅，进一步加强对青年的政治思想教育，促进共产主义思想大高涨。大家还表示，今后一定要加强思想改造，彻底铲除资产阶级的个人主义思想。代表们一致认为，要贯彻执行社会主义建设路线，必须破除迷信、解放思想、敢想前人没有想过的事情，敢创造前人没有创造过的东西，要鼓足干劲、力争上游、大搞技术革新。大家表示，要进一步打破保守思想，大胆冲破各种不合理的规章制度，掀起技术革新的热潮。

大会号召全市团的组织、团员、青年，遵循社会主义的建设路线，动脑动手、勤学苦练、又红又专、革新技术、创造奇迹，一切为了社会主义，为实现大会所提出的各项任务而奋斗。大会号召全市的共青团员、青年们行动起来，积极投入新技术革命运动中去，在"鼓足干劲、力争上游、多快好省"的社会主义建设总路线的指引下，以高屋建瓴、势如破竹的气概，勇往直前，和全市人民一道，热热闹闹地、兴高采烈地建设社会主义。

二

青年共产主义教育

随着社会主义建设大踏步地前进，共青团协助党以共产主义精神教育青年，广大青年在健康成长，社会主义觉悟大大提高，共产主义的道德品质正在形成。

准备好做一名光荣的共青团员

1957年5月15日至25日，中国新民主主义青年团第三次全国代表大会在北京召开。杭州市3万多名团员，为了迎接团三大和更改团名，早已开展"准备好，做一个光荣的共青团员"的活动。大会后，全市团组织深入传达、贯彻大会精神，学习中共中央总书记邓小平代表党中央向大会所致的祝词，讨论胡耀邦同志作的《团结全国青年建设社会主义的新中国》的报告，认清社会主义革命基本胜利后的新形势，明确共青团该年工作的方针任务，就是团结和教育青年，在党的领导下，为完成党的八大提出的尽可能迅速地把我国建设成为一个伟大的社会主义国家这个历史任务而奋斗；明确在建设社会主义的伟大斗争中，青年要按照"劳动、学习、团结"六字方针，团结起来，克勤克俭、艰苦创业，积极参加建设社会主义的劳动；不断地努力学习马列主义和各种劳动本领，提高政治觉悟，提高文化科学技术水平；把最广大的青年群众团结起来一起前进。

杭州各条战线包括杭州建筑工程公司、福华丝厂、新华书店等工厂、企业、事业单位及许多学校的基层团组织，都组织团员学习、讨论，开展竞赛。团员和青年提高了光荣感和责任感，纷纷提出保证，决心做一个名副其实的中国共青团员。

学习毛泽东著作

马克思列宁主义、毛泽东思想是共青团的指导思想。坚持用马克思列宁主义、毛泽东思想武装团员和青年，是共青团的重要职责，也是周恩来等老一辈无产阶级革命家在共青团内培育起来的好传统。在党团组织的关怀、组织和引导下，长期以来，全市广大团员和青年都一直重视和认真学习马列主义、毛泽东思想。而作为青年群众性学习活动的兴起，则是从1958年逐步展开，1960年出现学习热潮的。

1958年6月，共青团三届三中全会召开。全会通过了《关于组织广大青年学习马克思列宁主义、学习毛泽东著作的决议》，群众性学毛泽东著作活动由此兴起。决议公布后，各地团组织按照决议的要求，通过不同形式，组织青年开展学习马列主义理论、学习毛泽东著作。青年中迅速兴起学毛泽东著作、学理论的热潮。

1960年2月11日，团杭州市委发出了《关于组织全市青年学习毛主席著作的决定》，并召开了学习动员大会。要求带领广大青年在实践中学习共产主义，把学习毛主席著作作为团员青年的任务。各基层团组织进一步发动，短短两个月时间，全市就有15万余人组成1万多个学习毛主席著作小组。6月中旬，团中央组织的"全国青年学习马列主义、学习毛泽东思想观摩团"来杭。观摩团成员中有北京第三建筑公司木工青年突击队长李瑞环、解放军6008部队24支队三连班长廖初江以及工业、农业、财贸战线上青年学习积极分子15人。他们在全市工厂、机关、部队、学校、农村、街道共作了21场报告，直接受到教育的有3万多人，收听转播的约有30万人次。广大团员青年看到了毛泽东思想的威力，进一步认识了学习意义；大长了学习理论的志气，明确了学习目的和理论联系实际的原则。各单位还将学习观摩团的活动与本单位学习毛泽东著作活动的检查、总结和评比工作结合起来，与搞好生产、工作、学习结合起来，进一步推动全市青年学习毛泽东著作活动的深入开展。

全市广大团员青年，从新中国成立以来经历政治运动和生产建设的实践中，越来越深刻地认识到，马列主义、毛泽东思想是科学的真理，要做一个毛泽东时代又红又专的青年，就要努力用马列主义、毛泽东思想武装自己的头脑，学会运用正确的立场、观点、方法，去认识国际、国内错综复杂的形势，去分析认识全面建设社会主义时期中层出不穷的新问题，认识社会主义建设的规律。因而他们如饥似渴、以顽强的毅力进行学习，并且收到了积极的成效。他们中许多人从毛主席著作中了解观察、分析问题的一些原则、立场、观点和方法，感到思想开了窍，分析事物的能力大为提高；从毛泽东的哲学著作中了解了认识来源于实践、实践是检验真理的标准的观点，解放了思想，勇于实践，反复试验新技术，攻克了一个个生产中的难关；许多青年学习了《为人民服务》《纪念白求恩》《愚公移山》等著作，为人民服务的思想有了增强，艰苦奋斗、不怕困难的精神有了发扬。

1963年到1966年"文化大革命"，共青团在青年中开展的学习毛泽东著作运动持续地开展着。学习雷锋活动的兴起，使青年学习毛泽东著作运动更加广泛深入地开展起来，团员青年发扬雷锋的"钉子"精神，为革命而学，为树立和巩固共产主义世界观而学。团杭州市委还多次组织青年学习毛泽东著作座谈会、报告会、讲习班等，指导和推动学习运动的发展。1965年6—8月组织的市青年学习毛主席著作报告团，向工、农、商、学各条战线的青年作了230多场报告，交流学习体会和经验。在群众性学习的基础上，把学习毛泽东著作与向雷锋同志学习活动结合起来，与开展"四好团支部""五好青年"的活动结合起来，使学习持久深入地发展。12月20—23日，召开了"杭州青年学习毛主席著作积极分子大会"，学习先进集体代表和积极分子共412人参加，22位代表在大会上介绍了他们的学习体会和事迹。这是一次全市青年学习毛主席著作的总结大会，也是进一步发动的大会。大会发出《给全市青年的一封信》，号召全市青年在新的一年中，更好地学习毛主席的著作，在改造世界观上取得更大成绩，在社会主义建设、在增产节约运动和提前实现农业发展纲要40条的主要指标的斗争中，贡献更大力量。

三

共青团杭州市第六次代表大会召开

　　1959年5月4日，共青团杭州市第六次代表大会召开。大会的主题是：贯彻党的八届六中全会和省党代大会的精神，总结1958年全市团的工作，确定1959年的工作任务，动员全市团员和青年在党的领导下，以更大的积极性、主动性进行工作，不断加强对青年的社会主义和共产主义教育，进一步巩固和壮大团的组织，提高团的战斗力，调动全市青年积极性，为完成和超额完成1959年的更大跃进指标而奋斗。大会的议程是：审查和批准共青团杭州市第五届委员会的工作报告；讨论和决定1959年全市团的任务；选举共青团杭州市第六届委员会和出席共青团浙江省第三届代表大会的代表。

　　参加大会正式代表500人、列席代表75人，代表全市7.1万余名团员。中共杭州市委常委胡景城出席开幕式并代表市委作了《当前形势和任务》的讲话。浙江军区政治部主任王若杰、杭州市工会联合会副主席章正明、杭州市妇联副主任徐钊到会祝贺。

　　团市委书记周芝山致开幕词。他说，从共青团杭州市第五届代表大会到现在的一年里，全市人民和青年，在党和毛主席的英明领导下，沿着鼓足干劲、力争上游、多快好省的社会主义建设总路线，迈开英雄的步伐，战胜了无数的困难，创造了历史上前所未有的奇迹。在这一年里，广大青年在思想、劳动、风格、学习等方面取得了全面大丰收，团的组织也更加巩固和壮大了，团的组织作用和青年的突击作用也发挥得更加广泛了。

团市委副书记陆苏代表团杭州市第五届委员会向大会作《人人为社会主义立功，个个向建国十周年献礼》工作报告。报告指出，全市团的组织必须在党的领导下，继续按照党的社会主义建设总路线，遵循党的八届六中全会和七中全会所指引的方向，动员、组织全体团员、青年和全市人民一起鼓起更大的干劲为实现1959年的跃进计划，充分发挥党的助手作用和青年的突击作用。该年的行动口号是：人人为社会主义立功，个个向建国十周年献礼。全市团的组织应以党的八届六中全会和七中全会的精神为纲，根据各个时期的中心工作，深入进行社会主义和共产主义思想教育，进一步贯彻"兴无灭资"的思想工作方针。帮助青年树立起热爱劳动的思想，自觉地、忘我地进行劳动；破除自私、本位、追求个人名利和计较工资待遇的个人主义思想；树立全国一盘棋的思想，发扬工人阶级的大公无私的集体主义思想；克服害怕艰苦、害怕困难的思想，发扬艰苦奋斗的精神，勇于承担最困难的工作；破除保守、迷信思想，发扬敢于革新、敢于创造、尊重科学的共产主义风格；克服自由散漫、不服从调配等无组织无纪律现象，培养起自觉的严格的组织性和纪律性，抵制和克服资产阶级的思想侵蚀，树立起崇高的共产主义道德品质。

大会选举周芝山等39人组成共青团杭州市第六届委员会，王德芬、刘焕之、任茂堂、毕贤根、陆苏、余梯青、陈孝礼、周芝山、施秀珍、倪锡璋、黄仕灿等11人组成团杭州市第六届常务委员会。六届一次全会选举周芝山为团市委书记，陆苏、陈孝礼、刘焕之、任茂堂为副书记。

5月7日，共青团杭州市第六次代表大会闭幕。大会通过了《中国共产主义青年团杭州市第六届代表大会决议》和《关于召开杭州市第二次青年社会主义建设积极分子大会的决定》。大会认真总结了大跃进以来团的工作经验，确定了团在轰轰烈烈的增产节约运动中的工作任务。大会热烈响应党和政府关于开展增产节约运动的号召，认为当前全市青年的迫切任务，就是继续发扬苦干实干巧干精神，投入轰轰烈烈的增产节约运动中，为完成和超额完成决定性的第二季度生产计划和全年生产计划而奋斗。大会指出，保证党对团的绝对领导，才能更好更充分地发挥团的作用，更好地做党的助手。大会认为，当前各级团的组织应当发动和组织青年，在"急、难、新"三个字上特别出力。大会指出，发挥团在增产节约运动中的作用的另一个重要环节，是加强对青年的政治、技术、文化学习的领导。大会号召全市团员、青年加强政治理论学习，不断提高政治思想水平。大会要求各级团的组织把组织全市青年学习先进技术、推广先进经验作为在增产节约运动中的头等重要的工作，狠狠地抓、切实地抓。大会要求全体同志，树立全心全意为人民服务的观点、一切对人民群众负责的观点，深入群众，实行"五同"（同吃、同住、同劳动、同操练、同娱乐），把团的工作做得更深入、更切实、更细致。大会号召全市团员、青年继承和发扬"五四"革命传统，鼓足更大的革命干劲，为实现1959年新的跃进贡献出全部的力量，为社会主义建设增添新的光彩，为伟大祖国立下更大的功劳。

四

为社会主义立功

党中央通过"鼓足干劲，力争上游，多快好省地建设社会主义"的总路线，发动了"大跃进"运动和人民公社化运动，在国民经济发生严重困难的历史进程中，共青团带领广大团员青年怀着尽快改变中国"一穷二白"面貌的强烈愿望，积极地投入社会主义建设的各项事业中，发挥了共青团作为党的助手的作用。

响应增产节约运动

党中央八届二中全会后，为了发动全市青年职工响应党中央关于开展增产节约运动的号召，根据市委关于在全市范围内广泛深入地开展增产节约运动的指示精神，围绕增产节约运动，对广大团员、青年进行了艰苦奋斗、勤俭建国、继承和发扬革命传统的教育。召开了工业、商业、交通运输、基本建设和手工业方面团的干部会议，部署了增产节约运动中团的工作，讨论了在增产节约运动中如何加强政治思想工作和组织工作，开展生产上的独立活动。青年团动员广大青年职工积极地参加了增产节约运动，在克服原材料不足的困难和全面超额完成国家计划中发挥了积极作用。

在工业战线上，围绕增产节约开展了针对生产关键组织各项竞赛、搜集废钢铁、节约原材料等活动，出现了许多动人的事迹。杭州铁工厂的团员和青年，利用废旧材料进行义务劳动，为国家增产"共青团钻床"5台；公路运输管理局修理厂发动机车间的团员青年利用废旧材料，在业余时间拼修制成"共青团号"汽车发动机一台；浙江麻纺厂809名团员和青年，一年不领工作服，为国家节约棉布551.41丈。杭州全市节约钢材60余吨，回收废钢铁130余吨，制成2万多个不领料工作件。为了表彰先进，进一步深入持久开展增产节约运动，团杭州市委于1957年9月25日作出决定，对运动中涌现的77位同志，授予"青年增产节约积极分子"称号。

农业方面，市郊农村青年积极围绕增产节约组织兴修水利、积肥等活动。学校的勤工俭学活动也蓬勃开展起来，近万名中学生在寒假期间下乡参加农业劳动，参加兴修水利、挑土积肥。卫生学校学生到本省5个专区、43个县参加血吸虫病防治工作。

1958年，党中央提出了"鼓足干劲、力争上游、多快好省地建设社会主义"的总路线。广大团员和青年怀着尽快改变我国"一穷二白"面貌的强烈愿望，积极地投入社会主义建设的各项事业中去，表现了高度的社会主义劳动热情，大搞试验、大胆革新、大胆创造，带头推广先进经验。仅1958年，全市涌现1709个市级以上青年先进集体和个人，其中全国17个、省级250个、市级1442个；97名市青年突击手、1500名市钢铁生产活动积极分子和优秀徒工。其中有"一切为了社会主义"、9年全勤的杭丝联缫丝女工朱蚕毛；有奋战30天、红汞质量超英（含钠6.4%，低于英的6.5%）的民生制药厂青年红汞小组；有改进工模具80多件、1年完成6年工作量的杭州制氧机厂青年锻工小组；50天内获得表扬信428封、被誉为"劳动人民亲儿子"的市公交公司售票员郑妙根等。

1959年4月中旬，团中央组织的"全国青年工人先进生产经验观摩团"来杭传授先进经验。他们在全市工厂进行参观、座谈和操作表演，共提出革新建议433件，当场实现54件；向319名工人传授35项先进操作法，达到基本掌握。此后，全市工业系统团组织以传播观摩团的先进思想和先进经验为近期工作的主要抓手，把技术革新、技术革命、合理化建议运动，一浪高一浪地推向前进。到1959年底，半年中全市青年共提出1.06万件，已实行7248件，攻克428个重大生产关键；节约回收钢铁及其他重要原材料6030吨。1万余名青工被评为厂、市、省和全国的先进生产者。5月中旬，在全市青年全力投入增产节约运动誓师大会上，团杭州市委宣布授予共青团杭州公路运输局委员会等5个基层团组织为红旗单位；授予杭州制氧机厂青年锻工小组等18个集体为杭州市红色青年突击队；孟善勇等48位同志为杭州市红色青年突击手的光荣称号。

全市农村团组织，在党的领导下，积极发动和组织10万名农村青年投入超包产、超计划运动；并根据生产需要和青年特点，开展了积肥、耕田、插秧、田间管理、抢收抢种等突击手（队）的比巧竞赛，组织青年搞试验田、丰产畈、改造低产田。1960年春，杭州地区农村有2918支青年突击队、青年远征队、青年小农场等包打14万亩低产田，占整个低产田总数的56%，发挥了农业生产突击队的力量作用。1959年下半年，还在农村青年中开展了学习浙江省劳动能手鲍肖明的活动。10万名农村青年受到教育，纷纷订出个人计划，组织竞赛突击活动，涌现了一批本地的鲍肖明式人物。如富阳大清公社西邮管理区团员沈土根，在17个月中，革新11件，作了744个劳动日，平均年出勤525个劳动日，被评为全市农村青年标兵。

为国分忧

在我国国民经济出现严重困难的情况下，1960年中共中央决定对国民经济实行全面调整。决定从1961年起，对整个国民经济实行"调整、巩固、充实、提高"的方针，以继续纠正由"大跃进"和"反右倾"扩大化的错误，加上自然灾害和苏联政府撕毁协议所造成的国民经济暂时的严重困难。全市各级团组织和广大团员青年，坚定地团结在党的周围，与党同心同德，为国分忧，以新的姿态投入各项事业，艰苦奋斗，经受了各种考验和锻炼，取得许多新的成绩和进步。

各级团组织在党委统一领导下，加强了对青年的政治思想工作，组织团员青年学习形势，正确认识暂时严重困难的性质和产生的原因，看到克服困难的有利条件和社会主义建设的光明前途，明确克服困难的办法和自己的责任。各条战线的团员青年以奋发图强的革命志气和实干精神，迎战困难。

党和政府要求在农业、工业、财贸、文教各条战线上开展一个全面的增产节约的运动，把争取局势进一步好转的可能变成现实。工厂的团员、青年就开展以提高质量、降低消耗为中心的增产节约运动，更好地为农业生产服务。他们认为支援农业、武装农业是工业战线的光荣责任，决心当好支援农业的尖兵，超额完成支援农业的产品生产。

杭州农村青年围绕生产开展"五好青年"活动，进一步激发了战胜困难、夺取丰收的志气和干劲。省、市青年社会主义建设积极分子、东塘公社农场副场长沈根山，在获得脚踏运泥机、12行插秧机等8项重大革新、大大提高工效的基础上，勇挑夺取农业丰收的重担，带头出勤、积极劳动，大办农业、大办粮食。四维公社蒋家滨大队团组织，因地、因时、因人制宜地运用多种形式，开展人与人、组与组的比学赶帮竞赛，发挥了青年在生产上的突击作用。

党和政府采取调整国民经济、缩短工业战线、缩小文教事业规模、精简机构、压缩城镇人口、支援农业生产等重大措施，广大团员和青年积极响应党的号召，听从组织召唤，到党最需要的地方去、到最困难的地方去、到农业第一线去。许多青年工人，"为大炼钢铁而来，为大办农业而去"，愉快地回到农村。许多高小、中学毕业生，回到农村、安心农村、扎根农村。

经过全党和全国人民的共同努力，到1963年，国民经济开始出现全面好转的局面。在三年暂时困难期间，杭州的团员和青年不愧是党的得力助手和生力军，与党同心同德，不但经得起严峻的考验，而且在克服困难的斗争中，在党的领导下，通过总结经验教训和整顿团组织等工作，愈益成熟，更加健康地成长起来。

五 杭州共青团组织的壮大和巩固

党的八届九中全会决定对国民经济实行"调整、巩固、充实、提高"的八字方针，要求各个方面的工作做得更加细致、更加扎实。共青团中央认为，要达到这个要求，就必须把基层组织整顿好。1961年1月，团中央召开了省、自治区、直辖市团委书记座谈会，要求各级团委集中力量加强基层组织建设，使团组织成为朝气蓬勃、奋发向上、密切联系群众的富有战斗力的队伍。杭州共青团认真贯彻落实团中央精神，整顿基层团组织，共青团组织不断得到壮大和巩固。

扩大团的队伍

团的组织经常加强团员的政治教育思想，不断提高团员质量。着重对团员进行团的性质、任务和团员义务、权利、团员的模范作用以及保证党的绝对领导的教育。经过党的教育和大跃进的锻炼，全市涌现了大批青年积极分子，他们迫切要求进步、要求入团。为了增强团的战斗力，按照"巩固地向前发展"的方针和"紧一点、严一点"的精神，有计划、有领导地发展新团员。在发展新团员的工作中，严格掌握入团条件，个别履行入团手续，保证团的质量。

杭州六届团代会召开后的3年多时间，杭州地区共发展了5万余名团员。到1962年，全市共有10.4万名团员，5963个基层组织，近1.2万名团员加入了中国共产党。他们在群众中起了模范作用，不愧为党的忠实助手，共青团得到了广大青年的信任和社会的赞扬。

发挥组织作用

在党的督促和指导下，经过民主改选和历次整顿，基层团组织松散的状况有所改变，基层组织领导核心正在加强，并且按照民主集中制的原则，初步健全了团内民主生活，建立了经常工作秩序。在党的各项中心工作中，开始注意通过团的思想工作和组织工作去调动团员、青年的积极性。因此，团在青年中的核心作用、联系群众的纽带作用、团支部的战斗作用都有了进一步的发挥。

1958年5月，为了适应形势发展的需要和根据紧缩编制、减少层次的精神，经中共杭州市委批准，共青团杭州市委所属有关部委作如下调整：撤销共青团杭州市委第一青工部、轻重工业委员会、纺织工业委员会、手工业委员会，建立共青团杭州市委青工部；撤销学校少先队工作部、共青团杭州市教师委员会、共青团杭州市文卫委员会，建立学校工作部、少年儿童部；撤销共青团杭县委员会、共青团郊区委员会，建立共青团杭州市农村工作委员会；建立共青团杭州市笕桥区、临平区、塘栖区、三墩区、上泗区委员会，由共青团杭州市农村工作委员会领导。

1959年1月，萧山、富阳两县划归杭州市领导，团的组织相应重新归属。2月13日，团的组织机构作相应调整，按系统分别建立重工业、机械工业、轻化工业、纺织工业、基建交通、学校、文化、卫生等团委；撤销团农委，在团市委设农村工作部。3月1日，中共杭州市委决定，建立萧山、富阳、半山、拱墅4个联社；7日又决定将半山、拱墅两联社合并为钱塘联社，团的组织相应重新归属。

1960年2月3日，设立团市委文化体育部。4月26日，省委决定将桐庐县划归杭州市领导，团的组织相应归属。30日，上城、下城、拱墅及小营巷、涌金等全市第一批人民公社成立，团的组织相应重新归属。6月17日，临安县划归杭州市领导，富阳与桐庐合并为桐庐县，有关团组织相应分别归属。

1961年4月9日，钱塘联社改名为余杭县；7月21日，桐庐县又划分为富阳、桐庐两个县，有关团组织相应分别归属。

1962年10月11日，团杭州市委决定建立团杭州市农场企业委员会，辖钱江农场、大溪河农场、农企公司、拖拉机站修配厂、木材公司、海塘工程处、水利机械化施工队、蚕桑试验场、拖拉机站笕桥分站等单位团组织。11月2日，市委批转团市委请示报告，同意共青团城区区级组织机构名称为"××区委员会"，作为团市委的派出机关。

提高干部水平，改进工作作风

团的干部是团的骨干力量。提高干部的政治、业务、领导水平对开展团的活动具有十分重要的作用。必须加强对干部的培养训练，学习团的基本知识，特别要注意团的干部形成良好的作风。进一步改进思想方法和工作方法，不断提高领导水平，全面地、无条件地保证党的绝对领导，充分发挥主动性和积极性，树立群众观点和辩证唯物观点，坚决贯彻群众路线，巩固、壮大团的组织，提高团组织的战斗力。提倡多谋善断，与人通气；提倡有话就说，有缺点就改；提倡实事求是，言行一致；提倡参加劳动，一切经过试验等优良作风。发扬党的群众路线的优良传统，树立调查研究、实事求是、深入细致、密切联系群众的良好作风。加强民主集中制。共青团是按照民主集中制原则组织起来的战斗集体。在团内，领导和被领导的关系、上级组织和下级组织的关系、团的组织和团员的关系，都要按照民主集中制原则办事。只有这样，才能充分调动团的积极性，增强团的战斗力。离开了这个原则，团的组织就松散无力，不起作用。

经过3年多的实践，广大干部从工作成就中取得了正面的经验，从缺点和错误中取得了反面的经验。从正反两面的比较中，开始懂得什么是应该做的事，什么是不应该做的事；什么事今天就要做，什么事明天才能做；事情应该怎样做，不应该怎样做。因此，对社会主义建设的规律有了初步了解，思想水平有了一定提高，深入实际、联系群众、调查研究、实事求是的作风越来越多地表现出来，点点滴滴、精雕细刻、深入细致的工作方法，更加深入地贯彻。

六

共青团杭州市第七次代表大会召开

　　1962年7月19日，共青团杭州市第七次代表大会召开。大会的主题是：根据团中央七中全会的精神，总结工作，统一认识，认清形势，明确方向，在党的领导下，同心同德，团结一致，增强信心，鼓足干劲，更高地举起党的三面红旗，大力加强团的思想工作和组织工作，带领全体团员青年，同全市人民一起，完成国民经济的调整任务，做好各项备战工作，战胜前进道路上的一切困难，为建设祖国和保卫祖国而英勇奋斗。大会的议程是：审查和批准共青团杭州市第六届委员会工作报告；讨论和确定今后全市团的任务；选举共青团杭州市第七届委员会和出席共青团浙江省第四次代表大会代表。

　　中共杭州市委副书记关器、陈侠，中共杭州市委常委、杭州市副市长周峰、张振国以及杭州军分区、杭州市总工会、杭州市妇联的负责同志出席开幕式。参加大会正式代表400人、列席代表84人，代表全市10.4万名团员。

　　团市委书记周芝山致开幕词。他说，这次大会是在全市人民团结在党的周围，英勇顽强地战胜困难，已经取得显著成绩的时候召开的；是在全市人民坚决响应党的号召，努力生产、支援前线、加速调整工作，决心夺取新的胜利的时候召开的。从共青团杭州市第六次代表大会到现在三年多的日子里，全市人民在三面红旗的光辉照耀下，在市委的正确领导下，取得了社会主义建设伟大成就。全市团员、青年和全市人民一起，在大跃进和国民经济调整中，在各个战线上发挥了英勇的积极作用，作出了出色的贡献，取得了更大的进步。他们以自己的实际行动表明，不愧为党和毛主席的好儿女。

在大会开幕式上，中共杭州市委副书记关器作了讲话。杭州市总工会副主席王贵娥、杭州市妇女联合会副主任夏静一、杭州军分区副政委张剑秋先后祝词。

团市委副书记陆苏代表共青团杭州市第六届委员会向大会作工作报告。报告指出，杭州共青团在三面红旗照耀下，在市委和各级党委领导下，同全市人民一起，经历了史无前例的国民经济大发展，取得了社会主义建设的伟大胜利。在国民经济调整时期，全市团的组织和广大团员、青年，又坚定地团结在党的周围，同党一心一德地进行了艰苦的斗争，经受了各种考验和锻炼，取得了许多新的成绩和进步。全市青年社会主义觉悟有了进一步提高，积极性和主动性有了进一步发挥。听党的话的自觉性进一步提高了，发奋图强、战胜困难的革命志气有了进一步发扬，共产主义风格和共产主义道德有了进一步增长，阶级观点和国防观念有了进一步加强，全市青年的文化技术水平有了进一步提高，壮大和巩固了团的组织，提高了团的战斗力。报告指出，要坚决保证党对团的绝对领导，党的领导是团的生命线，是青年运动朝着共产主义方向前进的指路明灯。各级团组织都要把保证党的领导，作为团的工作中的最根本、最重要的一件事。作为党的忠实助手的全市共青团组织，当前头等重要的任务，就是在党的领导下，认清形势，鼓足干劲，更高地举起三面红旗，大力加强团的思想工作和组织工作，带领全体团员和青年，团结在党的周围，同全市人民一起继续发扬百折不挠的斗争精神，完成国民经济的调整任务，做好各项备战工作，为加速恢复和发展农业生产、争取财政经济状况的根本好转，为保卫祖国、保卫胜利果实而奋斗。

大会选举周芝山等35人组成共青团杭州市第七届委员会，刘焕之、任茂堂、陈孝礼、陆苏、余梯青、毕贤根、周芝山、施秀珍、姜曾锐、倪锡璋、黄仕灿等11人组成团杭州市第七届常务委员会。七届一次全会选举周芝山为团市委书记，陆苏、刘焕之、陈孝礼、任茂堂为副书记。

7月24日，共青团杭州市第七次代表大会闭幕。大会讨论了关器同志代表市委所作的重要指示，听取了中共杭州市委常委、杭州市副市长周峰的报告，全体代表受到了深刻的教育，进一步认清了形势，明确了方向，增强了信心，鼓足了干劲。大会充分发扬民主，认真地讨论和审查了陆苏同志代表共青团杭州市六次委员会所作的工作报告，总结和交流了团的工作经验，肯定了成绩，确定了任务，一致通过了《共青团杭州市第七次代表大会决议》。大会还选出了周芝山等35人为共青团杭州市第七次委员会委员，陆苏等28人为出席共青团浙江省第四次代表大会的代表。

大会认为，几年来全市团员和青年坚定地团结在党的周围，同党一心一德，进行了艰苦的斗争。他们朝气蓬勃，英勇积极，为社会主义建设事业作出了出色的贡献。经过实际斗争的锻炼和考验，广大团员和青年的思想政治觉悟和文化技术水平都有了很大的提高。"听党的话，走社会主义道路"，已成为广大青年的行动准则。团的组织也有了进一步壮大和巩固，团干部的水平也有了提高，积累了许多经验。事实证明，共青团是党的忠实助手，青年是社会主义建设事业中一支英勇的突击力量。大会认为，全市共青团组织和广大团员、青年面临的任务，就是在党的领导下，高举总路线、大跃进、人民公社三面红旗，继续发扬百折不挠的革命精神，同全市人民一起，团结一致，鼓足干劲，为进一步贯彻执行"调整、巩固、充实、提高"的方针，继续加强农业战线，增加农业生产，争取社会主义建设的新胜利。大会号召全市各级团组织动员广大青年为实现上述任务，加速发展农业生产而斗争。大会还认为，为了实现上述任务，全市各团组织必须大力加强组织建设和思想建设，对青年经常进行深入细致的思想政治工作，教育青年坚决贯彻执行党的方针政策，坚定地团结在党的周围，以旺盛的革命斗志克服前进道路上的各种困难，为实现新的任务而奋斗。

七

学习雷锋活动

　　20世纪60年代，在中国大地上出现了时代的典型——雷锋。雷锋生于旧社会，长在红旗下，是苦大仇深的孤儿，在新中国得到新生。历史的巨大反差，使他无比热爱共产党、热爱社会主义，忠于祖国、忠于人民。1962年8月15日，在执行任务中不幸殉职，时年仅22岁。雷锋短暂的一生，给人们留下的不仅仅是标兵、模范的各种业绩，更重要的是可贵的雷锋精神。

　　1963年，在中共中央领导人的倡导下，共青团中央发动全国青年热烈地开展学习雷锋的活动。2月12日，团杭州市委根据团中央部署，召开城区和县团委以及市属基层团干部会议，部署开展学习雷锋的教育活动。21日，发出《关于在全市青少年中开展"学习雷锋"的教育活动的意见》。3月5日，毛主席的"向雷锋同志学习"题词发表，之后，刘少奇、周恩来、朱德、邓小平等中央领导人分别题词，学习雷锋活动迅速形成高潮。6日，团省、市委邀请雷锋生前战友尹德阿同志向全市2000多青年作雷锋生前事迹的报告，会上还放送雷锋生前讲话录音片段。尹德阿同志还向大中学校学生和其他青年作了数场专题报告。到25日，20多天时间，全市组织330次雷锋事迹报告会，听众

4.6 万多人次；举办了 193 个雷锋事迹展览会；有 8 万多人观看了杭剧《雷锋》，其中大部分是青年。

团杭州市委分别于 3 月 27 日、30 日全市分别举办"学习雷锋"演唱会和"雷锋同志模范事迹展览会"。广大青少年在听看雷锋事迹中普遍受到一次生动的共产主义思想教育，提高了社会主义觉悟和集体主义觉悟，并且把激发起来的政治热情引导到搞好生产、工作、学习中去。各地区各单位还把学习和大力表扬本地区、本单位的好人好事结合起来，使学习雷锋活动持久深入地开展下去。

在这段时间里，全国又涌现了一批雷锋式的青年及英雄人物。如见义勇为、舍己推军马、保卫铁路旅客安全的爱民模范欧阳海；在暴风雪中英勇保护集体羊群的英雄小姐妹龙梅和玉荣；在战斗中负伤、脑浆外露仍顽强坚持战斗到胜利的海军战士、模范共青团员麦贤得；"一不怕苦，二不怕死"的共产主义战士王杰；为抢救被惊马严重威胁的六少年而英勇牺牲的刘英俊；杭州临安籍的海军某部通信站电话守机兵赵尔春等。赵尔春于 1963 年 12 月 27 日冲进烈火中抢救国家和群众财产、保卫人民生命安全而身受重伤，经抢救无效光荣殉职，被国防部授予"爱民模范"的称号，海军政治部追认他为"模范共青团员"。这些在雷锋精神鼓舞和教育下成长的一代青年代表人物，都是全市广大团员、青年学习的榜样。先进的榜样发挥着巨大的教育力量。几年中，全市广大团员、青年学习雷锋，雷锋见行动，思想品德健康成长，也涌现了一批学习的积极分子和先进人物，如钟玉英、沈美珍、徐强民、钟玉昌、胡水金、裴振和、薛兆金等。

雷锋精神闪耀着共产主义思想光辉，具有无产阶级的先进性；体现了社会主义时期一代新人的精神风貌，具有鲜明的时代性；继承和发扬了中华民族的优良传统美德，具有深厚的民族性。雷锋，是青年一代学习的光辉榜样；雷锋精神，将永远指引着青年前进。

八

共青团杭州市第八次代表大会召开

　　1964年11月19日，共青团杭州市第八次代表大会召开。大会的主题是：总结第七次代表大会以来全市团的工作，确定1965年全市团的任务，动员全市团的组织，更高地举起毛泽东思想的伟大红旗，发动团员青年参加社会主义教育和比学赶帮运动，大抓创造"四好"支部的工作和五好青年活动，不断巩固壮大团的队伍，促进全市青年的思想革命化，为实现1964年党的各项任务而奋斗。

　　中共杭州市委、杭州市人民委员会负责同志王平夷、李元贞等，以及杭州军分区、中共杭州市委、杭州市人委有关部门和人民团体的负责同志，出席开幕式。市委副书记李元贞向大会作了《国内外形势和青年自我改造问题》的报告。参加大会正式代表496人、列席代表163人，代表全市11万余名团员。

　　团市委书记周芝山致开幕词。他说，这次大会，是学习毛泽东思想的大会，是继续深入贯彻共青团九大精神的大会，也是一次坚决革命、彻底革命，立志做无产阶级革命派的誓师大会。自从共青团杭州市第七次代表大会以来，全市团的组织和共青团员，紧密地团结在党的周围，积极响应党的号召，坚决执行了党的各项政策，履行了党的忠实助手和职责，发挥了模范带头作用。全市团员和青年同全市人民一道，高举毛泽东思想红旗，以坚定的革命立场，站在阶级斗争的前列，同封建势力、资本主义势力的复辟活动展开了坚决的斗争，经受了大风大浪的严峻考验；高举总路线、大跃进、人民公社三面红旗，以奋发图强、自力更生、艰苦奋斗、勤俭建国的革命精神，站在生产斗争的前列，在社会主义建设中继续发挥了突击作用。两年来的事实又一次表明了，全市青年不愧为党的忠实儿女，不愧为一支英勇的突击力量。

陆苏代表第七届团市委作《高举毛泽东思想红旗，为促进青年革命化而斗争》的工作报告。报告指出，杭州共青团高举毛泽东思想红旗，坚持"兴无灭资"的方针，不断加强了思想政治工作。特别是党的八届十中全会以后，发动青年投入了社会主义教育运动，广泛深入地开展了学习毛主席著作、"四史"教育和"向雷锋同志学习"活动，教育青年坚决贯彻执行党的各项方针政策，积极参加以"五好"为目标的比学赶帮运动，动员城市青年下乡上山，大力开展了读革命书籍、讲革命故事、唱革命歌曲和射击、野营等文娱体育活动。报告指出，要把青年培养成为无产阶级革命接班人，就必须坚决保证党的绝对领导。党的领导是团的生命线。只有党，才能为青年指明正确的方向和道路，才能给青年最好的关怀和教育。一定要以毛泽东思想为指导，坚定不移地沿着党和毛主席指示的方向奋勇前进；一定要坚决贯彻执行党的路线、方针和政策，为实现党的政治任务而斗争；一定要积极投入阶级斗争、生产斗争和科学实验三大革命运动，在火热的群众斗争中锻炼成长，为社会主义革命和社会主义建设事业贡献出全部青春、智慧和力量。

　　大会选举陆苏等39人组成共青团杭州市第八届委员会，王秀峰、叶文高、邱中琪、朱树琪、任茂堂、陆苏、陈德才、施秀珍、黄仕灿、曹立祥、屠雪凡等11人组成团杭州市第八届常务委员会。八届一次全会选举陆苏为团市委书记，任茂堂、陈德才、邱中琪为团市委副书记。

　　25日，共青团杭州市第八次代表大会闭幕。这次大会高举毛泽东思想的伟大红旗，讨论了促进青年革命化的问题，确定了今后全市共青团的任务。会议期间，中共杭州市委、杭州市人民委员会负责同志王子达、李元贞，先后向大会作了关于目前形势、任务和青年革命化问题的讲话。大会充分发扬民主，认真讨论、审查和批准了陆苏同志代表上届委员会所作的工作报告。大会认为，在社会主义社会整个历史时期，存在着阶级、阶级矛盾和阶级斗争，而无产阶级和资产阶级争夺青年的斗争，是社会主义时期阶级斗争的一个重要方面。共青团要坚持青年运动的共产主义方向，坚持无产阶级的革命路线，就必须认真学习和深刻领会毛主席关于社会主义社会阶级、阶级矛盾和阶级斗争的指示，认清阶级斗争的新形势和新特点，紧紧抓住阶级斗争这条纲，加强对青年的阶级和阶级斗争教育，促进青年革命化。为了促进青年革命化，必须组织青年认真学习毛主席著作，用毛泽东思想武装青年的头脑；发动青年积极投入阶级斗争、生产斗争、科学实验三大革命运动和社会主义教育运动，使青年在实际斗争中得到锻炼，学会阶级斗争本领；并且对青年加强劳动教育，引导他们努力学习文化科学技术，成为有社会主义觉悟的有文化的劳动者。

九

到农村去，做第一代新型农民

知识青年上山下乡是我国在一定历史发展阶段的产物。一方面，随着文教事业的发展，全国中、小学毕业人数逐渐增加，而国家还拿不出更多的钱办学校，来满足他们的升学要求，也难以完全解决他们的劳动就业问题。另一方面，农业是国民经济的基础，建设社会主义新型农业，迫切需要具有较高科学文化知识、善于接受先进的生产和经营管理知识的青年一代。中共中央政治局讨论通过的《1956年到1967年全国农业发展纲要（草案）》中指出："城市的中、小学毕业的青年，除了能够在城市升学、就业的以外，应当积极响应国家的号召，下乡上山去参加农业生产，参加社会主义农业建设的伟大事业。"①1957年，我国已有一批城市知识青年上山下乡。

杭州全市在贯彻执行团中央关于分期分批组织干部参加体力劳动的决定的同时，于1957年9月，第一次组织了高、初中应届毕业生陈寅等9人到石桥乡先锋农业生产合作社当社员，为建设社会主义的新农村贡献力量，受到群众的欢迎。三年暂时困难时期，党中央决定，

---

① 中央档案馆、中共中央文献研究室编：《中共中央文件选集（1949年10月—1966年5月）·第28册》，人民出版社2013年版，第74页。

在国民经济调整，大办农业、大办粮食中，要有组织有计划地动员城镇知识青年到农村和边疆参加生产建设。这时下乡上山主要采取组织城镇知识青年到国营农、林、牧、渔场参加生产劳动和安排到农村人民公社的生产队这种形式。从1962年初到1963年，杭州全市有5100余名知识青年，响应党的号召，胸怀革命理想和雄心壮志，下乡上山建设新农村，做第一代新型农民，足迹遍及浙江全省29个县的70多个农、林、渔、牧场。

知识青年上山下乡，是社会瞩目、国家关心和重视的一项工作。党中央为此制定了一系列方针政策，各地在具体实施中做了大量的工作。团杭州市委曾多次召开参加农业劳动青年积极分子座谈会，这些代表受到党政领导同志的接见和鼓励，并树立了陈寅、徐强民等先进典型，团杭州市委和市妇联联合组织下乡上山青年积极分子和家长报告团，分赴机关、工厂、学校和街道向各界人民、青年和家长作报告，介绍他们在农村广阔天地里锻炼成长、当好无产阶级革命事业接班人的事迹，使青年和他们的家长都受到深刻的教育和极大的鼓舞。许多老干部、老八路、老工人支持和鼓励子女下乡上山。团组织还协助党和政府做好已下乡知识青年的稳定工作，关心他们的生活，组织他们参加文娱活动，注意充分发挥他们在建设新农村中的积极作用。

知识青年在农村艰苦的条件下，虚心学习，拜老农为师，努力学会农活；干活不怕累、不怕脏；同时以自己的文化知识，为农村服务，教农民识字，为农民读报，担任生产队的各项工作。仅在钱江农场参加劳动生产的800名城市青年中，就有74人担任会计、记工员、操作组长；106人当选农场职工代表，45人被评为采棉能手，215人获得一等奖，11人当选农场和生产队管委员会，2人当选县、市人大代表。

杭州市在1966年以前下乡上山的知识青年约有一万六七千人。他们在党和政府的领导、关怀下，在团组织的关心指导下，经过实际斗争的锻炼，健康成长，为建设社会主义的新农村，发展社会主义农村经济，作出了可贵的贡献。

1968年12月，毛主席发表"知识青年到农村去，接受贫下中农的再教育，很有必要"的指示①。广大知识青年热烈响应毛主席的伟大号召，掀起了到农村去的新高潮。

---

① 中共中央党史和文献研究院编：《中华人民共和国大事记：1949年10月—2019年9月》，人民出版社2019年版，第37页。

十

共青团杭州市第九次代表大会召开

  1973年4月26日，共青团杭州市第九次代表大会召开。大会的主题是：认真学习毛主席关于批林整风的一系列指示，学习马列和毛主席关于青年和青年工作的指示，学习中共中央〔1972〕41号文件，深入批判林彪反党集团在浙江、杭州推行林彪反革命修正主义路线的罪行，批判他们在青年工作中散布的反动谬论，总结交流共青团工作经验，讨论并通过市团代会筹备小组的工作报告；选举产生共青团杭州市第九届委员会；选举杭州地区出席共青团浙江省第五次代表大会的代表。

  中共浙江省委书记谭启龙、铁瑛，副书记谢正浩、柴启琨；中共杭州市委书记王子达等出席开幕式。参加大会正式代表988人，红卫兵列席代表80人，代表全市7.5万名团员。杭州市警备区、杭州市工代会、杭州市贫代会、杭州市妇代会、杭州市红代会、杭州市红小兵代表在大会上致贺词。

  共青团杭州市委宋建英同志向大会作了《以党的基本路线为纲，为培养无产阶级革命事业接班人而奋斗》的工作报告。报告指出，全市广大共青团员、红卫兵和青少年，经受了极其尖锐复杂的阶级斗争、两条路线斗争的锻炼和考验，提高了阶级斗争、路线斗争的觉悟，在社会主义革命和建设的各条战线上，发挥了巨大作用。全市团的组织，经过几年的整顿和建设，更加巩固壮大。广大团员、青年更加朝气蓬勃。

大会选举杨菊芳等83人组成共青团杭州市第九届委员会，王吉生、王建满、卢金木、吴家鳌、宋建英、李凤英、林招娣、於玉华、金有根、杨建华、杨菊芳、施秀珍、徐志祥、徐继林、曹月华等15人组成团杭州市第九届常务委员会。九届一次全会选举杨菊芳为团市委书记，施秀珍、吴家鳌、卢金木、宋建英为副书记。

4月30日，共青团杭州市第九次代表大会闭幕。中共杭州市委负责同志和中国人民解放军驻杭部队负责同志出席了闭幕式。中共杭州市委副书记徐树年代表市委在闭幕式上作了讲话。

大会要求各级共青团组织，团结起来，以大局为重，焕发精神，努力工作，团结教育广大青年为建设社会主义的伟大事业而奋斗。广大青年要在"工业学大庆""农业学大寨"的群众运动和完成党的各项任务中，充分发挥突击作用。要使越来越多的青年成为生产斗争的能手、科学实验的闯将。各条战线的青年要努力学习文化、学习技术、学习业务，在工作上不断有所发现、有所发明、有所创造、有所前进，使自己沿着又红又专的道路前进。大会还要求各级共青团组织加强共青团的思想建设和组织建设。团的工作要面向广大青年，适应青年的特点；要热情关怀青年的进步，积极慎重地做好新团员的发展工作。

十一

杭州团的工作被取消，四五运动青年英勇抗争

1966年，"文化大革命"开始。5月29日，清华大学附中出现了第一个"红卫兵"组织。8月20日，杭州市第七中学、十二中学、清河中学首先成立了"红卫兵"组织。紧接着，其他学校相继建立了以"红五类"为主体的"红卫兵"组织。到10月8日，全市60所中等学校中，建立了105个"红卫兵"组织，共有"红卫兵"11672名。共青团组织受到冲击，团组织被迫停止了活动。

1969年4月，毛泽东在中共九届一中全会上提出要开展"整团"工作，共青团也从此开始了恢复组织活动的艰难历程。

1973年4月，共青团杭州市第九次代表大会召开，选举产生了共青团杭州市第九次委员会，杭州共青团工作逐渐得到发展。

1976年，在北京天安门广场爆发了一场以广大青年为主体的，悼念周总理，拥护以邓小平同志为代表的党的正确领导，反对"四人帮"倒行逆施的四五运动。它标志着饱受十年动乱损害的一代青年的觉醒，又一次显示了青年的先锋作用。

1月8日，周总理逝世。全国上下一片悲痛，而"四人帮"及其爪牙却幸灾乐祸。4月4日清明节，杭州和全国各地一样，悼念周总理活

动被推向了新的高潮。

四五运动是一场中国青年追求社会主义民主和祖国繁荣富强的正义行动。在这场运动中，杭州青年用青春和热血同"四人帮"作战，又一次显示了青年的先锋和桥梁作用。伟大的四五运动是对"文革"和红卫兵运动的反省，它标志着"文革"一代受害青年终于在动乱中成熟、觉醒。

10月，党中央粉碎"四人帮"阴谋，全市广大青年纷纷涌向街头欢呼游行，庆祝伟大的胜利。从此，全市青年从十年浩劫中挣脱出来，跟着党进入新的历史时期。

粉碎"四人帮"的胜利，从危难中挽救了党、挽救了革命、挽救了中国的社会主义事业。结束了"文化大革命"这场持续十年的内乱，使中华人民共和国进入了新的历史发展时期。这一伟大胜利，是全党、全军、全国各族人民长期斗争的结果，是马克思主义和社会主义的伟大胜利。

第六章

改革开放和中国特色社会主义的开创

1976年粉碎"四人帮"，共青团组织获得了新生。党的十一届三中全会以后，杭州共青团实现了工作指导思想的拨乱反正，走上了正确的发展道路。1979年2月，团中央在北京召开团省、自治区、直辖市委书记会议，提出共青团组织一定要以"四化"为中心把全团工作活跃起来。杭州共青团高举马列主义、毛泽东思想伟大旗帜，坚决拥护党中央的路线、方针和政策，坚定不移地紧跟全党工作重点的转移。杭州各级团组织遵照团中央指示，带领团员青年恢复和发扬社会主义道德风尚，树立共产主义一代新风，争做社会主义精神文明的先锋；积极投身社会主义劳动竞赛，开展争当新长征突击手、青工比武、"五小"活动等，以极大的热情投身改革开放事业和开创中国特色社会主义进程，英勇地站到新长征的前列；加强共青团的思想建设和组织建设，以"四化"为中心，更加生气勃勃地开展团的活动，使共青团工作出现一个崭新的局面。

一 杭州共青团恢复活动

粉碎江青反革命集团，结束了长达十年的内乱，从危难中挽救了党，挽救了国家，也挽救了青年一代。共青团组织获得新生。

1977年8月，党的第十一次全国代表大会召开，大会宣告"文化大革命"结束。大会要求"加强党对工会、共青团、妇联等群众组织的领导"，并提出要把"这些组织整顿好、建设好，充分发挥他们应有的作用"。1978年5月4日，中共中央发出《关于召开中国共产主义青年团第十次全国代表大会的通知》(简称《五四通知》)，决定在10月召开共青团十大，主要任务是遵循党的十一大路线，深入揭批江青集团破坏共青团的罪行，制定今后共青团工作的方针任务，动员团员、青年为实现党在新时期的总任务而奋斗。《五四通知》强调指出，共青团是党团结教育青年一代的核心，做好青少年工作，关系到革命未来的千秋事业，各级党委务必采取有力措施，加强对共青团的领导。10月，共青团十大召开，共青团全面恢复了系统领导，领导机构和领导体系得到完善。从此，共青团以全新的面貌和姿态活跃在社会生活之中。12月，中共十一届三中全会召开，决定把党和国家的工作重心转移到社会主义现代化建设上来。党的十一届三中全会确定的路线、方针、政策，为全团工作指明了正确的政治方向，也为恢复全团工作和加强组织建设奠定了坚实的基础。共青团跟随党的步伐，开始了指导思想上的拨乱反正。在团十大精神的指引下，杭州基层团组织普遍进行了整顿和建设。团杭州市委机关设办公室、组织部、宣传部、学校少年部、青工部、青农部、统战部。到1978年底，全市共有基层团支部1.07万个，共青团员26.3万名。团的战斗力大大提高，团的工作更加生气勃勃。

团十大以后，杭州共青团加强了团的组织建设，完善了团的各级组织，团员、团干部队伍不断扩容。为了切实解决团干部的培训问题，使各级团干部能够更好地承担起工作的职责，继1978年中央团校复校以后，1981年团杭州市委也积极筹备杭州青年干部学校的复校工作。1982年11月，经中共杭州市委和杭州市人民政府批准，杭州青年干部学校复建并定名为杭州市团校，该校名沿用至今。

二

共青团杭州市第十次代表大会召开

　　1979年6月22日，共青团杭州市第十次代表大会召开。大会的主题是：高举毛泽东思想的伟大旗帜，坚持四项基本原则，认真贯彻党的十一届三中全会、中央工作会议和团的十大精神；回顾总结市九次团代会以来的工作；选举产生新的团市委领导机构；确定新时期全市团的工作任务，动员全市团员、青年进一步解放思想、鼓足干劲，紧紧跟上全党工作重点的转移，站在时代的最前列，为实现老一辈革命家梦寐以求并为之奋斗终生的美好理想，勇敢地挑起历史赋予的光荣而艰巨的重任。大会的议程是：审查和批准共青团杭州市第九届委员会的工作报告；讨论和决定全市团的任务；选举共青团杭州市第十届委员会。

　　参加大会代表1047人，代表全市26.39万名团员。开幕式上，中共杭州市委书记、市革委会副主任邢子陶，共青团浙江省委书记王则信作了讲话。杭州市总工会、杭州市妇女联合会、杭州警备区代表向大会致贺词。

　　大会听取和审议通过了李凤英代表上届团市委所作的题为《全市团员青年团结起来 为加速实现社会主义现代化而英勇奋斗》的工作报

告。报告指出，全市青年在阶级斗争、生产斗争和科学实验三大革命斗争中锻炼成长。广大团员青年广泛开展了"争当新长征突击手"活动，掀起了大干社会主义的热潮，涌现了一大批先进集体和先进模范人物；热烈响应华国锋同志在全国科学大会上发出的"一定要极大地提高整个中华民族的科学文化水平"①的号召，学文学、学科学、学技术的空气越来越浓；开展了"学雷锋、树新风""学雷锋、争三好"的活动，遵守革命纪律，维护社会公德，社会主义的优良风尚正在逐步恢复和发扬。报告指出，今后团市委的工作重点是团结教育青年成为社会主义现代化建设中英勇的突击力量。一是要向广大团员青年进行坚持四项基本原则的教育；二是广泛开展争当新长征突击手活动；三是扎扎实实组织青年学文化、学技术、学科学；四是努力恢复和发扬社会主义道德风尚；五是要进一步加强团的组织建设。

大会选举李凤英等85人组成共青团杭州市第十届委员会，李凤英、吴德隆、徐如根、徐志祥、王志亭、汪国盛、王建满、刘爱勤、陆鹤英、徐春木、徐敏钧等11人组成团杭州市第十届常务委员会。十届一次全会选举李凤英为团市委书记，吴德隆、徐如根为副书记。

25日，共青团杭州市第十次代表大会闭幕。杭州市委、市革委会和团浙江省委负责同志出席了闭幕式。大会听取和讨论了市委负责同志的讲话，讨论和确定了全市共青团在今后一个时期的工作任务，通过了共青团杭州市第九届委员会的工作报告。大会要求各级团组织在党的领导下，认真传达贯彻大会的精神，根据市委提出的希望和要求，按照工作报告中提出的各项战斗任务，紧张地动员起来，更加生气勃

---

① 华国锋：《提高整个中华民族的科学文化水平》，载《全国科学大会文件》，人民出版社1978年版，第4页。

勃、踏踏实实地开展团的工作。大会号召，全市各级团组织、广大团员和青少年，一定要高举马列主义、毛泽东思想的伟大旗帜，在以华国锋同志为首的党中央领导下，坚持四项基本原则，以高昂的革命斗志，坚定不移地紧跟全党工作重点的转移，积极投身到增产节约运动中去，投身到社会主义劳动竞赛和合理化建议运动中去，进一步掀起争当新长征突击手的热潮；恢复和发扬社会主义道德风尚，迅速掀起维护社会公德、树立共产主义一代新风的热潮。要进一步加强共青团的思想建设和组织建设，以"四化"为中心，更加生气勃勃地开展团的活动，使共青团工作出现一个崭新的局面。大会坚信，经受过三大革命运动锻炼和考验的全市广大团员青年，一定能在新长征路上，不怕困难，顽强战斗，勇攀高峰，取得新的辉煌成绩，完成历史赋予这一代青年光荣而艰巨的任务。

三

争当新长征突击手

党的十一届三中全会后，党把工作的重点转移到社会主义现代化建设上来。共青团跟随党的步伐，开始了指导思想上的拨乱反正，带领团员青年以极大的热情投身经济建设活动和改革开放事业中。为坚决响应党中央的伟大号召，充分发挥共青团在新长征中的突击队作用，团杭州市委团结带领广大团员青年，广泛开展适合青年特点的活动，使新长征突击手活动在杭州深入开展起来，取得了较好的社会效益和经济效益。

"千队万手迎十大"活动

1978年7月起，团杭州市委在全市各条战线团员青年中，广泛开展了"创千支红旗青年突击队、万名红旗青年突击手"活动（简称"千队万手迎十大"活动）。全市工业、农业、财贸等各条战线的团组织和广大团员青年响应团杭州市委号召，积极开展了形式多样的比、学、赶、帮、超社会主义劳动竞赛。

工业战线大战三、四季度，努力创造优质、高产、低消耗的历史最好水平，推出提高效率、降低成本、减轻劳动强度的革新项目；农业战线打好双夏、秋收冬种和农田水利基本建设三个硬仗，抗灾夺丰收，大种高产田；财贸战线改进服务态度，提升业务能力，提高服务的现代化水平，当好新长征的后勤兵。其他各条战线也都根据自身情况选准突击方向，在急、难、新、重的任务中，发挥团员青年的生力军作用。半年多的时间，青年突击队遍及城乡各地，比、学、赶、帮、超的社会主义劳动竞赛热火朝天，学科学文化和钻研技术蔚然成风，各条战线捷报频传，各行各业楷模辈出，涌现了一大批红旗青年突击队和红旗青年突击手。

杭州起重机械厂青年突击大队组织的突击活动参与人数达 2459 人次，突击工时 3.61 万小时，业余突击工时 1.8 万小时，相当于贡献了 3 台象征性挖掘机工时，计人民币 160 多万元。共挖拣废钢铁 207.1 吨，价值人民币 3.31 万元。此外，突击队员进行了 13 个项目的技术革新和技术改造，价值 22 万元。杭州第二中药厂青年突击队，组织青年开展岗位操作比赛，突击劳动工时 1.27 万小时，价值 36 万元，并成立攻关小组 6 个，革新小组 2 个。

富阳县东洲公社青年突击队，开辟山头 38 座，建茶园 700 亩，油茶园 2200 亩，橘子园 570 亩。永红丝织厂挡车工陆鹤英首创 2 万米无次绸的记录；第二织布厂挡车工王敏蓉连续创造 48 万米无次布记录；被誉为"革新迷""修理能手"的杭州无线电工周永吉义务劳动 40 天，修理全厂 70% 以上电动机，完成 2 项技术革新项目。

为表彰先进，团杭州市委授予杭州第一汽车运输公司修理厂青年突击队、杭州武林机器厂热处理车间青年突击队、杭州市第二人民医院青年突击队和余杭县博陆人民公社长征大队青年突击队"千队万手迎十大"活动红旗青年突击队标兵的光荣称号;授予陆鹤英、王敏蓉、周永吉、陈达、朱丽娜、蒋金娣等6位同志"千队万手迎十大"活动红旗青年突击手标兵的光荣称号。团杭州市委还表彰了100个成绩卓著的红旗青年突击队和1000名红旗青年突击手。

杭州青年在热火朝天的"千队万手迎十大"活动中以自己的聪明才智、勤劳勇敢和团结战斗,谱写了一曲曲为"四化"建设贡献青春的壮丽凯歌。

新长征突击手活动

争当新长征突击手活动,是新时期共青团组织紧密配合党的中心工作的转移,以蓬勃朝气向"四化"进军的一项富有青年特点的活动。1979年3月1日,共青团中央发布《关于在全国青年中开展争当新长征突击手活动的决定》(以下简称《决定》),提出了"以'四化'为中心,把团的工作活跃起来"的口号。《决定》指出,新长征突击手应是各条战线上为实现四个现代化作出成绩的又红又专的青年先进人物。

团杭州市委根据贯彻党中央对国民经济进行"调整、改革、整顿、提高"方针的要求,以及团中央《决定》,向各级团组织和团员青年发出了"奋战五个月,增产节约一千万,提前跨进八○年"的号召。一个紧紧围绕"四化"中心,以增产节约、增收节支为重点的青年突击队活动在各条战线蓬勃开展起来。团员青年发扬革命精神,在各自岗位上勇挑重担、忘我劳动,打先锋、当闯将、攻难关、破纪录、夺红旗、作贡献,发挥了英勇的突击队作用,涌现了一大批新长征突击手。仅半年时间,全市团员青年义务劳动56.5万工时,为国家创造

5340万元财富；技术革新523项，价值61.8万多元；收集废钢铁6533吨，修旧利废节约资金325万元。农业战线团员青年在发展农林牧副渔方面发挥了积极作用。萧山、建德、余杭、临安等四个县建立青年试验田730亩，有14个基层团组织粮食亩产超3000斤。

1980年3月4日，团杭州市委召开了杭州市新长征突击手表彰大会。大会表彰了10名新长征突击手（队）标兵，79个新长征突击队，715名新长征突击手。

之后，人人争当新长征突击手活动在全市各行各业广泛开展起来。到1985年底，全市已涌现近千名新长征突击手。争当新长征突击手活动，陶冶了青年一代的思想情操，为加快国民经济的发展和发扬新的社会道德风尚作出了积极的贡献。

"万名能手创一流"活动

为了进一步推动正在开展的全市青工为"四化"立功活动，动员广大青年更加深入持续地参与新长征突击手活动，1981年3月，团杭州市委联合市经委、建委、财办向全市工交、基建、财贸战线青年职工提出了开展"万名能手创一流"竞赛活动的意见。意见得到了各地党政领导的重视支持、各有关部门的帮助配合、各级团组织的贯彻落实和青年职工的响应行动。

杭州针织厂团委开展了"降伏热老虎，争夺青年杯"活动，使全厂提前三个月完成了全年生产任务，35名青年获得一等奖，58名青年获得二等奖。杭州手表厂团委开展"人人争取月月红"活动，涌现出一大批月月红优胜者，全厂超额完成手表生产计划的40%以上。杭州缝纫机厂团委开展了"争一红、当能手"活动，27名青年获得生产能手称号。杭州武林机器厂团委开展了"能手升级创一流，创标争魁夺金杯"劳动竞赛，全厂有373名青年工人参加了竞赛，占有定额青工总数的90%，216人获得"优胜证书"，其中38名竞赛全胜者获得1981年度厂级"青年生产（工作或质量）能手"的荣誉称号和"青年金杯奖"以及命名荣誉称号的"证号"。链条车间青年女工汪丽娜，在竞赛开展期间，月月打破由自己保持的大规格起重链条的生产记录，平均超额完成生产指标213.4%。一金工车间共青团员郭文超，竞赛期间早出晚归，他的最高月生产记录相当于其他工人月均工作量的3倍。红星服装店青年阮宝承不仅在省市服装裁剪比赛中屡屡获得好名次，而且在实际生产中创造了一流成绩，一年的工作量超过生产计划的2.5倍，被局党委授予"操作小能手"称号。杭州电视机厂青年工人丁建美，努力学技术、钻业务，实现了41万点焊接无虚焊，获得省级操作能手称号，其技术经验在全厂推广，并被命名为"丁建美优秀操作法"。桐庐县钟山公社陇西大队青年杨梅兰完成大队交给的养千盆茉莉花的合同任务，当年收入达到520元，名列全社第一，被誉为"养花能手"。

纵观整个竞赛活动，发动面之广，内容之丰富，形式之多样，成绩之显著，是前所未有的。据不完全统计，参加这场竞赛活动的青年职工达4.34万人，占全市青工总数的62%，竞赛中涌现出厂级能手2990人，局级能手362人，市级能手105人；进行技术革新43项，经济价值达7.9万元；提出合理化建议279条。整个活动创超产产值926万多元，创超产利润119万多元，组织义务劳动达9.92万小时，创团的活动经费3.5万元，打开了共青团工作的新局面，推动了工农业生产的发展。

"万名能手创一流"竞赛活动，符合了青年的心愿，适应了"四化"的需要，调动了青年职工学"四化"、干"四化"的积极性，促进了技术水平的提高和生产的发展，是陶冶青年爱党、爱国、爱集体、爱本职的良好思想情操的得力举措，也是新时期共青团动员和组织广大青年职工围绕"四化"建设、发扬拼搏精神、深入开展新长征突击手活动的有效形式。1981年，杭州作为我国国民经济发展速度较快的一个城市，全市工农业总产值85亿元，同比增长9.6%，这与这场竞赛活动的开展和广大青年职工的努力是分不开的。

"争创先进百、千、万"活动

为了更好地发挥广大青年工人建设"四化"、参与改革的积极性与创造力，将广大青年的生产热情转化为提高文化水平、掌握科学知识、争当改革先锋的动力，1983年6月，团杭州市委在全市青年职工中开展"争创先进百、千、万"（即百件优秀"五小"成果、千个先进青年集体、万名能手）活动。这项活动是深化新长征突击手活动的一种具体形式，以提高经济效益为中心，以创优秀"五小"（即小发明、小创造、小革新、小设计、小建议）成果，创先进青年集体（革新小组、技术交流队、技术帮教组、突击队、学习小组、顾客心理研究小组等）和争当技术、操作、革新、节约、服务能手为主要内容，以总结推广先进技术、先进操作方法、先进工具和优秀服务经验为重点，开展群众性的学习、观摩、交流、培训、推广、革新和竞赛活动，扎扎实实地提高了全市广大青工的技术水平。

杭州啤酒厂青年电工郑聪萍，1983年自行设计了在全国同行中居先进水平的120吨啤酒露天发酵灌自控屏，分别获得省、市"五小"成果一等奖。震旦丝织厂青年挡车工池国华，操作技术过硬，两次获得市丝绸系统操作比武冠军；1983年获省和全国丝绸操作能手称号；同年4月，市政府授予其市劳动模范称号。杭州丝绸印染联合厂挡车工黄月琴进厂不到三年，在全国丝绸行业比赛中夺得亚军，荣获全国操作能手的光荣称号。杭州仪表厂仪表小车工胡宝珠，在实践中摸索出一套在全国同行业中堪称先进的操作方法，四年间超额完成7956个工时，她的操作法在全市同行业中得到推广。红雷皮鞋厂青年胡先兆，刻苦自学，钻研设计技术，从一个皮鞋师傅成为专业设计人员，他设计的皮鞋新款式有17种，在市、省和全国评比中获奖。

为了表彰先进，树立标兵，深入开展新长征突击手活动，团杭州市委授予胡宝珠、郑聪萍、池国华、黄月琴、胡先兆等6位同志为"争创先进百、千、万"活动"青年能手标兵"的光荣称号，并命名郑聪萍、黄月琴、胡先兆为市新长征突击手。同时对市轻工业局团委等98个先进集体、李杰等260名青年能手予以表彰。

学习科学、钻研技术在广大青工中蔚然成风，各种形式的技术革新、操作比武进行得热火朝天，青年工人们以自己的聪明才智和汗水，提高了企业的经济效益，促使了企业的技术进步，为建设新杭州作出了贡献。

四

向先进行列迈进

为了加强团的基层组织建设，提高团组织的战斗力，1980年1月，团中央十届三中全会作出《关于开展创先进团支部的决定》。先进团支部的条件是：思想政治工作好、新长征突击手活动开展好、带领青年学习好、组织建设好、团结青年好。团杭州市委立即进行了传达和学习，并对全市的"创先"活动进行了部署。4月，团杭州市委先后召开了"创先"工作座谈会和团支部工作座谈会，进一步明确"创先"活动是团的基层建设的中心内容，是团的工作的抓手。6月，在杭州针织厂召开了"创先"工作现场会议，推广了他们创建先进团支部、开展百分流动红旗竞赛的先进经验，提出了"学杭针、争上游，创先进、夺红旗"的口号。全市各级团的领导干部对"创先"活动越来越重视，一致认为"创先"活动抓住了团的建设的根本，找到了提高团组织战斗力的途径，是加强基层团工作的有效措施。

抓创先，必须从基础抓起，而要打好基础，支部一班人的建设是关键。首先，整顿和健全支部领导班子，对支部进行改选整顿，配齐配强支部领导班子。民主改选团支部，改变团的领导上下断线、中间卡壳的局面，为开展"创先"活动提供必要条件。其次，抓培训，提高团干部的素质。支部班子整顿后,大批新人走上了团的各级领导岗位。他们积极热情、富有朝气,但缺少经验、业务生疏,对如何抓好团的工作无从下手。为改变这一状况,县、区、局团委因地制宜,采取集中培训、以会代训等方式,对团支委以上团干部进行培训。一些基层团委想方设法创造条件,举办业余学校,培训团员骨干。杭州针织厂等团委,分批轮训团小组以上的团干部。通过培训,广大团干部提高了对团组织的认识,初步掌握了团工作的基本知识,增强了创先进团支部的信心。

开展"创先"活动前,一些团干部习惯于发号施令,义务突击,要求团员青年输出东西多,给予团员青年实际好处少,如同一些青年所说的:跟着班组长,月月把奖拿;跟着团支书,天天尽义务。因此出现了团员不爱团、青年不想团的现象。"创先"活动开展后,不少团组织改变了老一套做法,从青年团要代表青年的利益这一原则出发,实实在在地为青年办好事、解决实际困难,使青年感受到团组织的温暖,从而使青年积极靠拢团组织,给团的工作带来了新的生机。

各级团委在"创先"活动中,在政治上对团员骨干热情关怀,调动他们的积极性,向党组织推荐优秀团干部和团员,并经常和被推荐的同志谈话,端正入党动机。在学习上对团员青年大力支持,联合创办职工业余学校,并制定了各项制度,保证业余教育顺利开展,并大力支持团员青年参加街道、区举办的各种类型的文化培训班。在生活上给予团员青年热情帮助,不少单位的团组织成立了婚姻恋爱顾问小组、友谊支部,扩大团员青年社交范围,为团员青年牵线搭桥当红娘。重视组织业余文体活动。根据青年们爱活动的特点,各级团组织都重视业余文体活动,用丰富多彩的活动吸引广大青年,陶冶他们爱祖国、爱集体的理想情操，同时也密切了人与人之间的关系，真正发挥了共青团团结教育青年的核心作用，从而增强了团的吸引力，促进了"创先"活动的开展。

各单位结合自身实际，选准突破口，打好优势仗。震旦丝织厂二车间团支部紧紧围绕厂党委提出的"两创一突一翻"（即质量创双优、真丝绸创名牌，新工场突击安装，利润翻一番）的中心工作，从抓"双争当"活动入手，取得了成绩，带动了其他工作。素春斋团支部针对本单位素菜烹调传统技艺面临失传危险的实际，认真分析"创先"的各种因素，以办青工班为突破口，活跃了团的工作。红卫医用仪器厂团支部充分利用厂里现成的印相设备和技术人才，办起了青年业余印相小组，把"创先"活动有重点、有节奏地开展起来。实践证明，这种抓准重点，选准突破口，从一两个条件成熟、易于见效的问题抓起，抓出成绩、带动全面的方法，是行之有效的。

开展创先活动，是团中央根据党的工作重心转移的新形势作出的重大决定，它对更好发挥共青团在"四化"建设中的作用有着重大的意义，对于加强基层建设、发展团的组织作用、提高团的战斗力起到了积极作用。杭州共青团以"创先"为抓手，加强了团的组织建设，健全了团的系统领导。一些原来松散后进的团支部通过"创先"，逐步向先进行列迈进。

青工比武和"五小"活动

青年工人是生产建设中一支朝气蓬勃的生力军和突击队。随着争当新长征突击手活动的不断深入，广大青年工人越来越清醒地认识到实现"四化"不仅需要满腔热情和艰苦拼搏，也需要科学文化知识和过硬的技术本领。

青工比武

为进一步激发广大青年工人的学习积极性和练兵热情，推广先进技术经验，鼓励青年工人干一行、爱一行、钻一行，不断提高业务技术水平，为"四化"建设培养又红又专的人才，1980年3月19日，团杭州市委、杭州市总工会、杭州市科协联合发出《关于在全市开展青工操作表演、技术交流活动的意见》，要求在基层岗位练兵的基础上，选拔工作负责、技术过硬、产品质量指标完成好的团员青年，进行操作表演和技术交流。

4月2日，各级团委、工会干部、新长征突击手、青年操作能手、增产节约技术革新能手及其他青年工人在市青年路球场参加"全市青工操作表演、技术交流动员大会"，省政协副主席、市科协主席陈礼节，市总工会主席林开基等出席大会。团杭州市委书记李凤英在大会上讲话，她号召"全市青工大练兵，各行各业大比武，英雄好汉比一比，年终夺旗立新功"。

为总结推广先进技术和经验，表彰鼓励所取得的成绩，不断提高青工的业务技术水平，5月2日，团杭州市委在杭州机床厂举行了全市青工金属切割技术表演交流会，来自全市4个系统、15个工厂的31名代表进行车、钻、铣、磨、刨5个工种31项表演。其中有获得过浙江省金属切削比赛钻孔冠军和杭州市机械局青工技术比赛车工第一名的杭州发电设备厂青年工人章宗范，获得杭州市金属切削比赛车T型螺丝纹冠军的杭州机床厂青工方宝荣等同志。省、市金属切削比赛单项冠军杨建平和市金属切削比赛车蜗杆冠军成锦福等也应邀在这次会上作了精彩的表演。2500多名青工参加了观摩。这次市青工金属切削技术表演交流会规模之大、项目之多，是新中国成立以来杭州首次。

之后，工交、基建、财贸、机械、电子仪表等各级团组织纷纷围绕增产节约、增收节支，以优质、高产、低消耗为重点，改善服务态度，提高服务质量，立足本职，广泛开展操作练兵、技术比武，组织了"创一流、升级赛"的练兵活动，调动了广大青年工人学技术、钻业务的积极性，提高了青工的技术和操作水平，涌现了一大批行业新秀和能手，为国家集体创造了大量财富。青工比武对启发、引导全市广大青年工人学技术、钻业务，为"四化"作贡献起到了积极的推动作用。

"五小"活动

为了满足广大青年职工的求知成才愿望，进一步调动青年职工的积极性，1982年1月，团中央发出《关于开展青年小发明竞赛活动的通知》。1983年4月20日，团中央与国家经委、全国总工会联合发出《关于在全国职工中开展"五小"智慧杯竞赛活动的通知》。5月，杭州市经委、市科委、市总工会、团杭州市委联合发出了《关于在全市青工中开展"五小"竞赛活动的通知》，要求各级团组织迅速行动起来，扎实开展"五小"活动。"五小"活动旨在引导青年从小做起，从本职岗位做起，关心企业的发展，在生产实践中发挥聪明才智，通过"小发明、小创造、小革新、小设计、小建议"，促进生产发展。

在各有关部门的积极配合与精心组织下，广大青年职工发挥聪明才智，努力实践创造。杭州牙膏厂团总支通过各种渠道采用TQC[①]方法开展"五小"活动，在全厂形成群众性的攻关热潮，不久就推出了"小白兔"高级儿童牙膏等项目，到1983年底革新成果达到35项。全市到10月，涌现出"五小"活动成果近300项，其中许多项目通过技术部门鉴定，顺利投产。杭州半导体厂青年革新试制成功的带保护二极管3DF10新产品，填补了杭州市的技术空白，打开了产品销路；全国新长征突击手、杭州王星记扇厂青工曾子明的小发明项目——自开扇，自投放市场后供不应求，为企业创产值5万余元；杭州啤酒厂5名青工对灌酒机气缸润滑油路系统进行了改造，每年可为企业增加产值1.8万元。

---

① Total Quality Control（简称TQC），全面质量控制，是一种综合的、全面的经营管理方式和理念。起源于美国，以组织全员参与为基础，代表了质量管理发展的最新阶段。

经各县、区、局鉴定推荐和市"五小"活动评选委员会评选审定，共评出1982年度"五小"优秀成果98项。市经委、市科委、市总工会、团杭州市委对98项获奖项目的个人和组织青年开展活动取得显著成绩的杭州东南化工厂等6个先进集体予以表彰。

在各级党组织的支持和有关部门的通力协作下，经过广大青工的努力，1983年杭州市青工"五小"活动取得可喜的成绩。全市共建立"五小"活动小组近千个，创造"五小"成果2600多项，仅可计算的价值就达700多万元，有6项成果填补了国内相关领域的空白。到1985年，全市共成立各种青年技革小组、攻关小组、管理小组2000余个，取得"五小"成果4000余项，已直接体现出来的经济价值达900万元。在1985年度全国"五小"成果评比中，杭州市获得一等奖1项、二等奖1项、三等奖3项，获省级奖项39项。团杭州市委、市轻工业局团委被团中央授予"五小"活动先进单位称号。

为了推动"五小"活动持续深入地开展下去，进一步动员全市广大青年积极投身"四化"建设，团杭州市委与市总工会等于1985年3月发布《关于在全市青工中广泛深入开展"五小"活动的意见》（以下简称《意见》），指出今后"五小"活动将作为工会和共青团工作的一项长久的、重要的内容列入日常工作，团杭州市委将成立"市青年科学技术协会"，以指导"五小"活动。《意见》对今后"五小"的主要目标作了明确指示：围绕企业目标，努力提高企业经济效益；着重抓好挖潜、革新、节能的项目，以最少的投资获得较好的效益；了解新信息、掌握新信息，运用新技术、新工艺、新材料，促进产品更新换代，开发新产品；认真抓好发明创造及投入应用、交流、转让工作；注意成果的推广应用，使之真正转化为生产力。

萧山麻纺织厂团委围绕企业的生产和发展，开展"挖潜立功"活动和"争当青年生产能手，争当青年管理能手"的劳动竞赛，激发了广大青工的生产热情。梳麻挡车工王俊义连续3个月质量第一，布机挡车工中有8人创造3万米无次布记录，整理缝边挡车工和拆检工连续4个月创造"全月无坏袋"新纪录。青工们动脑筋，想办法，提合理化建议，仅1986年1月至4月，就出成果20余项，其中团委副书记许卫川一人就有4项。

在杭州市经委、市科委、市科协、市总工会和团杭州市委的组织领导下，全市工建交财贸系统的广大青年热烈响应团中央的号召，针对企业实际，开展了"五小"竞赛活动，为促进企业技术进步，提高经济效益和社会效益作出了积极贡献。实践证明，"五小"活动是带领青年投身改革、参加经济建设、活跃团工作的一项有效措施；是在新形势下把新长征突击手活动引向深入，组织青年学技术、学经济、学管理，开发智力资源和创造才能，培养青年人才的一种好形式。

六

争做社会主义精神文明的先锋

十年动乱的"左"倾错误，使党风和社会风气遭到了严重的破坏，也使在此期间成长起来的一代青少年心灵遭受了极大的伤害。粉碎江青反革命集团以后，为广大青少年成长创造良好的社会环境，帮助青少年培养健康的道德品质，是共青团组织一项十分重要的任务。

"五讲四美三热爱"活动

1981年2月25日，共青团中央与全国总工会、全国妇联、中华文联、中国爱卫会、全国学联、全国伦理学会、中国语言学会、中华全国美学学会等9个单位联合发出《关于开展文明礼貌活动的倡议》，号召在全国人民特别是青少年中开展以讲文明、讲礼貌、讲卫生、讲秩序、讲道德为内容，做到心灵美、语言美、行为美、环境美的"五讲四美"文明礼貌活动。28日，中宣部、教育部、文化部、卫生部、公安部联合发出《关于开展文明礼貌活动的通知》，要求支持9单位倡议开展的"五讲四美"文明礼貌活动，把它当作建设社会主义精神文明的一件大事来抓。

3月10日，共青团中央发出纪念五四青年节通知，号召全国各族青年争当建设社会主义精神文明的先锋。自此，"五讲四美"活动得到社会的普遍认同，作为社会主义精神文明建设的一项重要工作广泛开展起来。

3月18日，团杭州市委在市工人文化宫召开了杭州市青少年开展"五讲四美"活动动员大会，团中央第一书记韩英、市委副书记高子诚应邀出席大会并作了讲话。团杭州市委号召各级团组织要把开展"五讲四美"活动和"学雷锋、树新风"革命传统教育、"我爱祖国我爱党"的教育、合格共青团员的教育活动结合起来，和"万名能手创一流"的竞赛活动结合起来，使争当新长征突击手的活动不断深入发展。积极开展"为您服务"活动，上街下单位为人民群众做好事。各单位团组织在开展"五讲四美"活动时，要根据不同行业的特点，抓好团员青年的道德修养教育和训练，制订出教师、营业员、服务员、售票员、交通民警、医生、护士等不同职业的文明行为、礼貌语言规则和文明礼貌公约、道德守则。在工厂，要和"青工守则"结合起来，和劳动竞赛、为"四化"立功活动、健全企业管理相结合；在交通系统，要同"礼貌服务，安全行车"相结合；在商店，要同"文明经营，礼貌待客，方便群众，优良服务"相结合；在医院，要同"医德素养教育"相结合；在学校，要同"学雷锋，树新风，创三好"以及贯彻《中小学生守则》相结合。总之，要把"五讲四美"活动贯穿到生产、工作、学习、生活中去，使之经常化、制度化，使活动丰富多彩、生动活泼。

1982年2月14日，党中央转发中宣部的《关于深入开展"五讲四美"活动的报告》，报告规定每年3月为"文明礼貌月"。共青团中央为落实中共中央批准的《深入持久地开展"五讲四美"活动，争取社会主义精神文明建设的新胜利》的报告，于4月8日有针对性地开展了热爱祖国、热爱社会主义、热爱中国共产党的"三热爱"活动，并将"五讲四美"与"三热爱"结合起来，促进了活动的发展。

开展以"五讲四美""三热爱"为主要内容的文明礼貌活动，既是共产主义道德教育的一个重要方面，又是社会主义精神文明建设的一项重要活动。它对于维护社会安定团结，恢复和发扬杭州的良好社会风气，促进青少年的健康成长，培养造就社会主义一代新人有着重要意义。

学雷锋、树新风，争做建设社会主义精神文明先锋

1980年12月，邓小平在中央工作会议上强调指出："我们要建设的社会主义国家，不但要有高度的物质文明，而且要有高度的精神文明。""没有这种精神文明，没有共产主义思想，没有共产主义道德，怎么能建设社会主义？"①

在青少年中提倡共产主义的理想、道德和精神，引导他们继续向雷锋学习，向各条战线的英雄模范学习，为建设社会主义高度精神文明作出贡献，这是共青团的长期任务，也是实现经济发展和社会安定的重要保证之一。为此，团杭州市委决定于1981年3月，在全市青少年中开展"学雷锋、树新风，争做社会主义精神文明的先锋"活动，并把每年的3月1日至7日定为"学雷锋、树新风"活动周，3月4日

---

① 邓小平：《贯彻调整方针，保证安定团结》，载《邓小平文选（第二卷）》，人民出版社1994年第2版，第367页。

定为"学雷锋、为您服务"日。团杭州市委号召各级团组织要大力宣传雷锋、宣传社会主义精神文明建设的意义和任务，宣传和学习雷锋憎爱分明的阶级立场、言行一致的革命精神、公而忘私的共产主义风格、奋不顾身的无产阶级斗志。各级团组织要向广大团员青年正确阐述共产主义的思想、理想、信念、道德、纪律、革命的立场和原则，人与人之间的关系；阐述雷锋精神和当前学雷锋的意义。

各级团组织遵照团杭州市委的指示，按照传统做法，更加广泛、深入、持久地开展"学雷锋、做好事"的群众性活动。包括参加有教育意义的公益劳动；帮助军烈属、五保户和有困难的人；上街维护社会秩序、交通秩序；到车站、码头等公共场所做服务工作和宣传文明礼貌；打扫卫生、整顿市容、厂容、店容、校容；植树造林，美化环境等。有些团组织开展了"雷锋鼓舞我们前进""雷锋生活在我们中间""让团徽在学雷锋中闪闪发光""让红领巾在学雷锋中更鲜艳"等为主题的团日、队日活动。有些组织青年讨论"雷锋是不是八十年代青年前进的路标""怎样生活才有意义""听党的话对不对""助人为乐是不是傻"等问题，澄清一些错误认识，把学雷锋活动更加深入地开展下去。

各级团组织在开展"学雷锋、树新风，争做社会主义精神文明的先锋"时，还与形势教育、热爱祖国热爱党的教育和共产主义道德风尚教育相结合，教育青少年珍惜安定团结的政治局面，同心同德搞好工作，为国分忧，争挑重担，为建设社会主义的物质文明和精神文明而奋斗。

七

共青团杭州市第十一次代表大会召开

1982年8月24日，共青团杭州市第十一次代表大会召开。大会的主题是：总结市第十次团代会以来的工作，选举产生共青团杭州市第十一届委员会和全市出席省第七次团代会的代表，确定今后一个时期全市共青团工作的任务，进一步动员全市团员青年，高举马列主义、毛泽东思想的伟大旗帜，团结一致，振奋精神，为把杭州建设成美丽、清洁、文明、繁荣的社会主义风景旅游城市而贡献青春。

参加大会代表718人，代表全市28.67万名团员。市长周峰代表中共杭州市委、市人民政府讲话，共青团浙江省委副书记鲁松庭也作了讲话。市总工会、市妇联、市科协、市文联、市侨联的代表，杭州军分区代表分别向大会致贺词。

大会听取和审议通过了吴德隆代表共青团杭州市第十届委员会向大会所作的题为《团结带领全市青年，为建设美丽、清洁、文明、繁荣的杭州而奋斗》的工作报告。报告指出，三年来，杭州共青团坚定不移地开展了各种形式的坚持四项基本原则教育，青少年的精神面貌发生了可喜的变化。开展了共产主义思想道德教育活动，青少年的道德水准有了很大提高。紧紧围绕"四化"建设中心，广泛开展了争当新长征突击手活动，为全面完成全市国民经济计划，搞好城乡建设作出了积极的贡献。以"创先"为抓手，加强了团的组织建设，健全了团的系统领导。热情关心青年切身利益，积极为青年办好事、办实事。发扬全团带队的优良传统，加强和改善了对少先队工作的领导。还广泛团结各族各界青年，调动一切积极因素，同心同德、群策群力搞"四化"，为早日实现统一祖国、振兴中华的事业作出了积极的努力。未来工作重心：一是在"两个文明"建设中大显身手。用马列主义、毛泽东思想武装青年，用现代科学文化知识武装青年，站在"四化"建设前列，做名副其实的英勇突击队。二是在团结教育青年中发挥核心作用。加强基层建设，提高团的战斗力，面向多数青年，增强团的吸引力，狠抓表率作用，加强团干部的自身建设，坚持以团带队，抓好团的预备队。

大会选举吴德隆等55人组成共青团杭州市第十一届委员会，王志亭、王建满、刘爱勤、许保水、许勤华、吴德隆、汪国盛、张鸿建、陈一军、徐志祥等10人组成团杭州市第十一届常务委员会。十一届一次全会选举吴德隆为团市委书记，徐志祥、汪国盛为副书记。

8月28日，共青团杭州市第十一次代表大会闭幕。大会期间，代表们认真听取和讨论了市委负责同志的讲话，讨论和确定了全市共青团在今后一个时期的工作任务，通过了共青团杭州市第十届委员会的工作报告，选举产生了共青团杭州市第十一届委员会和出席共青团浙江省第七次代表大会的代表。大会号召，全市各级团组织和广大团员、青年立即行动起来，在党组织的领导下，根据市委提出的希望和任务，认真学习、坚决贯彻即将召开的党的十二大精神，认真传达贯彻市十一次团代会精神，更加生气勃勃、踏踏实实地开展团的工作。坚定不移地用马列主义、毛泽东思想和现代科学文化技术武装青年，坚持不懈地用共产主义思想道德教育青年，带领青年勇敢地站在时代潮流的前面，为培养和造就一代有理想、有道德、有文化、守纪律、体魄健壮、朝气蓬勃的新人而奋斗。

八

以"四化"为中心活跃团青工作

随着农村经济改革的不断深入和城市经济体制改革的逐步展开，杭州市各级团组织进一步克服"左"的思想影响，团的工作走上了"以'四化'建设为中心"的轨道。农村团组织以极大的热情，组织带领青年投身改革，为促进和完善生产责任制，推动农业生产朝着专业化、商品化、现代化发展作出了积极贡献。团组织以引导、激励青年热爱农村、建设农村为中心，以开发农业资源、富裕家乡为抓手，扎扎实实开展了种好粮食、养猪养禽、种菜种果、开荒绿化造林等一系列活动，教育青年热爱农村、热爱家乡，做建设富庶新农村的突击队。

"三江"青年绿化工程

新安江、富春江、钱塘江，简称"三江"。上自新安江水库、下至钱塘江入海口，全长约210千米，贯穿六县两区的70个乡（镇）。"三江"是一条很有潜力的风景旅游线，不仅交通方便，还兼具上游翠峦叠峰的峡谷雄姿，和下游百里平川的水乡风光，扩大和丰富了西湖景色。但当时，"三江"两岸尚有100千米左右的地段和一万多亩荒山、荒滩没有绿化，"十里红柳长堤柳，万树梨花一片桑"的传统江南景色尚未恢复。美化"三江"两岸，开发"三江"旅游资源，是沿江各级干部和群众的共同愿望，也是杭州市建设的一个重要内容。

1983年底，经过省市两级专家和沿江七县（区）有关部门专家论证，拟订了杭州市"三江"两岸青年绿化规划。1984年初，团杭州市委在市委、市政府的领导和关怀下，在市林水局等有关部门的积极配合下，开展了杭州市"三江"两岸青年防护堤绿化活动。该青年工程计划分三个阶段，五年时间完成。1984年做好准备，1985年打好基础，1986年至1988年大干三年，初步实现绿化规划。

沿岸七县（区）根据全市的绿化规划以及本县（区）的实际情况，制订具体的分年分地段实施规划。富阳团县委、县林水局通过对富春江两岸实地考察，提出首先恢复春江八景中的"中河落雁"，不断扩大绿化范围，经过三年努力，完成富春江绿化任务；建德县提出四江（富春江、新安江、兰江、寿昌江）三镇（白沙、梅城、寿昌）二路（杭新公路、新衢公路）一点（灵栖洞风景点）的绿化任务；桐庐县提出了二江（富春江、分水江）一路（江南公路）的绿化任务；萧山县提出了二江（钱塘江、浦阳江）一围（海涂围垦区）的整体规划。

1984年2月10日，全市"三江"青年防护堤绿化活动在富阳县拉开序幕。杭州市委书记张俊生、市委常委邵思忠、市委各有关部门和沿江各县领导，到金桥乡中沙村和团员青年一起参加植树。

余杭县钱塘江下沙段围垦区，风大沙多，水土流失严重，影响经济开发。3月8日，团杭州市委组织附近几个乡镇的1200名团员青年在这里扬锹挥锄，拉开钱塘江青年绿化工程的序幕。此后每年的阳春三月，团杭州市委和林水部门都组织上千名团员青年到该绿化工程植树造林。几年间有万余名团员青年参加义务植树，造林面积达3000亩。该绿化工程营造中心河4010米，植树14.7万多株，同时还营造片林近2000亩，在围垦区初步形成网、带、片相结合的防护林，"社会、生态、经济"三大效益并举。余杭县钱塘江青年绿化工程被团中央、林业部、全国绿化委员会授予"全国优秀青年绿化工程"称号。

"三江"青年绿化工程启动后，经过170万团员青年的努力，种植树木1444万株，绿化1.3万多亩荒滩、荒山，其中绿化了以"三江"两岸为代表的310千米地段，"三江"景色得到恢复。

农村青年"一团两户""两户一体"活动

1984年，农村团组织根据团杭州市委的指示，广泛开展了"一团两户"（青年"状元"报告团、青年农科示范户、青年专业户）的活动。

萧山团县委3月组织18名养殖、种植、加工、运输等方面青年"状元"分赴全县各区、乡，交流学习，传经送宝，探讨振兴农业、勤劳致富、发展商品生产的经验和途径。桐庐团县委深入基层摸清青年"两户"情况，50名青年"两户"受到表扬、表彰，促进了青年"两户"活动的开展。

活动开展1年，全市已有青年"两户"7.8万多户，并涌现了余杭县五常乡团委、桐庐县三合乡卢金林等一大批带领青年学科学、用科学、勤劳致富的先进集体和个人。萧山团县委先后被团中央命名为"学科学、用科学标兵单位"和"一团两户"先进单位。全地区各级团组织举办各种技术培训班610期，培训青年8300人；办起青年业余学校730所，印发相关资料2.3万份，刊出农技黑板报7600余期。

1983年，根据团中央和国家农牧渔业部的统一部署，全市农村青年开展了"两户一体"（青年专业户、富裕户和青年组成的经济联合体）活动，为发展农村商业品生产、勤劳致富、振兴杭州经济发挥了积极作用。两年间，全市农村有10万多青年参加了竞赛活动，涌现了以出售商品粮10万斤的萧山县谷农乡青年粮食专业户姚林根、开荒造林863亩的淳安县里洞乡青年造林专业户叶法林为代表的7.8万多户青年"两户"和850多个青年经济联合体。在整个活动中，各级团组织坚持因地制宜，为活动的主题、形式、内容、方法赋予了新意。萧山团县委把扶持贫困户作为竞赛活动的突破口；余杭团县委从城郊农村特点出发，提出"我为八鲜作贡献"活动；富阳县南新乡团委提出"十年为期，绿化五万亩荒山"。各级团组织还坚持服务青年的观点，在技术、信息等方面提供方便，据统计，共举办各种技术培训班360多个，成立信息组（或协会）539个。在"两户一体"竞赛活动加工、运输、服务等方面取得了显著成绩。1986年6月，团杭州市委、市农委表彰了20名杭州市青年"致富能人"。

农村实用技术培训

杭州市各级团组织牢固树立"育人"思想，不断强化服务意识，努力为青少年的健康成长创造条件。在农村青年中广泛开展实用技术培训，1986—1987年，共培训69万人次。到1987年底，全市农村已建立161个培训基地，一大批农村青年经过培训掌握了致富的本领。

1986年1月1日，共青团中央、农牧渔业部印发《关于在农村青年中深入开展实用技术培训工作的意见》（以下简称《意见》）。《意见》决定，为了推动农村产业结构的调整，促进农村经济向专业化、商品化、现代化转变，提高农村青年素质，培养造就"四有"新型农民，从1986年起开始在全国农村青年中深入开展实用技术培训工作。

为响应团中央的号召，5月10日，团杭州市委、市农委、市科委、市科协、市乡镇企业局共同协商决定在全市农村青年中广泛开展实用技术培训工作，力争通过3年努力，完成对农村110万青年的技术培训。

农村团组织会同有关部门采取多形式、多层次、多途径的方法，对青年进行以种植、养殖、加工、服务行业为主的实用技术培训。

各县区根据本地实际，充分利用乡镇成人教育中心、业余学校等基地开展培训工作。建德县杨村桥乡团委积极参与成人教育中心的建设，1986年举办种植业、蘑菇、茶叶、水果、农业植保等各种培训班35期，培训人数达1155人。各地还利用广播讲座、函授、刊授，丰富培训形式。产业结构的调整，使得农村人员难以集中，根据新情况，许多乡镇团委在广播、电视等现代化工具中建立青年园地，利用空中之声举办实用技术培训讲座，使更多的青年获得实用技术知识。

团杭州市委在1986年底组织一批农村青年致富能人，前往淳安县郑中、五阜、长岭等贫困乡，帮助青年掌握实用技术。各县团委聘请县内各专业技术骨干组成"农村青年实用技术培训讲师团"，传授多种实用技术。临安县农业局团委组织了有37名团员参加的农业技术服务队，以"献知识、献技术，为振兴农业献青春"为主题，讲授粮、果、禽、猪等14项农业生产技术和管理知识，面向全县农村青年开展了多形式、多渠道、多层次的系列化服务。服务队的成员先后上门为2500

多户农户作实用技术指导，编写、印发资料书籍2.02万份；举办技术培训75期，受训人员达3623人。萧山团县委组建"城镇青年科技之火下乡传播队"，组织县属企业青年技术骨干下乡进行技术辅导、开展各种技术服务。淳安团县委与县文化馆、科委、科协联合制作了116张种、养、加工等方面的科技信息和致富典型图片，在全县21个乡镇巡回展览，有7.5万人参观，在群众中产生了较好的影响。

团杭州市委巩固和发展现有的农村"青年之家"，并在各乡镇企业中建立"青年职工之家"，以"家"为阵地进行技术辅导，培训农村青年骨干。随着商品生产的发展，农村各种协会应运而生。萧山县宁围乡扶贫致富协会以青年为骨干，发动社会各界力量，帮助贫困户应用科技知识，为发展商品生产提供各种服务，尽快脱贫致富；建德县安仁乡团委会同农业部成立了四个协会，利用乡农技学校共组织培训35期，培训人数达638人，取得了较好的经济效益。

团组织在开展农村实用技术培训的过程中带领青年学科学、用科学，以"四化"为中心活跃团的工作，对促进商品生产发展、调整农村产业结构作出了贡献。

九

共青团杭州市第十二次代表大会召开

　　1985年9月17日，共青团杭州市第十二次代表大会召开。大会的主题是：认真贯彻党的十二届三中全会精神，积极开展以城市为重点的经济体制改革，深入进行理想、纪律教育，回顾总结三年来全市共青团工作的经验，选举产生共青团杭州市第十二届委员会。大会的议程是：听取中共杭州市委和团浙江省委领导的讲话；审议并通过共青团杭州市第十一届委员会工作报告；选举产生共青团杭州市第十二届委员会。

　　参加大会正式代表499人，代表全市32.09万名团员。中共杭州市委副书记许行贯代表市委、市政府向大会表示祝贺并讲话。共青团浙江省委副书记陈岳军也作了讲话。市总工会、市妇联、市科协、市文联、市侨联代表向大会致贺词。

　　许勤华代表共青团杭州市第十一届委员会向大会作题为《团结带领全市青年投身改革，为杭州的繁荣和人民的富裕建功立业》的工作报告。报告指出，过去的三年，是适应改革、服务"四化"、开拓前进的三年。杭州共青团在市委和上级团组织的领导下，不断适应各条战线的改革形势，大胆探索新时期共青团工作的新路子，进一步确立了"以'四化'为中心活跃团工作"的指导思想，同时不断促进团的自身建设，增强了团组织的活力。一是确立"以'四化'为中心活跃团工作"的指导思想，努力探索新时期团的工作的新路子。二是围绕杭州建设，开展了适合青年特点的独立活动。三是在适应改革中加强团的自身建设，活跃青年工作。今后团工作的任务是：以党的十二届三中全会精神为指导，认真贯彻团的十一届三中全会精神，为把杭州建设成为美丽、清洁、文明、繁荣的风景旅游城市而英勇奋斗，进一步加强团的思想建设和组织建设，把广大团员青年培养、造就成为有理想、有道德、有文化、有纪律的一代新人，开创全市共青团工作的新局面。

大会选举许勤华等45人组成共青团杭州市第十二届委员会，王进、王坚、申屠为民、叶成伟、孙景淼、许勤华、陈水康、杨志毅、应敏扬等9人组成团杭州市第十二届常务委员会。十二届一次全会选举许勤华为团市委书记，申屠为民、王进、王坚为副书记。

9月19日，共青团杭州市第十二次代表大会闭幕。市委、市人大常委会、市政府、市政协领导厉德馨、许行贯、杨招棣、邵思忠、马光武、许运鸿、曹征南、顾维良、王邦铎、陆祖德等参加。市委书记厉德馨作了题为《身在天堂，建设天堂》的讲话。王进致闭幕词。

大会一致通过许勤华代表共青团杭州市第十一届委员会所作的工作报告，通过了《中国共产主义青年团杭州市第十二次代表大会关于工作报告的决议》。大会认为，工作报告实事求是地、全面地回顾总结了全市第十一次团代会以来共青团工作的情况，根据改革开放时期党的中心任务和全市实际，明确提出了当前和今后一个时期共青团工作的任务和要求，具有重要的指导意义，各级团组织要认真学习、贯彻执行。大会号召，全市各级团组织和广大团员青年，在厉行改革、振兴经济的时代，要肩负起时代赋予的使命，以党的十二届三中全会精神为指导，认真贯彻团的十一届三中全会精神，紧紧围绕杭州经济振兴和城市建设，为把杭州建设成为美丽、清洁、文明、繁荣的风景旅游城市建功立业。各级团组织要加强团的自身建设，带领广大团员青年积极投身改革，英勇劳动，立志成才，创造美好生活，培养和引导青年成为有理想、有道德、有文化、有纪律的一代新人，进一步开创全市共青团工作的新局面。

十

杭州共青团探索自身建设

团的基层组织是团的工作和活动的基本单位，团的基层建设是团的一切活动的基础和保证。杭州市团组织在适应社会主义市场经济体制改革的新形势下不断强化自身建设，加强团员队伍建设、团干部队伍建设和团的基层组织建设，较好发挥了共青团的助手和后备军作用。

团组织横向联谊活动

团杭州市委以各种跨地区、跨系统、跨产业的横向联谊活动，在全市开展"抓基层、打基础"的组织建设工作。注重加强与市青联的联系、对市学联的指导和对全市少先队工作的领导。少数民族青年大联欢、中罗青年友好会见等的举行，对外交往的不断扩大，科技协会、文学协会等一批市级青年社团的建立，都表明以共青团为核心的市青年联合会与各界青年的联系日益广泛，影响日趋扩大。杭州市第六次学代会于1986年10月召开，使中断21年之久的市学联工作得以恢复。市学联在联系和服务广大学生中显示了积极的作用。

支部工作"升级达标赛"

为健全团的基层工作，增强团支部活力，激励各级团干部创造性地开展工作，团杭州市委决定从1987年起在全市团支部中开展支部工作"升级达标赛"竞赛活动。由团市委负责制订先进团支部的达标标准，组织审定市先进团支部。各县、区和市属各单位团委要根据本单位的工作实际和团市委的达标标准，制订相应的升级达标标准和活动方案，并积极组织实施。各基层团委（总支）制订具体的"升级达标"实施意见和考评细则，积极帮助、督促团支部升级达标。

杭州化工厂团委围绕基础工作，抓"一严三结合"，促"支部升级达标赛"。团委多次召开会议，帮助各团支部进行等级分类，明确升级达标的目标值，对支部从严要求。贯穿三个"结合"。一与团的活动经费提取相结合，对各类等级拟定了提取额制，采取每季考核达到等级提取金额；二与团的创新工作相结合，在考核竞赛中，对工作有创新的支部适当加分，促使团支部动脑筋，探索新路子；三与年终评比工作相结合，规定年终评比先进团支部、优秀团员，以支部升级赛为主要依据。这些措施、方法，调动了各团支部在开展"支部升级达标赛"的积极性。

杭州电化厂科一团支部抓住支部升级赛的重点，对团小组实行目标管理，开展团小组工作竞赛。他们把升级达标赛分到小组，建立月百分考核制，内容分为政治思想建设、组织建设、生产劳动、宣传文体等方面的16个项目，按时检查总结。通过竞赛，团小组和团员更加明确了目标，责任感进一步增强。全支部5个团小组扬长避短，发挥优势，工作充满活力。

为推动全市"支部升级达标赛",团杭州市委组织了"团的知识抢答赛"和团支部模拟组织活动赛,历时一个多月,参赛支部101个,团员近700人。通过参加这些活动,团的业务知识得到加强,团干部自身素质得到提高,从而更促进了团支部的升级达标。尤其是团支部模拟组织活动赛,是对整个团支部日常工作情况的检查,对团支部提水平、上等级、找漏洞的促进,是发挥团支部创造性及自身特色的有效途径,更是考验支部组织活动能力的良好契机,对全市团支部的升级达标赛起到了推动作用。

扩大基层团组织权限

为推进企业内部改革,增强企业活力,1986年7月,市委决定撤销市机械局、轻工局、交通局、电子仪表公司、化工公司、二轻总公司等28个市级企业主管局(公司)团委,所属企业团组织由团市委或团区委管理,基层团组织权限扩大。从具体实际情况和有利工作出发,保留电信局、邮政局、园林文物管理局、财政局、工商银行、农业银行、公安局、司法局、牛奶公司、旅游总公司等11个局级团委。1988年,企业事业单位团组织属地化管理工作全面推开。以"工作到支部、全团抓落实"为工作方针,切实解决了团员队伍、团干队伍和基层组织建设中的薄弱环节。通过"整党带团建",推行工作竞赛目标管理、任期目标制和团员证制,形成多层次、多途径、多方法的团干部培训网络,充实了团的工作基础,较好地推动了全市团的基层组织建设工作迈上新台阶。

十一

共青团杭州市第十三次代表大会召开

  1988年9月20日，共青团杭州市第十三次代表大会召开。大会的主题是：以党的十三大精神为指针，认真贯彻团的第十二次全国代表大会精神，回顾总结市第十二次团代会以来的工作，探讨和推进团的自身改革，进一步增强团组织活力，充分发挥团组织的职能和作用，为杭州市"两个文明"和民主政治的建设作出新的贡献。大会任务是：审议和批准第十二届团市委的工作报告；民主选举产生共青团杭州市第十三次委员会。

  中共杭州市委书记吴仁源、副书记卢文舸，市人大常委会主任顾维良，市政协副主席肖冰，团浙江省委副书记陈崎嵘及各有关部门和团体负责人出席了开幕式。参加大会代表398人，代表全市31.66万名团员。

  会议期间，中共中央政治局常委乔石同志发来电报致贺。中共杭州市委副书记卢文舸代表市委向大会表示热烈祝贺，并发表题为《担当历史重任 投身改革实践》的讲话。共青团浙江省委副书记陈崎嵘也发表讲话。

  许勤华代表共青团杭州市第十二届委员会向大会作了题为《团结

全市青年在推进改革振兴杭州的事业中奋斗成长》的工作报告。报告指出，三年来，全市各级团组织围绕改革，广泛开展各种教育活动，激励青年做推进改革开放的积极力量；适应改革开放的新要求，不断推进团的自身改革，给新形势下团工作的发展添注了新的活力；围绕杭州城市的特点，动员广大青年为促进经济的发展建功立业；继续发扬创风气之先的优良传统，积极倡导文明新风，促进社会主义精神文明建设；牢固树立"育人"思想，不断强化服务意识，努力为青少年的健康成长创造条件；认真贯彻"工作到支部、全团抓落实"的工作方针，注重抓基层、打基础，切实加强团的自身建设；此外，团市委注重加强与市青联的联系、对市学联的指导和对全市少先队工作的领导。今后五年全市共青团工作的指导思想是：在市委领导下，与改革共命运，以代表和维护青年利益为己任，改革和活跃团的工作，团结、激励全市青年在推进改革振兴杭州的事业中奋斗成长。主要工作任务是：引导青年认清历史使命，自觉投身改革开放；带领青年在岗位上艰苦创业，推进社会生产力的发展；全面提高青年素质，加强和改造团的思想政治工作；加强团的自身建设，增强团的活力。

大会选举许勤华等23人组成共青团杭州市第十三届委员会，王进、王坚、孙景淼、许勤华、陈水康、杨敏华、龚萍、徐黎明等8人组成团杭州市第十三届常务委员会。十三届一次全会选举许勤华为团市委书记，王进、王坚、孙景淼为副书记。

9月23日，共青团杭州市第十三次代表大会闭幕。市委副书记卢文舸、市委常委组织部部长马光武出席闭幕式。大会通过了许勤华同志代表共青团杭州市第十二届委员会所作的工作报告。大会认为，工作报告认真地回顾总结了市第十二次团代会以来共青团工作的情况，根据改革开放形势下共青团担负的社会职能和杭州实际，提出了当前和今后一个时期共青团工作的指导思想和任务，具有重要的指导意义，各级团组织要认真学习，贯彻执行。大会认为，当前全市共青团工作正面临严峻的挑战和巨大的困难，对此应当正视。新产生的十三届团市委领导班子要对全市团工作的现状，特别是存在的困难进行认真的调查研究，积极向党政各部门和社会各界呼吁优化团工作的环境，并制定出相应的对策，不辜负全市团员青年的重托。全市各级团组织要自觉听从党的召唤，勇敢地站在时代的前列，认真贯彻市十三次团代会的精神，紧紧围绕杭州市经济振兴和城市建设，带领团员青年与改革共命运，以"四化"为己任，为杭州的"两个文明"建设建功立业，在实践中培育一代"四有"新人。各级团组织要加强团的自身建设，积极而稳妥地推进团的自身改革，建立和健全团内民主，自觉代表和维护青年利益，为促进杭州共青团工作的发展作出新的贡献。

十二

在"两个文明"建设中建功立业

　　全市团组织坚持以培养一代跨世纪的社会主义事业接班人为目标，以引导广大团员青年"坚定信念跟党走"为主题，始终旗帜鲜明地坚持对广大青年进行党的基本路线教育。在1989年春夏之交的政治风波中听党的话，为维护社会安定团结发挥了积极的作用。围绕建党七十周年和建团七十周年，系统开展了革命历史、革命传统教育，进一步坚定了广大团员青年跟党走，建设有中国特色社会主义道路的信心和决心。在农村和企业的社会主义思想教育、解放思想大讨论等全市性主题教育中，团组织较好地发挥了自身的作用。特别是在"塑造天堂新形象"大讨论中，全市各级团组织以丰富多彩、富有实效的具体活动，为促进大讨论的扎实开展作出了成绩。团组织持续发扬"倡风气之先"的光荣传统，"新春扬新风""雷锋精神代代传"等活动延绵不断。以全国学雷锋先进集体——杭州电视机厂青年服务队为代表的1万多个学雷锋小组常年活跃在全市城乡。以陆刚、余晓芳为代表的一批见义勇为好青年的相继出现和广大青年公安干警在本职岗位的艰苦工作，为维护社会稳定作出了贡献。

　　旨在资助贫困地区失学儿童重返校园的城乡红领巾"手拉手"和

为"希望工程"捐款等活动吸引了数以十万计的青少年，全市各级共青团和少先队组织于1991—1993年累计发动捐款96万余元、捐物37万余件，在全市少先队员中开展的"不要压岁钱、春节扬新风"和"不比阔气比志气，不比吃穿比学习，不比享受比进步"等活动，引起了社会的强烈反响和好评。以每年"五四"期间的系列青年文化活动和建党节、国庆节、迎亚运火炬等重大纪念庆典活动为高潮，共青团开展的多姿多彩的群众性青年文化活动，促进了以青少年为主体的企业文化、校园文化和社区文化的健康发展。

团组织积极发现、扶植、宣传时代典型，以榜样的力量感召青年。持续开展的"十杰青年""优秀青年企业家""青年服务明星""青年致富能人""十佳中学生""西子好少年"等一系列评选活动，得到了社会公认，扩大了共青团的影响。以"推荐优秀团员作党的发展对象、推荐优秀青年上岗"为内容的"双推"工作作为团组织发挥党的助手和后备军作用的具体体现，已经全面铺开并形成制度。全市城乡涌现出了3000余个青年学马列、学党章小组和业余党（团）校。1988—1993年，共有18万余名青年成为共青团员，近1.2万名优秀团员加入了共产党。与此同时，一大批优秀青年通过团组织举荐走上了各级党政领导岗位，五年间全市223位乡镇团委书记被提拔担任副乡（镇）长以上领导职务。

杭州百万青年在团组织带领下高举青年突击队的旗帜，立足本职，艰苦奋斗，诚实劳动，建功立业。"杭州青少年科技行动"的实施、"青年科技成果奖"的评选、"青年科技成果展"的举办以及遍布全市城乡的1000余个"红领巾劳动实践基地"的建立，有效地促进了广大青少年学科技、用科技积极性的提高和成果的扩展，以引导青年岗位成才、岗位奉献为重点而广泛开展的创共青团岗位竞赛和"团徽在优质服务中闪光"等活动；以西湖风景区南区沿线和杭萧公路沿线一批共青团候车亭为标志的青年工程建设；以集中展示青年突击队办实事、做好事、干苦事、抓难事特色的绿化造林、扶贫帮急、抢险救灾、兴修水利等战役以及在城市环境卫生整治、上塘河疏浚、开发区建设、庆春路拓宽和沪杭甬高速公路建设等重大工程建设中，都留下了团员青年拼搏奉献的足迹。1988—1993年，共有27万名青年参加了150余个工种的操作比武，14.2万人次的青年得到各种技能培训。实现"五小"成果8040项，创经济效益9000万元。涌现出县级以上青年种粮标兵、星火带头人953名，创立起市级优秀共青团岗位100个。团杭州市委先后于1989年和1990年被评为全国乡镇企业青工比武和全国青工技术大赛的先进集体。

全市各级团组织在实践中探索，在改革中发展，坚持正确的政治方向，以培养一代"四有"新人为目标，用时代的要求引导团员青年，在社会主义"两个文明"建设中建功立业，健康成长。

第七章

把中国特色社会主义全面推向 21 世纪

1992年初，邓小平赴南方视察，发表了一系列重要谈话，同年召开的党的十四大描绘了走向21世纪的宏伟蓝图，为中国青年指明了前进的方向。时代向跨世纪杭州青年发出了召唤，历史赋予跨世纪杭州青年以重任。在党的领导下，杭州共青团按照团中央统一部署，团结带领团员青年，以邓小平理论和"三个代表"重要思想为指导，努力培育"四有"新人，积极推进青年健康成长。坚持服务全市党政工作大局，结合自身特点，广泛开展青年志愿者、青年文明号、创建青年文明社区等富有成效的活动，推进"跨世纪青年文明工程""跨世纪青年人才工程"，为推动杭州经济、政治、文化的全面发展作出了积极贡献，把建设中国特色社会主义全面推向21世纪。

一

共青团杭州市第十四次代表大会召开

　　1993年9月7日，共青团杭州市第十四次代表大会开幕。大会的主题是：以党的十四大精神为指针，认真贯彻共青团第十三次全国代表大会和市委六届十一次全体（扩大）会议精神，回顾总结市第十三次团代会以来全市团的各项工作；探讨在社会主义市场经济条件下进一步推进团的自身改革，强化团组织的职能和作用，增强团组织活力的方法和途径；紧密围绕党的中心工作，动员和组织全市团员青年积极投身经济建设主战场，充分发挥团组织在"两个文明"建设中的生力军和突击队作用，为把杭州建设成经济繁荣、科教发达、社会安定、环境优美的国际旅游名城作出贡献。大会的主要任务是：审议和通过共青团杭州市第十三届委员会的工作报告；选举产生共青团杭州市第十四届委员会。

　　杭州市领导李金明、沈跃跃、管成昌、吴键、王良仟、丁可珍、陆祖德，团浙江省委书记王辉忠及市直各有关部门和团体负责人出席开幕式。参加大会代表393名，代表全市28万团员。

　　中共杭州市委书记李金明代表市委出席开幕式并发表讲话，团浙江省委书记王辉忠到会并讲话。市总工会主席俞国庆代表市总工会、市妇联、市科协、市文联、市侨联向大会致贺词。

张鸣放代表共青团杭州市第十三届委员会作了题为《团结全市青年致力艰苦创业 为加快杭州现代化建设的发展贡献青春》的工作报告。报告指出,过去的五年,是在实践中勇于探索不断发展的五年。全市团组织积极引导广大团员青年坚定信念,振奋精神,团的思想教育生动有效;带领广大团员青年拼搏奉献,建功立业,团的劳动创造日趋扎实;接线补网,开拓创新,团的自身建设不断加强;抓住机遇,积极奋进,团的各项事业协调发展。今后几年,杭州共青团工作的基本任务是:以党的十四大精神和建设有中国特色的社会主义理论为指导,以培育一代跨世纪的"四有"新人为目标,紧紧围绕党的中心工作,团结带领全市团员青年,勇敢地站在杭州的改革开放和经济建设前列;坚定信念,勤奋学习,提高素质,开拓进取,在建设杭州的伟大实践中充分发挥生力军和突击队的作用;积极维护青年利益,切实加强团的建设,努力壮大自身实力,为全市青少年的健康成长提供全面有效的服务,为提前实现杭州现代化建设第二步发展目标贡献青春。

大会选举张鸣放等35人组成共青团杭州市第十四届委员会,王海超、叶伟平、朱党其、佟桂莉、邱卫星、汪宏儿、张鸣放、陈忆等9人组成团杭州市第十四届常务委员会。十四届一次全会选举张鸣放为团市委书记,王海超、汪宏儿为副书记。

9月9日,共青团杭州市第十四次代表大会闭幕。杭州市领导沈跃跃、张在堂、夏树国、陆祖德和团浙江省委副书记李云林出席了闭幕式。大会执行主席张鸣放在闭幕式上对这次团代会作了总结。他表示新一届委员会要真抓实干，重在落实，以培养一代"四有"新人的高度来团结青年、教育青年，围绕团员青年诚实劳动、艰苦创业，为"两个文明"建设建功立业。

二

跨世纪青年文明工程

以邓小平南方谈话和中共十四大为标志，中国改革开放和现代化建设事业进入从计划经济体制向社会主义市场经济体制转变的新阶段。党的十四大也为中国青年指明了前进方向，描绘出了宏伟蓝图。这是时代向跨世纪中国青年发出的号召，是历史赋予跨世纪中国青年的重任。共青团根据党的要求，以邓小平理论武装和教育团员青年，实施"品"字形战略，实施以青年志愿者行动、青年文明号等重点项目为主要内容的"跨世纪青年文明工程"，旨在用建设有中国特色社会主义的理论教育培养青年，帮助青年梳理正确的人生观和价值观，弘扬良好的社会公德、职业道德及艰苦创业精神，倡导健康文明、科学的生活方式，提高青年思想道德素质和科学文化素质，把蕴藏在青年中的精神力量转化为促进改革和建设的物质力量。

青年志愿者行动

青年志愿者行动是"跨世纪青年文明工程"首先推出的实施项目。这一行动主要围绕社会公益性劳动、维护社会治安、抢险救灾、美化环境、移风易俗、扫盲治愚、社区服务、社会咨询服务、文体活动及维护青少年权益和青少年帮教等方面开展。

1993 年 11 月，《杭州日报》下午版一则关于西湖水质受污染的报道引起社会各界关注。"行动起来，保护西湖"成为广大市民的共同心声。12 月 16 日，由团杭州市委、市文明办、杭州日报等 6 家单位联合组织"保护西湖绿色行动"，数以万计的青少年走上街头、走向西湖，宣传文明礼貌和环境保护、进行清污劳动、监督监测西湖污染源，青年志愿者行动拉开帷幕。

1994 年，陆续组织了以服务"三老"人员、孤寡老人为内容的"重晚情，送温暖"活动、"三五"青年志愿者学雷锋奉献日、"战高温、献爱心"活动、青年志愿者为重点工程服务、教师节青年志愿者服务队热线专题服务、"一助一"与失足青少年帮教结对、扶贫帮困和抢险救灾等大型系列活动，产生了积极的社会影响。全市青年志愿者行动的广泛开展，得到了党政领导的一致肯定，赢得了社会各界的普遍赞誉，被《杭州日报》读者评选为 1994 年度杭州市精神文明建设十大新事之一；同时，中央电视台、新华社、人民日报、中国青年报等国内主要新闻媒体都对杭州市青年志愿者行动进行了深度报道。

1995 年元旦，团杭州市委在杭州青少年活动中心广场隆重举行杭州市青年志愿者总队成立仪式。首批市属 50 支青少年志愿者服务队和 1000 名青少年志愿者向全市青少年发出"扬时代新风，献人间真情"的倡议。

6 月 30 日，由团市委、市青联、市学联、市红十字会、市残疾人联合会联合发起，经民政社团登记批准的杭州市青年志愿者协会成立，组建了萧山、朝晖、采荷 3 个青年志愿者服务站。

　　杭州市青年志愿者行动初步形成了由市青年志愿者协会，县（市）、区、局（公司）及直属单位青年志愿者服务总队，社区（基层）青年志愿者服务站（队）三个层次构成的组织网络，以区域管理为主、行业管理为辅，集中抓好日常工作及重点活动的规范管理；强化小时意识，抓好"一卡一册"的规范管理；完善表彰激励机制；建立培训和理论研讨机制。1996年6月，杭州被团中央确定为全国青年志愿者行动机制建设4个试点城市之一。到1996年8月，全市城区所有32个街道4个乡镇在团的地区共建组织基础上都成立了青年志愿者服务站。

　　1996年8月至1997年初，青年志愿者行动的机制建设逐步完善，确定"万团结对送温暖""一助一"长期志愿服务、"植绿护绿"行动和双休日青年志愿者服务广场为优先推进项目。

　　1997年初，市青年志愿者协会与有关部门多方协商，在全市车站、广场等重要"窗口"地段设立了首批市级青年志愿者行动基地，为青年志愿者行动提供了广阔的舞台。

　　之后，青年志愿者行动在城乡各地广泛开展。一是经常性的"万团结对送温暖"和"一助一"服务活动。全市5万名青年志愿者与孤寡特困老人、老红军、慈善卡发放对象及单亲子女、残疾儿童、特困家庭等组成服务对子，使一大批有特殊困难的人得到了实实在在的帮助。二是围绕市委、市政府重点工作及群众关心、社会急需解决的问题，组织青年志愿者开展义务突击活动。结合创建文明城市，相继推出了"春节扬新风"社区系列服务、"兴修'青字号'工程""情满金秋，重阳敬老"、"扶贫助困送温暖"、"创文明城市、做文明使者"、"植绿护绿"、文化市场监督、失足青年帮教、"三五"学雷锋行动周、清洁杭城大行动、设置公益性广告、创建青年文明示范路、F1"世摩赛"义务宣传和服务、清理整治旧风旧俗、抗洪救灾、助耕帮急等活动，为推动全社会精神文明建设作出了积极的贡献。

杭州市青年志愿者协会在广泛开展活动的基础上，逐步走上有活动项目、有工作规范、有骨干队伍、有组织协调、有物质依托的良性循环轨道。首先是着力探索青年志愿者行动社会化。1997年，市青年志愿者协会在延安路、体育场路上推出一批青年志愿者公益广告牌，6月25日，在《杭州日报》下午版招募"迎回归万人游园"维持秩序、"文明一条河"中河东河保护、暑期社区援助三个项目青年志愿者；7月25日，向全市招募"讲文明、树新风"青年志愿者宣传员；12月30日，招募"我为西湖添秀色，志愿服务做奉献"迎新大行动。近千名青年成为青年志愿者。1998年3月，市青年志愿者协会公开招募协会秘书处工作人员，确定30人，组建了协会办公室、管理部、活动部、宣传部等4个直属部门，指导、组织青年志愿者开展活动，走出了一条社会化发展的道路。

青年志愿者组成医疗、文艺、维修、环保、助残、技能等6支直属特色服务队和上城、下城、西湖、江干、拱墅等5支综合服务队，形成了一支社会化运作队伍。先后开展了青年志愿助老工程、保护母亲河、青年志愿者助残行动等志愿服务项目，产生了广泛的社会影响。

市青年志愿者协会探索新机制、新模式，实行社会化推进、事业化运作的新格局，推动杭州志愿服务事业大发展。1999年国际老人年，市青年志愿者协会联合老龄委、卫生、民政等部门启动了长期性的杭州市青年志愿者助老工程。组织青年志愿者与全市有服务需求的1000位老人结成"一助一"对子，开展服务活动。1999年8月1日，在杭州市第一社会福利院设立"杭州志愿者服务基地"，面向社会招募志愿者，每个星期六和节日到福利院陪护老人。2000年，开展西博会志愿者行动，3万名杭州市民成为西博会的志愿者。2001年，于"五一""十一"推出假日旅游志愿服务，每天200余名市民志愿者组成11支服务队，在11个服务点为来杭游客提供服务。2001年8月，"杭州市青年志愿者协会"更名为"杭州市志愿者协会"，标志着杭州志愿者行动进入了一个新的发展阶段。

"青年志愿者行动"是新形势下共青团参与社会主义精神文明建设的一次创举，是对"学雷锋、树新风"活动的继承、丰富和发展。1993—2001年的8年间，市青年志愿者协会组织动员了50多万青年人次向社会提供了有效的志愿服务，产生了积极的社会影响。

保护明天行动

未成年人的健康成长，不仅关系着每个家庭的安康和幸福，同时也关系着整个社会的稳定和发展。1992年1月1日，《中华人民共和国未成年人保护法》（以下简称《保护法》）开始在全国实施。团杭州市委以全面贯彻实施《保护法》为重点，组织协调全市各级机关、社会团体及企事业单位，齐抓共管，发动全社会积极参与，共同努力，围绕保障未成年人合法权益、保护未成年人身心健康、引导和教育未成年人健康向上等方面开展了一系列工作。

1993年，团杭州市委组织中学生参加了全国《保护法》知识竞赛，荣获第6名。11月，由市政府、市人大法工委、市委宣传部、市教委、团市委等20多家单位联合成立了"杭州市未成年人保护委员会"，市政府常务副市长任主任，办公室设在团市委权益部。到1997

年，全市各县（市）、区全部成立了未保委，其办事机构均设在同级团委，50%的乡镇、街道设有专人负责未保工作，构成了全市未保工作的三级网络。

为全面贯彻《保护法》，努力在全社会营造保护未成年人光荣、保护未成年人有责的氛围，共同肩负起保护的责任，保障未成年人健康成长，共青团中央会同中宣部、全国人大司法委员会、国家教委、司法部在 1994 年 1 月 19 日联合发起实施主题为"孩子 明天 责任"的跨世纪青年文明工程"保护明天行动"。

实施"保护明天行动"是一项长期的具有战略意义的活动，其目的是增强社会各方面和广大公民依法保护未成年人的责任感，提高未成年人自理、自学、自律、自护、自强的能力，动员社会各方面的力量，为保护未成年人办实事，进一步优化生活环境，促进青少年健康成长。

团杭州市委以"保护明天"为主题，在中小学中开展"《保护法》伴我成长"活动，对未成年人进行"学法、用法、守法"的宣传教育。开展"五个一"活动，即挂一块宣传横幅、出一期黑板报、贴一张公告、设一个监督岗、办一期培训班，并通过广播节目、主题队会等形式在校内宣传。通过组织知识竞赛、演讲、征文比赛等活动，提高未成年人学法用法的积极性。1994 年，举办了"杭州市未成年人保护法演讲活动"，共有 5 万多名少儿参加，获得了由国家教委、文化部、团中央等单位颁发的"优秀组织奖"。1995 年，组织"《保护法》伴我成长"征文比赛，参与面覆盖全市城区的所有中小学。有的学校聘请公、检、法、司等单位的专职人员做法制辅导员，以加强对学生的法制教育，强化未成年人的自我保护意识。6 月 26 日，国际禁毒日期间，团杭州市委组织在戒毒所举办以"珍爱生命、关注健康"等各类主题的大型禁毒普法教育活动，为青少年戒毒学员开设心理关爱工作坊，提供专业的戒毒心理干预。在预防艾滋病日，通过联合浙江电台城市之声、华语之声、杭州电视台少儿频道等媒体和"12355青春健康在行动"，对青少年戒毒学员进行预防艾滋病宣传教育活动，为家长和青少年开展预防艾滋病专业知识教育，共同构筑青少年健康成长的良好环境。

富阳市将自护教育纳入各中小学班会的重要内容，对学生出游、饮食、防火、防水、防电等行为进行安全教育。

萧山市针对全国校园恶性伤害案件频发的情况，在全市开展"关爱明天、普法进校园"系列法治讲座活动。

拱墅区深入开展"校园拒绝邪教"和"校园拒绝毒品"活动，切实增强学生的自我保护意识。

下城区组织干预艾滋病高危行动工作队走进校园，开展形式多样的青春期健康教育活动，取得了良好的效果。

杭州市消防部门所辖消防站已全部建立青少年消防自护教育基地，接待少年儿童参观210余次，累计3.2万多人次。

活动开展后，共青团组织调动社会各方力量，在"保护明天"的旗帜下，依托未成年人保护委员会，不断拓宽维权领域，为维护未成年人合法权益，保障青少年健康成长做了大量工作，取得了一定的成绩。

"保护明天行动"是共青团借助社会力量普及宣传《保护法》的有效方式，对促进青少年健康成长、提高全社会的文明素养起了重要的作用。

"青年文明号"活动

"青年文明号"是指具有高度职业文明和"一流的服务、一流的质量、一流的管理、一流的工作业绩",创造出良好社会效益的先进青年集体。创建"文明青年号"活动作为跨世纪青年文明工程的重要内容,旨在培养青年的爱岗敬业意识、创业精神,树立质量、安全、竞争、协作、服务、效益观念,提高青工整体素质,培养企业新一代合格劳动者。这一活动一经开展,迅速在全社会引起强烈反响,并且得到党和国家领导人的重视,很快成为引导当代青年迎接跨世纪挑战的一面鲜艳的旗帜。

1994年2月5日,团中央向全国发出《关于在全国开展创建"青年文明号"活动的意见》。4月1日,中共中央总书记、国家主席江泽民为"青年文明号"牌匾题字。

团杭州市委会同市计委等8家单位联合在全市公安、金融、商业、电信、邮政、城建、电力、工商、财税、卫生等十大窗口行业开展"微笑美天堂、闪光在岗位"争创青年文明号竞赛活动,进一步在青年中倡导敬业爱岗意识,培养良好的职业道德、掌握娴熟的服务技能,加快实现市委、市政府提出的"创造优美环境、优良秩序、优质服务,使中外游客和市民群众有安全感、舒适感、文明感"的文明城市目标。在争创过程中,团杭州市委认真制订争创计划和措施,以点带面,层层推进。对符合争创条件的单位及时进行表彰,颁发由江泽民总书记题写的"青年文明号"铜牌,公开挂牌,自觉接受社会监督。

在创建"青年文明号"活动的整体部署下,团杭州市委同有关单位先后举办了"环湖杯"迎新服务、明星示范操作观摩表演、"微笑美天堂、闪光在岗位"50个青年文明号示范点揭牌仪式、窗口行业英语会话和普通话演讲比赛活动。

1995年底，团杭州市委对年初确定的50个青年文明号示范点进行了跟踪考察，同时完成青年文明号与优秀共青团岗的接轨工作。

为进一步提高青年文明号的质量，不断完善创建活动的操作规范和制度建设，打响"青年文明号"的品牌，1996年初出台《杭州市青年文明号管理办法》，建立了市级青年文明号申报、评选、命名、奖励和监督等一系列管理工作运行机制，加大了规范管理的力度。并协调社会各界人士组成杭州市青年文明号监督检查小组，设立举报电话、信箱，实行青年文明号动态化管理，建立淘汰制和年终考核命名制。

1996年6月，全市十大窗口行业率先行动，开展"青年文明号服务卡"发放活动。服务卡统一名称、统一规范；承诺内容贴近企业中心工作并能体现青工职业文明的内涵，做到科学、合理、实事求是。"青年文明号服务卡"一经推出就获得了良好的社会反响，取得了良好的社会效益、经济效益和品牌效益，促使此活动真正成为优化窗口行业基层管理的模式和市场经济的品牌。截至1996年底，共涌现出全国级"青年文明号"9个，其中公交16路线为全国首条"青年文明号"线；省级"青年文明号"41个；市级221个。

1997年3月，为进一步拓展"青年文明号"的内涵，延伸"青年文明号"的服务手臂，配合"青年文明社区"创建活动的开展，团杭州市委要求在十大窗口行业中重点推进"青年文明号""服务卡助万家"活动，面向社区特困老人和家庭发放"服务卡"，解决房屋、水电、家电维修、医疗保健等实际困难，从而将"青年文明号"优质服务从岗位延伸到社区千家万户。要求争创"青年文明号"的每个青年在 8 小时内立足岗位，敬业奉献；8 小时外面向百姓、服务贡献。此外，配合市委市政府争创"全国优秀旅游城市"活动，广泛开展"青春闪光在旅游业"系列活动。活动范围不断拓展，创建活动开始向市场、重点工程和工业企业渗透。

通过广泛宣传，"青年文明号"活动的社会影响力进一步扩大，团杭州市委也被团中央授予"全国青年文明号"活动优秀组织奖。

创建青年文明社区活动

"青年文明社区"是指城市内以街道为基础的特定区域，以区、街道团组织为主要力量，配合党政有关部门，动员、组织广大青少年积极参与社区经济发展和社区服务等方面的活动。该活动提高了社区青年的文明程度，在社区稳定和发展中发挥了积极作用。

结合杭州市实际，团杭州市委于 1996 年 1 月会同市民政局、市城乡建委、市工商局等 8 家单位联合下发《关于在全市社区中开展创建"青年文明社区"活动的通知》，决定全面推进这项活动，并提出了 6 个创建目标，即要"有健全的社区团的工作机构""有社区青年文明号""有社区青年志愿者服务站""有社区职业介绍和技能培训站（点）""有青少年科技、文化、法制教育活动阵地""有社区青少年服务项目"等。团杭州市委相继采取一系列扎实有效举措，取得初步成效。

一是结合全市社区实际，成立创建活动的指导委员会，负责活动的组织、领导、协调工作，活动指导委员会办公室设在团市委权益部。各级团组织联合有关部门、单位建立健全了活动的组织领导机构，并制订出工作总体规划，负责组织实施各项具体工作。

二是针对杭州社区特点，确定"小团委，大团建"的指导思想，要求联合社区各团组织力量，集中优势、取长补短、协调合作，把活动切实抓出成效。

三是因地制宜，在全面铺开的基础上，树立"名牌""精品"意识，每个城区确定1～2个重点试点社区，抓特色项目建设。在纯住宅区（或住宅密集区），着重抓社区青年志愿者活动，为特殊困难人群提供生活帮助，开展社区环境卫生、治安巡逻、植绿护绿等活动，活跃和丰富社区文化活动。在商业区，着重抓"青年文明号"活动，并建立个体劳动者协会、私营企业协会的团组织，在青年个体户中倡导文明经商和优质服务。在文化区（高校密集社区），着重利用大学生文化知识等优势为社区提供科技教育、助学等服务，促进社区文化和经济发展。在工业区（企业密集社区），着重抓"青年岗位能手"创建活动，提高青工素质和技术水平，并加强对外来青工的引导和管理。

四是广泛开展专业技术便民服务。各社区志愿者服务站充分发挥共建组织中行业性单位的专业技术优势，服务社区居民的基本生活需求，组织青少年志愿者定点或上门开展各项服务活动。辖区各级青年文明号集体以"服务卡"为纽带，把岗位文明延伸到社区、家庭。1997年，推出青年志愿者专业服务广场，组织各局系统的专业青年志愿者服务队为广大居民提供专业服务。一年组织广场服务34期，为3.4万人次提供了志愿者服务。

五是为社会弱势群体奉献爱心。各社区志愿者服务站发动所属青少年志愿者服务队，与辖区内"三老人员"、特困家庭、单亲残疾儿童开展"一助一"长期结对志愿服务活动。活动期间共结对1500

余对。

六是积极参与公益活动。在全市集中性的"讲文明、树新风"活动中，组织5万余名青少年志愿者深入社区里弄，清污擦洗、做义务导游，以实际行动维护天堂形象。还依托社区服务站，建立了155支青少年植绿护绿队伍，以"一队一绿地"的结对形式，定期开展清理垃圾、浇水修剪等植绿护绿活动，培养青少年的环境保护和绿色文明意识。

随着政府职能的转变，城市管理和服务的重点下移到社区，开展青年文明社区创建，是加强社区团的工作，参与城市社区发展，推动"两个文明"建设，发挥共青团作用的新渠道。

创建青年文明社区，推动社区文明建设。1997年1月，团杭州市委等九部委推出青年文明社区创建工作，提出"六个有"的工作目标。同时，在全市深入开展社区青少年志愿者植绿护绿行动，团中央在杭州召开"全国青少年植绿护绿行动现场会"。2月，评选产生杭州市首届十佳（优秀）外来青年，外来务工青年逐步被纳入城区基层团组织的管理范畴。5月，杭州市被团中央、公安部列为全国实施社区"千校百万"外来务工青年培训计划试点城市，团杭州市委联合市公安局等10个单位在全市开展社区外务工青年培训。

1998年1月，团杭州市委表彰了上城区湖滨街道、下城区朝晖街道、江干区采荷街道、西湖区翠苑街道、拱墅区大关街道等首批5个市级青年文明社区。7月，配合文明城市创建，开展"讲文明从我做起，树新风青年当先"主题活动。

1999年2月，团杭州市委评选表彰第二届杭州市十佳（优秀）外来青年。3—9月，在下城区建立社区（居民区）团建工作试点，在街道建立青年工作委员会，在居民区建立青年工作部和团支部。9—11月，举行全市外来务工青年法律知识竞赛。

2000年3月，团杭州市委印发《关于进一步深化青年文明社区创建工作的意见》，提出从4月起，在江干区全面开展深化青年文明社区创建工作试点。5—9月，举办首届社区青少年文化艺术节；12月，配合新型社区建设，在下城区开展新型社区团工作试点。

2001年2—3月，团杭州市委组织有关人员赴温州、上海、沈阳等地调研社区共青团工作。4月，召开杭州市城市社区共青团工作会议。5月，评选产生第三届十佳（优秀）外来务工青年，实施开展进城务工青年发展计划。6月，在上城区湖滨街道东平巷社区等12个社区开展社区共青团工作示范点创建工作。7—10月，以"迎西博，展风采，大家乐"为主题，举办第二届杭州市社区青少年文化艺术节。11月，团杭州市委修订下发《杭州市市级青年文明社区创建标准》，并开展申报创建工作。

加强组织建设，为创建提供保证。1992—1999年，团杭州市委在全市32个街道建立了由街道团工委牵头、地区内各级团组织积极参与的地区团的共建委员会。从组织上形成了市、区、（街道）社区三级共建机制，保证创建活动有效开展。探索建立社区外围青年组织——青年工作部、青年志愿者服务队等，扩展青年的参与面。

1998年4月，成立少先队杭州市校外总部，负责指导、协调杭州的社区少先队工作。2001年，全市已有30个街道建立了少工委。

开展社区青少年教育，深化青年志愿者服务。各社区综合利用资源，多渠道建立教育阵地，朝晖街道团工委开办了待业青年和农民合同工学校，灵隐街道团委成立了"社区学院"及面对下岗职工的技能培训站。爱国主义教育基地、劳动基地、科技活动基地等阵地如雨后春笋，不断涌现。以这些基地为依托开展的艺术节、文化周、夏令营、大学生社区援助等服务项目，极大地推动了社区"两个文明"的建设与发展。自 2000 年起，开展"社区青少年文化艺术节"，组织"做文明使者，创文明社区"青少年主题教育活动；建设青年文化广场、青少年活动室、青少年图书馆等文化阵地，组织形式多样的文娱活动；开展"扫黄打非""双禁"宣传、普及科学知识、反对封建迷信活动。

杭州市区将近 30 万外来务工青年，为杭州市发展建设作出积极贡献的同时，也带来了管理上的新问题。团杭州市委自团中央、公安部等单位在全国实施"千校百万"外来务工青年培训计划以后，结合杭州实际，调整工作思路，全面启动"百校十万"外来务工青年培训计划。联合公安局等 10 家单位，成立培训领导小组，依托杭州青年人才专修学校成立全市外来务工青年培训总校，在 5 个城区设立分校，在街道（乡镇）、企业建立 40 个培训站（点），形成全市三级培训网络。1997 年，团杭州市委还联合有关部门评选了 21 名"十佳"优秀外来务工青年，表彰了全市各条战线外来青年的杰出代表。

青年志愿者开展绿色环保行动。全市建立 155 支服务队，3200 多名青年志愿者在重点区域长期开展植绿护绿活动。组织大学生志愿者任居委会主任助理；组织青年志愿者治安巡逻队、青年志愿者文化市场监督队参与社会综合治理工作。在社区内倡导"人人为我，我为人人"互帮互助的良好风尚，志愿者共结成扶贫助困对子 6000 多对。以特困户为对象开展"青年文明号服务卡助万家"活动，为老百姓解决实际生活困难，促使团工作在社区条与块、点与面的有机结合。组织大学生开展社区援助活动，把先进的科技知识带进社区，为社区培养科技人才。

加强社区志愿者服务站建设。"杭水天天青年志愿者服务中心""采荷天天青年志愿者服务站"等走出"天天"模式，创立了行业、社区和小城镇建站模式；建德市新安江镇"天天"青年志愿者服务站推出4781890（谐音：社区拨一拨就灵）服务专线电话。

创建"青年文明小城镇"活动

改革开放以来，尤其是20世纪90年代以后，城市农村经济和社会发展发生了深刻的变化，小城镇成为农村区域经济和文化的中心。1997年初，团杭州市委开展"青年文明小城镇"创建工作，该活动成为团组织参与城镇精神文明建设的载体。

青年文明小城镇的创建分为四个阶段：试点、典型示范、深化试点、全面推进。

1997年初，团杭州市委联合文明办、农经贸、民政局、城建委、工商局、体改委、劳动局、综合治理办公室、财政局、市科委共11个市直属部门推出青年文明小城镇创建活动，出台了创建活动实施意见，成立了创建工作领导小组，明确了创建活动的内容和目标要求，确定了临平镇等29个试点乡镇。年底，团杭州市委还邀请部分领导、专家就"青年与小城镇精神文明建设"进行理论研讨，并在此基础上制订了青年文明小城镇创建活动的考核细则（暂行）。

1998年4月，团杭州市委召开青年文明小城镇创建活动经验交流会，并命名了余杭亭趾等首批6个市级青年文明小城镇。1999年3—9月，团杭州市委在滨江区浦沿镇进行深化青年文明小城镇创建活动的试点工作。9 月，团杭州市委召开深化青年文明小城镇创建活动现场推进会。

2000 年 3 月，团杭州市委修订下发了《青年文明小城镇达标申报办法》。12 月，团杭州市委在建德市梅城镇启动乡村青年科技文化节，以"三下乡"、活跃乡镇文化活动、参与治安整治等为主要内容，推进青年文明小城镇创建。2001 年，配合农村"双整治"工作，小城镇团组织在参与环境整治、倡导良好的社会风尚等方面发挥积极作用。

立足创新，突破重点。各级团组织在创建中成立由团组织牵头，文化、宣教、城管等相关部门共同组成的创建活动领导小组，建立由辖区学校、派出所、医院、企事业单位组成的各种形式的社区共建组织。

实施以青年文明号优质服务竞赛、青年志愿服务、青年文明号创建为主要载体的青少年文明传播行动。实施以团干部教育培训、青年创新创业计划、学习提高计划、外来务工青年培训为主要形式的青少年读书成才计划。大力建设青年科技图书站（全市建立 155 个）、团员活动室、团刊、宣传橱窗等青年文明形象工程、积极构建小城镇团的活动阵地。

结合团基层组织教育整顿、非公企业团建工作，配齐配强了乡镇团委班子，规范学习、例会、分片联系、考评等各项制度。积极培育青年社团，延长了团的工作手臂。

创建活动建立了较为健全的市、县（市）、乡镇各级创建工作领导小组和各类团的共建机构，整合辖区单位力量，形成了合力推进青年工作的新局面，显示出共青团组织参与农村精神文明建设的积极作用。

跨世纪青年人才工程

为了承担起时代赋予中国青年的历史责任，在团中央统一领导下，全团上下集中力量，实施"品"字形发展战略，开展了"跨世纪青年人才工程"，旨在促进科技成果向现实生产力的转化，培养一代适应社会主义市场经济要求，掌握过硬实用技能的熟练劳动者和面向21世纪具有较高科学文化素质的青年人才。跨世纪青年人才工程主要从培养合格的青年劳动者、造就优秀的青年科技和经营管理人才、培养开创21世纪大业的生力军、推广普及新知识新技能四个方面推开，逐步引向深入，进而形成一套有效的运作机制，促进各级各类人才更快地涌现出来。1995年7月，共青团中央印发《跨世纪青年人才工程实施计划》；11月，共青团十三届四中全会审议通过《跨世纪青年人才工程实施纲要》，这一工程开始进入系统、科学和规范的发展轨道。

跨世纪中国少年雏鹰行动

实施跨世纪"雏鹰行动"，是面向21世纪培养青年后备人才的重大举措。它从培养少年儿童成才必备的基础素质出发，以实践活动为基本途径，引导和帮助中国少年学会生存，自理自律；学会服务，乐于助人；学会创造，追求真知；提高全面素质，为成为21世纪中国社会进步与发展的生力军打下良好的基础。这个行动的主要内容是：以自学、自理、自护、自强、自律"五自"生存教育为主要内容的学习实践活动；以互助服务为主要内容的"手拉手互助活动"；以启迪少年儿童学科学爱科学兴趣为主要内容的"启明星科技活动"；以提高少年儿童思想文化素质为主要内容的"百花园文化艺术活动"。

1994年1月14日，团中央印发了全国少工委实施"雏鹰行动"的通知，标志着这个行动的正式启动。六一前夕，江泽民总书记为"雏鹰行动"题词，勉励中国少年儿童要"自学、自理、自护、自强、自律，做社会主义事业的合格建设者和接班人"[①]。

6月召开的杭州市第五次少代会确定开展"学做'天堂'新主人火炬奖章"活动，这是杭州市少先队实施"跨世纪中国少年雏鹰活动"的主导性活动，是新形势下深入进行爱国主义、集体主义、社会主义教育的新途径，旨在培养和提高少先队员的综合素质和实践能力，为学校教育体制改革、应试教育素质转化、21世纪人才素质的提高作出积极贡献。

此项活动从培养少年儿童振兴中华的爱国意识、自强自律的生存意识、团结协作的集体意识、追求真知的创造意识入手，以学习初步的生活、劳动、服务、创造技能为主要内容，在城市充分利用校内各种青少年教育阵地，建立"雏鹰假日小分队"，开展各种形式的文化娱

[①]　江泽民：《为"跨世纪中国少年雏鹰行动"题词》，载共青团中央、中共中央文献研究室编《毛泽东、邓小平、江泽民论青少年和青少年工作》，中央文献出版社、中国青年出版社2000年版，第285页。

乐、劳动实践、技能培训、社会服务等活动。在农村以点带面，逐步铺开，调整、完善活动内容和形式。把城乡少儿"手拉手"活动作为工作重点，广泛发动发达地区与贫困地区少年开展"心连心建书屋"活动。市少工委在全市积极开展"五自"学习实践活动、启明星科技活动和百花园文化艺术活动。通过内容丰富、形式活泼多样的具体项目，如开展娃哈哈手工制作大奖赛、"太一"工程少儿"健而美"竞赛等活动，建立中国西子少儿艺术团、少儿合唱团、"佑康"学生通讯社、少年军校、少儿银行和少年农校等各种实践基地，提高了少先队员的实践能力和综合素质。

开展雏鹰行动后，共青团的少先队工作开始形成新的格局，出现了良好的发展势头。雏鹰行动在孩子们心中播下了共同进步、共同发展的集体主义精神的种子。

争当青年岗位能手活动

培养青年岗位能手活动是以企业岗位规范为基本标准，通过组织企业青年职工广泛参加岗位训练，培养岗位文明，增强岗位技能，提高岗位效益，努力造就一支青工技术骨干队伍的群众性实践活动。青年岗位能手的基本标准是：年龄35岁以下、敬业爱岗、有良好的岗位文明素质、有熟练的岗位技能、有突出的岗位效益。"青年岗位能手"活动是团组织以育人为本，培养跨世纪合格劳动者的有效抓手。

1994年2月8日，共青团中央、国家经贸委、劳动部联合发出《关于在全国企业青工中开展青年岗位能手活动的通知》。杭州市争当"青年岗位能手"活动在全市青工中正式启动。为保证活动顺利、规范地开展，1995 年 4 月，中共杭州市委、市人民政府转发了团杭州市委、市经委、市贸办、劳动局等单位联合提出的《关于在全市企业单位青年职工中广泛开展青年岗位能手活动的意见》，确定了 49 家企业作为试点，重点启动青年岗位能手活动，并成立了活动领导小组，加大管理力度。之后团杭州市委在拓展活动的参与面，制订合理的岗位规范，建立健全考评、奖励机制等方面作了积极努力和探索，会同有关部门出台了《杭州市青年职工岗位成才奖励办法》，推动活动由点到面，层层推进深入，形成了各具特色的工作方法。

一是通过拜师学艺、青工技术比武、青工技能帮教小组、"一岗多技、一专多能"竞赛等多种形式的活动，加强青工岗位培训，提高青年岗位技能，并为青年的成长提供了实践的舞台和机遇。1995 年，团杭州市委同市工商局等部门成功举办了由团中央、劳动部主办的全国部分城市青年岗位能手中餐摆台技能大赛，选拔选手参与了青岛、武汉赛区的挡车、焊工比赛，取得了优异成绩；还会同市交警支队、钱江晚报社等单位在全市开展了"红绿灯下话交警"活动；会同市委宣传部、劳动局等单位举办了首届市十佳青年评选活动，深受社会各界、市民群众的关注和支持。

二是以典型引路，明星带群星，推动争创活动从"明星制"向"群星制"转换，不断促进广大青工技术等级的普遍提高，使一大批青年人才脱颖而出。1995—1996 年，评选表彰了杭州市两届"十佳岗位能手"和 200 名青年岗位能手。1996 年，召开了全市推进青年岗位能手活动动员大会，建立并启动"杭州市青年岗位能手奖励基金"，极大地激发了全市青工钻研技术、岗位成才的积极性。全市涌现出了以全国青年技术能手、杭州市酒家青工孟敏青，全国青年岗位能手、福华丝织厂青工李敏，全国青年科技标兵、杭州制氧机集团有限公司青工章成力等为代表的一大批全国、省、市级青年岗位能手。作为全国青年岗位能手活动试点单位的杭州制氧机集团有限公司，制订了杭氧青年岗位能手规范和评估标准，建立了评估机制，受到团中央青年岗位能手活动检查组的充分肯定和高度评价，为杭州全市进一步开展活动提供了试点经验。

三是继续深入开展"五小"活动，多次举办"五小"成果展览。"八五"期间，据不完全统计，全市青工共实现"五小"成果8040项，创经济效益9000万元。活动培养和发现了一大批青年技术骨干和人才，为促进青年成才、推动企业发展作出了积极的努力。1996年，团杭州市委被授予全国青年岗位能手活动优秀组织奖。

培养青年星火带头人

1994年5月10日，团中央和国家科委联合发出了《关于印发〈培养"青年星火带头人"活动五年推进计划〉的通知》，启动开展培养青年星火带头人活动。这是为贯彻加强农业、全面发展和繁荣农村经济的战略要求，推动农村科技进步，使一大批不同层次的跨世纪农村科技人才加速成长的一个活动。

为响应团中央号召，更好地在农村推广和普及科技知识，提高广大农村青年的科技文化素质，带领农村青年科技致富，1995年初，团杭州市委会同市科委等单位联合下发了《杭州市农村青年奔小康竞赛活动实施意见》。在全市31个试点单位中，培养了一大批青年星火带头人、乡镇企业青年岗位能手、青年乡镇企业家、个体私营业主，建立健全了农村青年科技服务组织网络。到年底，全市各级科技兴农带头人共推广星火项目14个，创县以上青年星火示范基地591个。

1996年，制订了《杭州市"九五"期间培养"跨世纪农村青年星火带头人"活动规划要点》，要求各地积极创建青年服务组织，为广大青年提供信息、技术、资金、生产资料等方面的服务，以县乡村共青团示范田为阵地，发挥青年乡镇企业家协会优势，筹集基金，形成一批省、市级星火培训基地，培养表彰一批乡镇优秀技术人才和青年种植、养殖大户，带动广大农村青年努力学习实用技术，推广普及先进实用科技成果，推动杭州市农村"两高一优"农业和乡镇企业向高层次发展。

1996年，涌现了9个全国级、65个省级、120个市级青年星火带头人，评选表彰了杭州市十大青年种粮标兵，他们已成为科技兴农的骨干，是农村新一代青年农民的代表。其中余杭青年农民兰兆祥于1996年荣获"全国首届十大杰出青年农民"称号。

中学生素质培养"曙光计划"

1996年，根据团浙江省委、省教委工作要求，团杭州市委在市直属中学制订了中学团队工作总体框架——"曙光计划"。1996年，在全市选择重高、普高、职高、中专、初中等11所市直中学进行试点实验；1997年初，在市直中学全面普及实施。1998年，召开了由各区、县（市）团委、教委领导、部分校长、校团委书记参加的全市"曙光计划"观摩推进会，推出杭州各省市级示范学校实施"曙光计划"模式，并下发了"曙光计划"实施意见。1996年起，每年针对"曙光计划"的实施，提出重点调研课题；1996—2001年，共交流"曙光计划"团队论文278篇，有118篇论文获奖。到1999年，市直中学共汇编5本"曙光计划"优秀活动方案集。2000年11月，与团浙江省委联合举办浙江省中学生素质拓展"曙光计划"现场推进会。

"曙光计划"形成了市—县（市、区）—学校三级考核评估机制，列入市教育局德育工作的重要内容，各县（市）成立由团委、教育局两家牵头的"曙光计划"实施领导小组，学校建立由校领导挂帅，团委、政教处、教导处、后勤处等部门共同参与并由团委具体实施的组织机构，为"曙光计划"提供了强有力的组织保障。

团杭州市委、市教育局出台《中学共青团工作条例》，明确了中学团队工作和干部、经费政策，为全市深入实施"曙光计划"创造了良好的环境。建立完善初中"青春三部曲"和高中"三让"成人预备期教育两条系列教育活动主线。

初中"青春三部曲"，即初一的"迈好中学第一步"主题教育活动，着重进行校史教育、日常行为规范教育和团知识教育，开展雏鹰行动，抓好中小学少先队组织衔接；初二的"迈好青春第一步"主题教育活动，开展爱国主义教育活动，抓价值观、人生观教育；初三的"迈好理想第一步"主题教育活动，着重进行初步的理想教育、人生观和价值观教育，抓好初高中团组织衔接。高中"三让"成人预备期教育，即高一的"让心灵更美好"主题教育活动，进行公民意识法制教育，开展公益功德活动，引导学会热爱；高二的"让思维更科学"主题教育活动，进行唯物辩证法教育，积极开展社会实践活动，引导学会认真；高三的"让信念更坚定"主题教育活动，进行成人宣誓活动，引导学会坚强。在实践上，鼓励"百花齐放"；在方法上，高一重在

"带"，高二重在"导"，高三重在"放"。将"三迈""三让"教育纳入学校德育规划。

1993 年，市教育局团工委成立了市直中学学生业余团校总校，各校设团校分校，并颁布了团校管理条例，两年一次对各分校进行考核。各分校基本上做到"十定"（定制度、定计划、定内容、定学员、定课时、定场所、定师资、定经费、定考核、定档案）。1994—2001 年，共举办 686 期团校培训班，近 6 万名学生获团校结业证书。1998 年 5 月，市教委成立了中共杭州市属中学学生业余党校总校，规范了中学生业余党校建设，加大了推优入党力度。业余党校总校从成立到 2001 年已结业学员 2388 名，推优 284 名，入党 72 名。

"曙光计划"注重培养创新、实践能力，促进学生全面发展；加强以学生社团建设为中心的校园文化建设，促进学生个性化发展。团杭州市委开展全市中小学生艺术节、中小学生集体舞大赛，举办了中小学科技节、"挑战杯"对抗赛，开展校园科技活动，广大学生的科技素质、追求真知、开拓创新的科学精神得到了明显增强。

"曙光计划"注重中学生社团建设，发挥市学联、各校学生会的作用，丰富校园文化，促进全体学生全面地、有个性地发展，营造健康向上的校园文化氛围。全市新成立学生记者团、文学社、广播电视台、摄影团、篆刻团、书法团、艺术团等学生社团 1000 个。1999 年，举办杭州市中学生社团建设展示观摩会；2001 年，举行学生社团文化节，有效地促进了全市中学生社团的进一步发展。

开展"到广阔天地去"社会实践活动和"天堂英模谱"教育考察活动。充分利用现有的青少年活动中心等校外教育阵地资源和社区资源，开展"双休日社会实践营"活动，先后开辟 21 个社会实践点，并继1998年命名10个社区劳动实践教育基地后，又命名蔬菜研究所和卡丁车运动俱乐部为"走进社会大课堂"实践教育基地。设立居委会主任助理等形式，使社会实践活动与社区精神文明更好地结合。

市教育局在市属中学设立心理辅导站，配备了心理辅导老师。中学团干部不定期接受心理健康知识辅导。团杭州市委、市教育局分别于1990年元旦正式开通两条青少年热线87065454、87025885，每晚为青少年朋友提供电话心理咨询，帮助青少年塑造具备良好心理特质的健全人格。该服务开通后10年间，共接受电话咨询2.8万多个，信函咨询1万余封，面询2200余次，咨询满意度在80%以上。

面向全体中学生以"学会热爱、学会认真、学会坚强，成才报国跨世纪"为主题，开展育人实践，形成了中学生团队工作科学、规范、序列的分层次教育机制。"曙光计划"将中学团队工作形成一个整体，有利于团队充分发挥各自的教育功能，同时又互相促进，增强了工作的合力。

跨世纪青年人才工程的实施，焕发了青年在现代化事业中成长成才的积极性，为青年人才健康成长创造了良好的外部环境，同时推动共青团工作开始朝着为全党全国工作大局服务和为青年成长成才服务有机结合的方向稳步前进。

四

/

培养"四有"新人

　　杭州团组织在实践中探索，在改革中发展，坚持正确的政治方向，始终坚持对广大青年进行党的基本路线教育，以培养一代跨世纪的社会主义事业接班人为目标，引导团员青年"坚定信念跟党走"，在"塑造天堂新形象"的实践中，在社会主义"两个文明"建设中，建功立业、健康成长，进一步坚定了广大团员青年跟党走，建设有中国特色社会主义道路的信心和决心。

爱国主义教育

　　1994年，中共中央印发了《爱国主义教育实施纲要》。1995年，团杭州市委结合自身实际，制订了《杭州青少年爱国主义教育实施细则》，为贯彻这一细则，全市各级团组织深入开展了丰富多彩、寓教于乐的爱国主义教育活动。

　　首先是以重大的历史事件为契机，开展历史和国情教育。1985—1988年，围绕改革开放的新形势开展形势政策教育、"一个中心、两个基本点"的基本路线教育，对于帮助青年了解国情、认识改革、明确使命，形成与改革开放相适应的公民意识，产生了良好效果。

1991年，围绕建党70周年，系统开展革命历史、革命传统教育，进一步坚定了广大团员青年跟党走，建设有中国特色社会主义道路的信心和决心。

1995年，充分利用纪念五四运动76周年和纪念抗战胜利50周年的契机，与市委宣传部等部门联合举办第九届杭州市"青春奖"——纪念反法西斯、抗战胜利50周年影评征文比赛；与市青联、学联、少工委共同举办"爱祖国、爱杭州、爱岗位"主题系列活动及大中学生"成才报国世纪行"主题教育活动。通过书画展、主题团会、演讲比赛、文艺会演等形式，在学生中掀起读好书、唱好歌、看好片的热潮。

团杭州市委在每年的节假日，结合青年特点开展主题鲜明、具有强烈时代气息的群众性文化活动。元旦、清明、五四、六一、国庆等重大节假日在公共场所举行大型的升国旗、入队、入团、成人宣誓等仪式，利用全市40个爱国主义教育基地，纪念革命先烈，激发青少年爱国、爱党、爱家乡的热情。1996年，举办了"国旗连着你我他"及元旦系列活动。全市百名少先队旗手与国旗之子陶维革一起举行"我卫国旗，我为大家"主题座谈会。1000名杭州青年向全国青年发出了"做一名爱国敬业的青年"的倡议，《人民日报》对此进行了报道。

1996年4月，团杭州市委、市教育局联合下发了《关于开展成人预备期教育和成人宣誓仪式制度的通知》。明确提出要深入开展成人预备期志愿服务活动，要求做到"小时化"和"手册化"。"小时化"指每个适龄青年要在预备期内分阶段完成50小时的志愿服务，16周岁20小时，17周岁20小时，18周岁10小时。"手册化"指普及使用志愿服务手册。各个学校负责定时登记、检查、核实中学生志愿者开展志愿服务的时数；中学生志愿者本人负责在活动后填写服务项目、地点、对象及时数等。在具体操作上，力求规范性、整体性和多样性相统一。规范性是指严格按照团中央规定的固定程序进行宣誓；整体性指活动的地点、时间统一，即设全市性的主会场和各县（市）、区、市直属中学分会场，各会场要在同一时段内完成仪式，仪式后还要统一开展志愿者服务活动等；多样性指参加宣誓的适龄青年身份多样，有中学生、刚入伍的新兵和外来青工等。

1996 年，为纪念建党 75 周年、红军长征 60 周年，开展革命圣地考察、讲长征故事、进行"学《建议》、知市情、育新人、建工业"党团知识竞赛等活动；结合纪念五四运动 77 周年举行了"青春献九五、携手跨世纪"主题系列活动，推出了五四大型纪念活动、青年人才表彰大会、大中学生演讲赛、农村青年插秧比赛等融思想性、艺术性和群众性于一体的教育、文化活动；各基层团组织也组织了丰富多彩的纪念活动，既对青年进行了革命传统教育，又展示了当代青年的良好精神风貌。1997 年，为迎接香港回归，全市团员青年开展了大型的香港百年历史、市情教育等活动，并以多种形式庆祝香港回归。

1997 年，杭州市人大立法，定每年 12 月 9 日为杭州市"18 岁成人节"，并举行宣誓仪式。浙江省暨杭州市"18 岁成人节"宣誓仪式于每年 12 月中旬由浙江省委宣传部、浙江省文明办、浙江省教育厅、共青团浙江省委、浙江省学生联合会、共青团杭州市委、杭州市教育局、杭州市文明办、杭州市学生联合会主办。活动旨在勉励 18 岁的高三学子肩负起成年的责任：以诚心对他人、以孝心对父母、以热心对社会、以忠心对国家，以足够的勇气、足够的底气、勇敢的姿态面对人生的所有挑战。

服务万村行动

1995年4月3日，团中央发出《关于在农村基层团组织建设中实施"共青团服务万村脱贫致富奔小康行动"的意见》（简称"服务万村行动"），旨在从服务入手，加强农村基层团组织建设，促进农村青年致富成才，推动全团为基层服务，全面活跃农村基层团工作。

结合杭州市实现基本现代化的实际情况，1996年初，团杭州市委下发了《关于进一步深化我市"共青团服务万村脱贫致富奔小康行动"的实施意见》，确定了杭州市实施"服务万村行动"的着力点：以实现人的现代化为目标，以科技服务和文明建设为抓手，以城乡挂钩扶贫行动为突破口，大力提高农村基层团干部和广大青年的整体素质，为全市农村实现基本现代化建设建功立业。经过一年的实践，全市农村探索出了一条切实可行的发展新路子。6月，团杭州市委召开"共青团'服务万村行动'现场经验交流会"，全面推开此项行动。

一是进一步调整和加强农村基层团组织领导班子建设，为行动展开提供领导保证。在活动中，探索出了农村团支部书记、青年星火带头人、村两委会成员"三位一体"的路子与模式。并加大"双推"工作力度，培养农村优秀后备力量，为全市党员队伍输送了一大批优秀青年，8900多名新党员中青年占54%。

二是探索建立以共青团组织为核心的青年社会化工作体系，加大对农村青年的服务力度，为行动选准发展方向。利用自身优势，在全市组织开展厂村结对、校村结对、富村与贫村结对等活动，构建县（市）、镇（乡）、村三级不同规模的青年科技服务组织，向贫困村提供信息、科技、资金、文化教育等方面的服务。1997年，重点开展"百团扶百村"行动，要求参与行动的各地团组织，紧密团结本单位扶贫中心，深入结对实地，做好调查摸底工作，通过项目开发、捐资助学、科技文化下乡等多种形式，拓宽扶贫领域、丰富扶贫内容。尤其是充分发挥青年星火带头人的科技辐射和示范带头作用，开展"一带一"活动，达到"一户带十人"的奋斗目标。

三是因地制宜，抓好致富项目建设。贫困地区抓见效快、收益好的养殖业、种植业等脱贫项目；经济基础相对较强的地区围绕"小康村"建设，选择一批技术含量高的项目，大力发展村办企业和农村龙头企业，努力形成全市"脱贫致富有门路"和"贸工农一体化经营"的分层格局，促进农业和农村经济发展，增加农民收入，保障农村社会稳定发展。

"服务万村行动"是共青团服务全党工作大局，服务农村团的工作，服务农村青年的最佳结合点；是加强农村基层团组织建设，活跃农村团的工作，促进农村青年成才致富的一个重要突破点。

实施"中国青少年新世纪读书计划"

"中国青少年新世纪读书计划"是以共青团组织为主导，通过社会化和市场化方式运作，组织青少年开展读书活动并为他们提供服务的大型工程项目。旨在引导青少年为迎接新世纪的挑战发奋学习，帮助青少年树立终身学习观念，养成主动学习、勤奋学习的习惯，不断用新知识、新科技、新技能武装和完善自我，在汲取知识的过程中成长成才，肩负起实现中华民族伟大复兴的历史使命。

为了适应知识经济时代对青少年素质提出的新要求，努力实现团十四大提出的"引导青年为迎接新世纪的挑战而发奋学习"的光荣使命，1996年2月26日，团杭州市委联合杭州市文化局、杭州市新闻出版局发出《关于开展青少年"新世纪读书计划"活动的通知》。"新世纪读书计划"的内容包括：开展各种形式的邓小平理论学习活动、举行团干部理论学习读书班、邓小平理论巡回宣讲、知识竞赛等活动。

各级团组织依托现有的社会力量以及青少年宫、（天天）青年志愿者服务站、科技馆、博物馆等社会资源广泛建立社区、城镇青年（科技）图书站（室），开展"天天读书一小时"活动，设立"新世纪读书榜""青少年读书指导团"，举办"新世纪读书论坛""新世纪读书日""青少年读书夏令营"，引导和调动青少年读书的积极性。发挥青联、学联等组织的优势，开展宣传现代科技、知识经济等热点的"双休日系列专题知识讲座""新世纪读书沙龙"交流活动，提升青少年的知识水平。

1998年12月8日，共青团中央召开中国青少年新世纪读书计划全国电视电话会议，就全团实施青少年新世纪读书计划作了部署。12日，中国青少年新世纪读书计划读者日活动在北京图书大厦举行。团中央书记处第一书记、青少年读书计划指导委员会主任周强参加活动并讲话。

1999年3月14日，为进一步推动读书活动的深化，团杭州市委联合杭州市文化局、新闻出版局等在浙江图书馆举行了杭州市青少年新世纪读书计划启动仪式。成立了"杭州市青少年新世纪读书计划活动指导委员会"，聘请了16名专家、学者成立了"杭州市青少年新世纪读书计划专家指导团"，命名浙江图书馆、杭州图书馆、杭州少儿图书馆为"杭州市青少年新世纪读书基地"。成立杭州市青年科技图书配送中心，在全市青少年中广泛开展了大规模的"捐书下乡，建青年科技图书站"活动，共收到各类书籍2.2万册，建立乡镇青年科技图书站155个。

3月，团杭州市委从社会竞争、个人修养、理想情操、知识积累、自然科学等方面精选了书籍，推出了第一期书目。

5月，团杭州市委推出了"迎接新世纪，挑战2000年"双休日系列讲座，共举办10多期。邀请了中国国民经济研究所所长樊纲、国家计委宏观经济研究院副院长刘福垣等国内著名学者来杭开设双休日讲座，听众达3500余人次。26日，团中央宣传部在全国征集"中国青少年新世纪读书计划标志"，以推动这项活动的进一步开展和扩大活动的影响。

8月，结合揭批"法轮功"问题，团杭州市委向全市青少年推荐了13本以"崇尚科学反对迷信"为主题的杭州市青少年新世纪读书计划第二期书目。

2000年12月30日至2001年1月30日，团杭州市委、市电信公司开展了以"新世纪、新青年、新知识"为主题的杭州市青少年新世纪读书计划"IT知识学习月"活动，组织开展Internet现场咨询、专家网上咨询和IT知识竞赛等活动。

青少年新世纪读书计划是一项立足现实、着眼未来的活动项目，需要活动主体的自觉参与。实践证明，这是一项具有前瞻性并且影响深远的活动，需要不断发展和完善。

保护母亲河行动

1998年12月25—27日，共青团十四届二中全会召开，会议通过《共青团工作跨世纪发展纲要》。"保护母亲河行动"作为该《纲要》中确定的"中国青年绿色行动"的第一项活动，是以保护哺育中华民族和一方人民的"母亲河"黄河、长江及其他江河为主题，举全团之力，广泛动员各级团组织和广大青少年，充分吸纳社会资源，建设"保护母亲河"的工程。开展"保护母亲河行动周（日）"活动，在各江河流域大力开展植树造林、治理水土流失、保护生态环境，使广大青少年在参加这些活动的实践中树立和增强保护生态环境意识，同时在全社会倡导和培育绿色文明意识和可持续发展意识，以推动国家生态工程建设和促进社会进步，从而为使母亲河更好地造福于中华民族和实现全球生态平衡作贡献。

1999年1月18日，共青团中央、全国绿化委员会、国家林业局和中国青少年发展基金会联合召开电视电话会议，全面启动"保护母亲河行动"。2月23日，团中央发出《关于以宣传教育募集基金为重点迅速掀起"99保护母亲河行动"春季热潮的通知》。26日，团中央办公厅又下发了《关于掀起"99保护母亲河行动"春季热潮具体活动安排的通知》。于是，一股强劲的绿色浪潮很快涌向中华大地。

团杭州市委结合杭州"环境立市"战略及"五型"团组织建设，深入实施"保护母亲河行动"，全面掀起"争创'绿色文明号'、争当'环保志愿者'"的双争活动。先后表彰了6批"绿色文明号"、"保护母亲河生态监测站"和优秀环保志愿者。

"保护母亲河行动"是中国大地上一面象征希望、和平、发展的绿色大旗，是一项功在当代、利在千秋的活动。这项活动在跨世纪的青少年中播撒了环境保护的种子，增强了广大青少年的环境保护意识，倡导了绿色文明新风，为"建设生态市，打造绿色杭州"作出了贡献。

共青团杭州市第十五次代表大会召开

　　1998年9月13日，共青团杭州市第十五次代表大会召开。大会的主题是：以邓小平理论为指针，认真贯彻党的十五大、团的十四大和市委七届十四次全体（扩大）会议精神，回顾总结共青团杭州市第十四次代表大会以来全市团的各项工作；探讨在社会主义市场经济条件下进一步推进团的自身改革，强化团组织的职能和作用，增强团组织活力的方法和途径；紧紧围绕党的中心工作，积极推进"跨世纪青年文明工程""跨世纪青年人才工程""服务万村脱贫致富奔小康行动"，充分发挥团组织在物质文明和精神文明建设中的生力军和突击队作用，为全面完成全市"九五"计划和2010年远景目标而努力奋斗。大会的主要任务是：学习贯彻党的十五大精神；讨论审议共青团杭州市第十四届委员会的工作报告；选举产生共青团杭州市第十五届委员会。

　　中共浙江省委常委、杭州市委书记李金明，市委副书记、市长王永明，市委副书记、市政协主席虞荣仁，沈者寿、吴键、朱报春、王建满、丁可珍、陈重华、熊恩生，团浙江省委书记楼阳生及各有关部门和团体负责人出席开幕式。参加大会代表400名，代表全市28.27万名团员。

团市委副书记卞吉安致开幕词。他说，五年来，全市各级团组织团结和带领广大团员青年坚定信念，锐意进取、艰苦奋斗，积极履行共青团的各项职能，为完成杭州"八五"计划，推进社会主义"两个文明"建设发挥了突击队和生力军作用。这次大会，是在世纪之交的历史时刻，在我国改革开放和现代化建设承前启后、继往开来的重要时期，在全市上下大力贯彻落实党的十五大精神，朝着跨世纪的宏伟目标大步迈进的新形势下召开的。这次大会将听取市委领导的讲话，结合党的十五大和团的十四大精神的学习，认真回顾、总结市第十四次团代会以来全市共青团的改革、建设和发展之路，研究探讨全市共青团工作面临的跨世纪历史使命，对今后五年全市团的工作作出全面的规划。大会还将根据团章的规定，按照民主集中制的原则，选举产生共青团杭州市第十五届委员会。

共青团中央发来贺电，向大会表示祝贺。杭州市委副书记朱报春代表市委发表题为《在推进杭州跨世纪发展的伟大实践中建功立业》的讲话。团浙江省委书记楼阳生到会并发表题为《不辱使命 开创未来》的讲话。市妇联主席许永芬代表市总工会、市妇联、市科协、市社科联、市侨联、市文联、市残联向大会致贺词。少先队员作献词。

佟桂莉代表共青团杭州市第十四届委员会向大会作题为《高举邓小平理论伟大旗帜，团结带领杭州青年为实现跨世纪宏伟目标而奋斗》的工作报告。报告指出，全市共青团组织在市委和上级团委的正确领导下，紧紧围绕市委市政府的重大战略部署，引导团员青年积极参与城市建设工作，全面实施跨世纪青年文明工程、跨世纪青年人才工程和服务万村行动。这五年，全市团组织坚持用邓小平理论武装教育青年，着力提高青少年思想道德素质；带领团员青年积极推进两个根本性转变，在服务经济中锐意进取、锻炼成才，广泛开展群众性精神文明建设，在服务社会中奉献青春、弘扬新风；着眼于可持续发展，团的自身建设进一步完善，团的各项事业协调发展。在跨越世纪的新征途中，全市共青团工作必须坚持的指导思想是：高举邓小平理论伟大旗帜，全面贯彻落实党的十五大精神、团的十四大精神和市第八次党代会精神，紧紧围绕经济建设这个中心，继续深化跨世纪青年文明工程和跨世纪青年人才工程，积极探索新的工作路子，在服务杭州经济发展和社会进步、服务青年成长成才中发挥独特作用，着力培养有理想、有道德、有文化、有纪律的跨世纪一代新人，团结带领全市青年为实现杭州跨世纪宏伟目标而努力奋斗。要逐步建立起杭州共青团四大工作体系，即青少年思想教育体系、青少年人才培育体系、青少年服务体系和青少年工作保障体系。今后的工作重点是：把邓小平理论学习活动提高到新的水平；带领青年在服务杭州经济快速持续健康发展中建功成才；带领青年在服务杭州社会全面进步中开创新风，在服务青年成长成才中发挥作用；加强团的基层组织建设，不断提高团建工作水平；建立社会化的工作运行机制。

大会选举佟桂莉等56人组成共青团杭州市第十五届委员会，佟桂莉、胡侠、卞吉安、魏祖民、陈新、金晓东、吴华军、陈瑾、陈勇军等9人组成团杭州市第十五届常务委员会。十五届一次全会选举佟桂莉为团市委书记，胡侠、卞吉安、魏祖民为副书记。

共青团杭州市第十五次代表大会认真审议并通过了佟桂莉同志代表共青团杭州市第十四届委员会所作的工作报告。大会认为，工作报告实事求是地回顾总结了这五年全市团的工作，真实反映了过去五年全市各级共青团组织在市委和上级团组织的领导下，团结带领广大团员青年积极投身杭州"两个文明"建设所取得的主要成果。报告所总结的这五年在改革实践中杭州共青团所取得的成绩和经验，具有重要意义，必须在今后的工作实践中加以继承和发展。大会要求，全市各级团组织和广大团干部要认真学习市委领导和团浙江省委领导在团代会开幕式上的讲话精神，并使之成为贯彻落实团代会精神的指导思想和行动指南；要站在培养跨世纪社会主义事业接班人的战略高度，引导杭州青年深刻认识所面临的历史使命和光荣任务，成为有理想、有道德、有文化、有纪律的一代青年。大会号召，在迈向新世纪的历史进程中，全市各级团组织和广大团员青年要高举邓小平理论伟大旗帜，紧密团结在以江泽民同志为核心的党中央周围，担负起历史赋予的神圣使命，为实现杭州跨世纪的宏伟目标而努力奋斗。

9 月 15 日，共青团杭州市第十五次代表大会闭幕，市委副书记朱报春、张在堂，杭州市副市长陈重华、施锦祥参加了会议。

佟桂莉致闭幕词，她说，这是一次团结的大会、胜利的大会和鼓劲的大会，必将成为杭州共青团事业发展史上一座新的里程碑。再过 400 多天，人类即将进入充满希望和挑战的崭新世纪，这是中华民族实现伟大复兴的世纪，是跨世纪宏伟蓝图得到实现的世纪。我们要努力成为具有坚定信念、远大理想的一代，具有丰富知识、强健体魄的一代，具有良好品德、健康心智的一代，能够堪当重任、不辱使命的一代。作为先进青年的群众组织——共青团，我们应高举邓小平理论伟大旗帜，自觉服从服务于改革、发展、稳定大局，深化跨世纪青年文明工程和跨世纪青年人才工程，团结带领全市青年为把杭州建设成为经济繁荣、政治稳定、科教发达、环境优美的现代化国际旅游城市而努力奋斗。作为新一届委员会，我们要以求真务实、积极进取、率先垂范、奋勇争先，甘于清贫、乐于奉献的实际行动义不容辞地承担起这一光荣职责，不辜负市委领导、社会各界和全市团员青年对我们的高度信任和热切期望。今天，我们将带着团代会提出的各项任务，带着一份对共青团事业更为重大的责任奔赴各自的岗位。这份责任必将化为我们拼搏奋进的动力。让我们用青春、智慧和力量谱写人生最为壮丽的篇章。

六

杭州共青团的创新和实践

　　杭州共青团坚持服务大局、服务社会、服务青年的宗旨,大力推进青少年读书求知行动、青少年文明传播行动、青年创新创业行动,全面加强党建带团建工作,团结带领广大青年积极参与全市经济、政治、文化建设,不断探索新形势下团工作的新理念、新方式、新机制,实现共青团事业的创新发展。

建立四大工作体系

　　杭州共青团在实践中探索,在工作中创新,逐步建立起杭州共青团四大工作体系:以主题教育为载体,以理论学习、道德教育、养成教育为内容,以典型示范、实践陶冶、活动引导为手段的青少年思想教育体系;以素质培养为重点,以青年人力资源开发为目标,以学校培养、岗位建功、社会实践为途径的青少年人才培育体系;以有效服务为宗旨,以满足青年政治进步、成长成才、文化生活等方面需求为导向,以教育活动、培训基地、宣传媒体、服务机构为阵地的青少年服务体系;以《中华人民共和国未成年人保护法》《浙江省未成年人保护条例》为主项，以相关政策法规为依据的青少年工作保障体系。

全市各级团组织坚持用邓小平理论和"三个代表"重要思想武装教育青年，构筑当代青年的精神支柱。以理想信念教育为核心，通过培训班、宣讲团、理论社团和"双思"教育等形式，组织团员青年认真学习先进理论，坚定政治信念，树立远大理想。以主题教育为抓手，以迎接新世纪、建党80周年和建团80周年等为契机，广泛开展"理想·责任·作为""永远跟党走"等主题活动，引导青少年在广泛参与中增强责任意识。以体验实践教育为途径，广泛开展"实践'五爱'要求，争做'四有'新人"系列活动，带领青少年在参与社会实践中增强思想道德素质。在声讨北约轰炸中国驻南斯拉夫大使馆、揭批"法轮功"、抗洪抢险、抗击高温等重大事件和活动中，及时开展科学意识和团员先进性教育。

团组织发挥青年人才优势，带领全市各界青年积极参与杭州大都市发展战略，大力实施青年创新创业行动，在杭州社会主义现代化建设的伟大进程中作出了积极贡献。以农村青年增收成才行动为主线，努力构建农村青年三级服务网络，开展实用技术培训、青年农民超市行等活动，带动农村青年增收致富，为提高农民收入，促进农业农村现代化奉献青春。以企业青年创新创效活动为抓手，开展青年岗位能手技能运动会、"五小"等活动，积极推动企业的改革、创新和发展，在促进杭州"工业兴市"，走新型工业化道路中发挥作用。以"金桥计划"为载体，开展"青年科技创新大赛""海外学人回国创业周"等活动，提高青年科技创新能力，为构筑"数字杭州"，建设"天堂硅谷"贡献智慧。大力实施青少年植绿护绿和保护母亲河行动，组织开展"市民林"认养、杭金衢三地青年"钱江行绿色环保大行动"等，在参与杭州"环境立市"和生态保护中展现青春风采。

志愿者工作作为杭州共青团协调各方、服务社会的一项品牌工作，始终得到各级党政领导的大力支持、广大青年及群众的积极参与和社会各界的普遍欢迎。杭州志愿者组织网络体系进一步健全，在全国省会城市中率先成立了市志愿者工作指导中心，区、县（市）志愿者协会相继成立。截至2003年，共建成社区志愿服务站269个，拥有社区志愿服务队1500余支，注册志愿者近13万名；志愿者工作保障制度进一步完善，《杭州市志愿服务条例》获市人大审议通过，市委、市政府制定出台的《杭州市社区志愿服务管理办法》深入实施，全市志愿者工作制度建设日益加强，全省领先；志愿者品牌项目进一步发展，围绕会展旅游、敬老助困、便民利民、环境整治、绿色环保等志愿服务内容，确立了西博会志愿者行动等一批颇具社会影响的志愿服务品牌。西博会志愿者行动作为杭州共青团工作的一张金名片，自启动后的三年间，共为200余万人次提供了文明优质的公益服务，服务总小时数达155万，成为西博会成功举办的一支不可或缺的有生力量。2003年，杭州市志愿者协会被中宣部、团中央等授予全国"学雷锋志愿服务先进集体"。

杭州共青团始终坚持以竭诚服务团结青年，各级团组织着眼于青年的多样化需求，采取了多种形式的服务措施。针对青少年学习成才的强烈愿望，大力推进青少年新世纪读书计划、大学生素质拓展计划，组织开展"挑战新世纪"双休日系列讲座，在全市青少年中形成了学习新知识的热潮；通过实施希望工程、爱心行动和大学生助学计划，于1998—2003年共筹集资金564万元，援建希望小学26所，建立希望书库45个，为贫困学生顺利求学解决了后顾之忧。针对青年就业创业的迫切需求，兴起"杭州·青年·创业"大讨论，通过青年创业论坛、大学生"挑战杯"创业设计大赛、进城务工青年发展计划，帮助青年提高就业创业能力。针对青年日益增长的文化生活需要，广泛开展大中学生社团文化节、社区青少年文化艺术节、乡村青年科技文化节，建立"天天"社区青少年服务中心，全面活跃青年业余文化生活。作为国内集体婚礼经典之作的"西湖情·玫瑰婚典"，获得团中央"五个一"工程奖。以三级未成年人保护组织和优秀青少年维权岗为主体，不断完善维权服务网络，基本形成"家庭、学校、社会、司法"青少年权益四大保护体系；广泛开展青少年法制教育、心理健康教育、自护教育，为特殊青少年提供法律援助，切实维护青少年的合法权益。

推动团建创新

团干部选拔配备新尝试。1999—2000年，杭州各区县市分别通过公开招考和组织考察相结合的方法选拔优秀青年干部到团的领导岗位。省委办《关于进一步加强非公有制工作的若干意见》提出，符合条件的党员团组织负责人可进入企业同级党的委员会，也可进入企业监事会、职代会。该项规定为非公有制企业团干部的选拔配备提供了政策依据。1999年以后，团杭州市委通过选拔区县市团干部到团浙江省委挂职锻炼，选派团杭州市委机关干部到基层挂职锻炼，选派基层团干部到团杭州市委机关挂职锻炼，派大中专学生到乡镇工作锻炼等方式培养团的后备干部，为团干部健康成长创造了有利条件。

团组织建设载体新拓展。1999年，团杭州市委以"五四红旗团委、五四红旗团支部"创建活动为载体，抓两头促中间，全面加强团的基层组织建设；以市委开展的农村基层组织教育整顿活动为契机，在全市组织开展了农村村级团组织教育整顿活动。在拱墅区康桥镇召开村级团组织统一换届选举工作现场会，制定了选举工作操作范本，并结合区县市团委换届，制定下发了《关于认真做好换届选举工作的通知》，对选举工作的组织领导、班子配备、选举程序、注意事项等作了明确的规定，把统一换届选举作为区县市团委换届筹备工作的重点来抓。在1999年底之前基本完成了村级团组织统一换届工作，2000年3月底基本完成了乡镇团组织统一换届。

团的基层网络新突破。2000年，杭州市党建带团建暨私营企业团建工作会议召开，拓展了党建带团建的工作领域，"条块结合，以块为主，多点辐射，区域覆盖"，以社会和非公有制企业为重点的基础组织网络逐步形成。以街道团工委为核心，以社会团组织为基础，以青年工作部、志愿者服务站、少先队大队部等青少年工作机制为纽带建立的、覆盖社区青少年的组织体系逐步形成。截至2001年11月底，在261个应建团社区中，已建立社区团组织203个，建团率达到77.8%；到2001年12月15日，在2436家应建团非公有制企业中，已建团2313家，建团率达到94.95%。

团杭州市委本着"有利于加强党对共青团的领导，有利于团结凝聚青年和团组织发挥作用，有利于团的系统管理"的原则，加强社区团建和新兴领域团建。2000年9月，市委下发《关于加强社区党的建设工作意见》《关于进一步加强社区建设的若干意见》《杭州市城市社区建设五年发展规划》等文件，明确要在社区加强团的组织建设，在社区建设中要充分发挥共青团组织的作用。2001年2月，中共杭州市委组织部与团杭州市委下发《关于进一步加强基层党建带团建工作的若干意见》，明确将（街道）社区团建纳入党建工作任务之中。自1999年7月在下城区武林街道长寿居民区建立了杭州全市第一个居民区团支部，以及2000年在每个城区确定一个街道居民区为试点单位以来，到2001年，全市社区已建立团组织214个。为适应经济结构调整和城市管理体制改革的新变化，截至2003年，在全市10个省级以上开发区全部建立团工委，在2960家非公有制企业和351个新型社区中建立了团组织，新兴领域团建工作取得阶段性成效。

此外，团杭州市委为适应国有企事业单位和政府机构改革的要求，进一步调整了团的传统领域组织设置；为适应农村城镇化进程，凸显乡镇在农村团工作中的基础带动作用，推动形成"强镇带村"团建格局；为适应教育体制改革的发展方向，扎实推进民办学校团建工作，学生社团进一步活跃；积极探索团干部及团员队伍的管理创新，加强团干部队伍作风建设，试行团员、少先队员社区报到和"一证两卡"制度，探索流动团员管理新办法。

加强团的组织建设，是保证共青团全面发展的基础和前提。全市各级团组织按照党建带团建的总体要求，坚持"巩固、调整、拓展、创新"的思路，团的组织建设得到进一步加强。

第八章

新的形势下坚持和发展中国特色社会主义

2002年11月，党的十六大召开，为杭州共青团的工作和发展提供了强大的思想武器，指明了前进的方向。面向新世纪，实现新发展，杭州共青团坚持以"三个代表"重要思想为统揽，主动融入杭州大都市发展进程，顺应现代化发展方向，努力构建共青团工作新格局。全力做到在组织动员上有凝聚力，在实际工作上有创造力，在服务大局中有战斗力，在青年群体中有号召力，在社会生活中有影响力。把杭州共青团建设成为学习型、创新型、服务型和公益型的先进青年组织，全力打造共青团时代新形象。党的十七大召开以后，杭州市各级团组织以科学发展观统揽团的各项工作，坚持先进性与青年性的统一，坚持立足杭州与放眼世界的统一，坚持敢为人先与脚踏实地的统一，坚持组织覆盖与工作覆盖的统一，推动杭州共青团事业科学发展、率先发展、全面发展。

一

共青团杭州市第十六次代表大会召开

2003年9月28日，共青团杭州市第十六次代表大会召开。大会的主题是：高举邓小平理论伟大旗帜，深入学习贯彻"三个代表"重要思想，全面回顾总结过去五年全市共青团的实践与经验，深刻分析当前面临的机遇与挑战，研究部署今后五年的目标与任务，与时俱进、开拓创新，团结带领全市青年为"构筑大都市、建设新天堂"，率先基本实现现代化而努力奋斗。大会的议程是：听取中共杭州市委和团浙江省委领导讲话；审议并通过共青团杭州市第十五届委员会工作报告；选举产生共青团杭州市第十六届委员会。

中共浙江省委常委、杭州市委书记王国平，市委副书记叶明，市委常委、组织部部长王金财和团浙江省委书记葛慧君等有关领导出席了大会开幕式。各区、县（市）和直属有关单位分管共青团工作的领导、参加大会代表400名，代表全市33.6万名团员。

共青团中央发来贺信表示祝贺。中共浙江省委常委、杭州市委书记王国平作了题为《在构筑大都市建设新天堂实践中建功立业奉献青春》的讲话。团浙江省委书记葛慧君作了《在杭州率先基本实现现代化的实践中谱写壮丽的青春篇章》的祝词，市妇联主席陈建华代表市总工会、市妇联、市文联、市科协、市侨联、市残联、市社科联致贺词。

团市委书记胡侠代表团市委第十五届委员会向大会作《引导全市青年实践"三个代表"，为杭州率先基本实现现代化奉献青春》的工作报告。报告总结回顾了过去五年全市团的工作，明确了今后五年全市共青团工作的基本任务和奋斗目标，符合全市青年的愿望和全市共青团工作的实际，对做好今后五年全市共青团工作具有重要指导意义。五年来，全市共青团始终坚持以先进理论武装青年，青年政治思想教育获得新成果；始终坚持以时代使命激励青年，生力军和突击队作用得到新体现；始终坚持以品牌战略打造志愿者工作，青少年精神文明创建水平取得新提高；始终坚持以竭诚服务团结青年，团的吸引力和凝聚力有了新加强；始终坚持以改革精神推进团建创新，团的组织建设实现新突破；始终坚持以强团目标发展事业，团的各项工作迈上新台阶。今后五年，杭州共青团要紧紧围绕市委工作大局，大力开发青年人力资源，积极培育"四有"新人，在推动先进生产力发展、先进文化传播中发挥作用，在代表和维护最广大青年的根本利益中体现作为。一是以开发人力资源为主线，主动参与全市现代化建设，带领青年推动先进生产力发展；二是以培育"四有"新人为目标，大力加强政治思想教育，带领青年推进先进文化的传播；三是以青年的需求为导向，努力促进青年全面发展，代表和服务最广大青年的利益。

大会选举卞吉安等39人组成共青团杭州市第十六届委员会，卞吉安、董悦、柴宁宁、黄海峰、王伟平、沈阳红、蒋应东、史建锋、楼郇捷、夏芬、李霞等11人组成团杭州市第十六届常务委员会。十六届一次全会选举卞吉安为团市委书记，董悦、柴宁宁、黄海峰为副书记。

　　大会听取和审议了胡侠同志代表共青团杭州市第十五届委员会所作的《引导全市青年实践"三个代表"，为杭州率先基本实现现代化奉献青春》的报告，通过了《共青团杭州市第十六次代表大会关于共青团杭州市第十五届委员会工作报告的决议》。大会认为，报告高举邓小平理论伟大旗帜，自觉实践"三个代表"重要思想，深入贯彻市委九次党代会精神和市委九届五次全会精神，总结回顾了过去五年全市团的工作，明确了今后五年全市共青团工作的基本任务和奋斗目标，符合全市青年的愿望和全市共青团工作的实际，对做好今后五年全市共青团工作具有重要指导意义。大会号召，全市各级团组织和广大团员青年要紧密团结在以胡锦涛同志为总书记的党中央周围，高举邓小平理论伟大旗帜、以"三个代表"重要思想为指导，在市委、上级团委的领导下，积极投身杭州三个文明建设，在"构筑大都市，建设新天堂"率先基本实现现代化的伟大进程中奉献青春，创造出无愧于党和人民、无愧于时代的辉煌业绩。

　　9月30日，共青团杭州市第十六次代表大会闭幕。中共杭州市委副书记朱报春、市人大常委会副主任杨耀梁、副市长陈重华、市政协副主席曾东元等市领导和团浙江省委副书记赵一德出席闭幕式。

　　闭幕式由团市委新当选书记卞吉安主持。他向大会宣布了共青团杭州市第十六届委员会常委、书记、副书记名单并致闭幕词。卞吉安指出，大会对未来五年杭州共青团工作进行了整体的规划和部署，并提出了切实可行的发展目标和工作任务。这些目标和任务，既体现了党和政府对全市共青团的殷切期望，也反映了广大青年的内在需求，同时也是全市共青团组织顺应时代潮流、实现自我发展的必然选择。

面对光荣而艰巨的使命和任务，卞吉安代表新一届团市委领导班子表示，一定要勇担使命、奋发进取、扎实工作，以良好的精神状态和一流的工作业绩履行好这一光荣职责，谱写出新世纪杭州共青团事业的灿烂篇章。

杭州共青团加强自身建设

杭州共青团主动适应大都市发展要求，顺应现代化发展方向，以全市新世纪初的奋斗目标感召当代青年，着力发挥新作用，努力构建新格局，全力打造共青团时代新形象。在党建的带领和推动下，积极开展共青团员先进性教育、共青团员意识主题教育，保持团员的先进性、纯洁性。各级团组织进一步扩大对团员青年的广泛覆盖和有效联系，提高团组织的学习能力和服务能力，不断完善团的运行机制。

保持共青团员先进性教育

2003年4—12月，团杭州市委在开展保持共产党员先进性教育活动的同时，在全市开展保持共青团员先进性教育活动试点工作。此次试点工作着眼于保持团员的先进性、纯洁性，增强团组织的创造力、凝聚力和战斗力，组织广大团员深入学习实践"三个代表"重要思想，切实解决当前团员队伍中存在的突出问题，充分调动广大团员投身改革开放和现代化建设的积极性，以达到提高团员素质、巩固团组织建设、促进团的各项工作的根本目的。

试点工作涉及农村、社区、企事业、学校四个层面，选取富阳市、余杭区、下城区、西湖区、杭州经济技术开发区、杭州市交通局、杭州市教育局、杭州广播电视大学等8个直属团组织的18家单位具体开展试点工作。试点工作按动员准备、学习教育、民主评议、整改提高四个阶段进行。

试点工作坚持五个基本原则，即坚持把学习实践"三个代表"重要思想贯穿始终，坚持正面教育和自我教育为主，坚持边学边查边改，把整改贯穿始终，坚持分类指导、因人施教、注重实效，坚持发扬团内民主和接受青年群众监督相结合。为配合试点工作的开展，团杭州市委成立了杭州市共青团组织学习"三个代表"重要思想暨保持共青团员先进性教育活动宣传讲师团，通过赴试点单位宣讲教育，达到增意识、增素质、促工作的目的，在全市团员青年中兴起了学习贯彻"三个代表"重要思想的新高潮；开展了"寻找我身边的优秀共产党员"活动，通过寻访、讨论，在团员中形成"寻先进、学先进、当先进"的热潮；以"青年志愿者、青年文明号"为载体，开展形式多样的志愿服务活动，进一步树立起新时期团员青年新形象。

这次试点工作，为2005年在全市开展的增强共青团员意识主题教育活动提供了经验。

增强共青团员意识主题教育

2005年7月，团中央发布《关于在全团开展以学习实践"三个代表"重要思想为主要内容的增强共青团员意识主题教育活动的意见》（中青发〔2005〕26号），明确根据中央开展保持共产党员先进性教育活动的有关精神，结合共青团工作实际，团中央决定，2005年9—12月，在全团开展以学习实践"三个代表"重要思想为主要内容的增强共青团员意识主题教育活动。9月5日，团杭州市委召开全市动员大会，全面部署落实杭州市增强共青团员意识主题教育活动。会议强调，全市各级团组织在统一思想、形成共识，充分认识开展增强团员意识教育的重要意义的基础上，要深刻领会、厘清思路，全面把握增强团员意识教育的主题内容、目标任务及推进步骤。杭州市以"增强团员意识、健全基层组织、活跃团的工作"为目标，在全市1万多个基层团组织扎实开展了以学习实践"三个代表"重要思想为主要内容，以"永远跟党走"为主题的增强共青团员意识主题教育活动。

主题教育活动期间，全市各级团组织紧紧围绕市委提出的推进"五大战略"、破解"七大问题"、打造"平安杭州"、引领"和谐创业"的战略部署，紧密结合工作实际，开展了"学理论、知团情，争做优秀共青团员"主题学习活动，"破七难、作贡献，我为团旗添光彩"主题团日活动，"新时代新风采"团员、团干部形象主题讨论活动，"增强团员意识、服务和谐杭州"主题实践周活动，服务农村党员先进性教育活动等主题实践活动，并在创新流动团员管理和服务方式、加强新型组织团建、推进团内基层民主建设三方面取得了新突破。

增强共青团员意识主题教育活动，不仅增强了团员的政治意识、组织意识、公民意识和奉献意识，提高了团员队伍素质；也进一步提高了团组织的服务能力和服务水平，增强了团组织的吸引力、凝聚力和战斗力，进一步巩固和扩大了党执政的青年群众基础。

深化基层党建带团建

加强党建带团建工作，是党加强对共青团领导的具体方式，是巩固和扩大党的青年群众基础的重要方法，是新时期党建工作的内在要求。杭州市加强基层党建带团建工作，从1995年5月至2001年2月，共经历了三个阶段：试点先行全面铺开；目标管理落实责任；完善机制狠抓难点。2001年至2012年初，进入第四阶段：加强监督，优化环境。2001年，市委组织部下发《关于进一步加强基层党建带团建工作的若干意见》（市组〔2001〕6号），进一步明确了党建带团建的重要意义、指导思想和目标任务，并对各个领域党建带团建工作提出了基本要求。2005年1月、2012年2月，市委两次召开工会、共青团、妇联工作会议，分别出台了《中共杭州市委关于加强和改善党对新时期工会、共青团、妇联工作领导的意见》（市委〔2005〕6号）和《中共杭州市委关于进一步加强新形势下工会、共青团、妇联工作的意见》（市委〔2012〕2号）。

2006年3月至5月，省委办公厅组织了浙委〔2004〕10号文件贯彻落实情况的专项督察，全市的党建带团建工作得到了进一步促进和发展。

进行三级联创提高整体格局

2006年6月，中共杭州市委组织部与团杭州市委联合下发《关于在全市深化党建带团建工作，开展共青团组织"三级联创"活动的意见》（杭组通〔2006〕12号），进一步深化完善了党建带团建工作机制，努力促进基层党组织"三级联创"活动与基层团组织"三级联创"活动的有机衔接。联动发展，切实提升了全市基层党建带团建工作水平。

该《意见》明确，在全市深入开展以党建带团建，创建五四红旗团支部（总支）、五四红旗团委、团建先进县（市、区）为主要内容的"三级联创"活动，加强基层团组织建设。

通过制订创建规划，完善推进措施，建立激励机制，加强检查督促，建立健全创建活动动态管理机制，形成三级团组织相互衔接、相互促进，层层创建、整体提高的工作格局；并通过对创建单位实行滚动式发展，逐步扩大创建单位在基层团组织中的覆盖面。

截至2011年底，涌现全国团建先进县（市）4家、全国五四红旗团委8家、全国五四红旗团支部10家、省级五四红旗团委25家、市级五四红旗团支部217家，进一步增强了示范带动作用。通过建立健全区、县（市）团委、基层团委、团支部三级团组织联合创优、整体联动的工作机制，充分调动基层团组织加强自身建设的积极性和自觉性，通过一级抓一级、一级带一级，进一步完善创建体系，形成创建梯次，努力构建三级团组织相互衔接、相互促进，层层创建、整体提高的工作格局。

开拓"两新"领域建团

2007年，团杭州市委与市委组织部、市经济委员会联合下发《关于切实加强"两新"组织团建工作的意见》（杭团联〔2007〕22号），并在杭州市青年企业家协会率先成立了协会团工委。从此，杭州市的"两新"组织（新经济组织、新社会组织）建团工作走上了规模化、规范化发展道路。

2010年，团杭州市委开展"统筹城乡团建"试点工作，对"两新"组织建团工作提出了更高、更新的要求，团杭州市委按照团浙江省委的总体部署和具体要求，提出"从2010年开始，力争通过两年时间，构建与杭州市基层党的建设相配套，与青年群体结构和流向分布相一致的基层组织体系"的目标，并积极探索独立建团、联合建团、依托建团、新商业模式建团、产业链建团等各种有效方式，推动非公企业和新社会组织的建团工作，不断扩大团组织的有效覆盖。

截至2011年底，全市有5096家非公企业和496家新社会组织建立了团组织，其中建党组织且符合建团条件的规模以上非公企业实现团组织全覆盖；全市十大创意产业园、9个市级大学生创业园和所有亿元税收楼宇实现团建全覆盖，功能园区建团率达到95%。

通过加强"两新"领域团建的工作力度，使共青团的组织覆盖面不断扩大，空白点不断减少，团的基层活力不断激发，团的作用发挥更加明显，团员青年的政治意识、组织意识和模范意识不断增强，团的凝聚力、号召力和战斗力不断提升，"两个全体青年"（即"力争使团的基层组织网络覆盖全体青年，使团的各项工作和活动影响全体青年"①）的目标逐步实现。

---

① 胡锦涛：《在同团中央新一届领导班子成员和团十六大部分代表座谈时胡锦涛的讲话》，载本书编写组《胡锦涛总书记在同团中央新一届领导班子成员和团十六大部分代表座谈时的重要讲话学习读本》，人民出版社2008年版，第119页。

三

与中心工作同频共振

　　杭州共青团以围绕中心发挥作用为主线，推动经济社会发展作出新贡献。在全国同类城市中率先实现志愿服务立法，率先建立志愿服务领导体制和管理体系，率先形成志愿服务"社会化参与、项目化运作、规范化管理、整体化推进、事业化发展"的工作格局。组织引导青年自主创业、创业成才，实施"新农村·新青年"发展计划，开展城乡百团结对共建，组织引导青年为社会主义新农村建设献计出力。

拓展志愿服务领域

　　志愿服务条例立法。为了规范和促进志愿服务活动，保障志愿服务组织和志愿者的合法权益，积极推动志愿服务的法制化建设。2003年8月21日，市十届人大常委会十二次会议通过《杭州志愿服务条例》。11月6日，省十届人大常委会六次会议批准实施。《杭州志愿服务条例》对志愿者、志愿者组织的概念进行了规范，对志愿者的权利和义务进行了明确，使杭州志愿服务工作的规范发展有了法律保障，开创了杭州市为公益活动立法的先河。2007年11月23日，《浙江省志愿服务条例》经省十届人大三十五次常委会通过，2008年3月5日正式实施。这标志着浙江省、杭州市志愿服务工作实现了由党委政府领导、共青团抓总，各部门协同和由组织行为向社会行为转变，由青年自发向有法可依转变，进一步走上法制化、规范化的轨道。志愿服务工作真正实现了"有章理事、有人管事、有钱干事、有地方做事"的新局面。

成立杭州志愿者培训学院。2005年3月，杭州志愿者培训学院成立，由杭州市团校和杭州市志愿者工作指导中心共同管理。学院旨在培育杭州特色志愿服务文化，弘扬志愿服务精神，传播志愿服务理念，服务杭州社会发展。9月，杭州市团校（杭州志愿者培训学院）被共青团中央、中国青年志愿者协会、中国青年工作院校协会联合授予首批"全国注册志愿者培训基地"。杭州市团校"全国注册志愿者培训基地"的成立是推进杭州志愿者培训专业化、品质化的有利契机，为杭州市提升适应国际重大论坛、重要赛会志愿服务水平提供了有效的智力支持。

开展和谐社区志愿服务行动。2001年，胡锦涛同志视察杭州社区工作，提出社区要抓好社区干部和社区志愿者两支队伍。2002年，市委办公厅、市政府办公厅下发了《关于转发团市委〈关于进一步加强杭州市城市社区志愿服务工作的意见〉的通知》（市委办发〔2002〕10号）和《关于转发〈团市委关于杭州市社区志愿服务管理办法〉的通知》（市委办发〔2002〕168号），明确了社区志愿服务工作的主要目的、重点内容、服务形式和规范要求，开始了和谐社区志愿服务行动。2003年12月，杭州在全国率先成立志愿服务工作委员会。2005年12月，团中央在杭州举办"全国社区志愿服务与和谐社会·杭州论坛"，总结推广全市社区志愿服务工作的实践探索和有益经验。2010年，市委、市政府和市委办公厅、市政府办公厅下发了《关于进一步改进和完善我市志愿服务工作的实施意见》（市委〔2010〕19号）、《关于深入推进我市社区志愿服务工作的若干意见》（市委办〔2010〕9号）两个文件，进一步明确推进社区志愿服务工作的总体要求、主要任务及各项保障。

西博会（休博会）志愿服务行动。2000年，为了配合西博会开幕式场馆清洁服务和接待国内外客户参加杭州首届西湖国际博览会的需要，团杭州市委与市志愿者协会广泛发动青年和市民参与西博会志愿服务，开启了西博（休博会）志愿服务行动。自2000年以后，西博会年年举办。2006年，世界国际休闲博览会长期落户杭州，团杭州市委和市志愿者指导中心把这两个大型志愿服务行动合并一起组织实施，并专门成立了西博会（休博会）主题馆志愿服务工作领导小组和工作部，选派专人参加集中办公，负责日常工作；制订了《西博会志愿服务行动方案》《休博会志愿服务行动实施方案》《休博会主题馆志愿服务行动方案》。志愿者培训采用集中培训和岗前培训、统一培训和分类培训、书面培训和课堂培训、理念培训和技能培训相结合的培训模式，组建了由专家、高校领队、资深志愿者、主题馆领导等组成的讲师团队，共同编印《西博会（休博会）志愿者手册》，开展集中培训。制订《关于志愿者行动的若干规定》《主题馆志愿者服务须知》，实行志愿者领队、高校教师、参展者服务中心三方协作机制，确保了志愿服务工作规范有序。通过实施西博会（休博会）志愿服务行动，大力弘扬志愿精神，积极倡导文明风尚，努力营造良好氛围，充分展示了杭州志愿者形象。

　　援外志愿服务。2006年9月，团杭州市委受共青团中央、国家商务部和中国青年志愿者协会的委托，同北京、河北、成都团省、市委联合承办了"2006中国青年志愿者海外服务计划——埃塞俄比亚项目"，招募选拔了计算机、农牧业、医疗卫生、工业技术及汉语教学等专业14名志愿者赴埃塞俄比亚开展了为期1年的志愿服务。14名志愿者在埃塞俄比亚艰苦的条件下，克服重重困难，扎实开展工作。有的在农业院校从事农场管理和兽医实验课教学工作，传播中国先进的农业技术和管理理念；有的参与开发了埃塞俄比亚国家信息部网站政务平台系统，为埃塞俄比亚的信息化建设作出了积极贡献；有的服务于国家电视台，参与了重大电视节目制作，开发了阿姆哈拉语的电视台媒体档案管理系统；有的扎根当地医院，克服了设备落后、医药短缺等种种困难，冒着随时会被艾滋病毒感染的危险，兢兢业业为当地病人服务；有的在职教学院从事教学，提供电脑培训，积极传播中国文化；有的扎根埃塞俄比亚重点水利工程工地，参与项目的软硬件管理；有的积极传播中国文化，和埃塞俄比亚人民深入交流。他们用辛勤的劳动、真诚的付出，展示了中国青年、杭州青年的精神风貌和良好形象，推动了中埃人民的友谊。2008年11月，受共青团中央、国家商务部和中国青年志愿者协会的委托，团杭州市委、市志愿者工作指导中心承办了"中国（杭州）援外志愿服务——加纳项目"。招募选拔了10名志愿者赴非洲加纳开展为期1年的汉语教学志愿服务。10名志愿者在加纳克服了条件简陋、物资缺乏、交通不便、疾病肆虐等困难，在加纳首次开设汉语本科班，举办中国文化周、国庆联欢会等活动。志愿者们牢记使命，展示形象，不畏艰难，扎实工作，圆满完成各项工作任务，体现了杭州志愿者的良好风貌，传播中国文化的同时，也为中加友谊增添了绚丽的一笔。

实施"青春·创业·杭州"活动

2004年5月,团杭州市委、杭州市青企协紧紧围绕市委、市政府工作中心,服务青年的需求,努力营造"创业在杭州,青年争先"的良好氛围,开展"青春·创业·杭州"的活动。市青企协联合市委宣传部、市青联、市志愿者工作指导中心和每日商报共同发起并成立了"青春·创业·杭州"志愿指导团。指导团服务大学生创业导航活动,组织企业家走入杭州师范学院、杭州电子科技大学、杭州职业技术学院、浙江三联专修学院、中国计量学院、浙江大学等高校,为大学生创业提供指导服务。市青企协联合杭州人民广播电台推出"创业人生"栏目;联合每日商报开通"青春·创业·杭州"志愿指导热线,先后组织10位企业家做客"18创富"热线,倾听和解答创业者们的困惑,帮助创业青年分析市场趋势、创业计划,传授创业成功的秘诀,为创业者们提供一些经验上的指导;在"杭州市青年企业家协会、杭州志愿服务网"上专门设立了讨论区,企业家针对青年在创业过程中遇到的问题给予解答;成立"青春·创业·杭州"俱乐部,定期组织沙龙、讲座、参观企业等活动,为企业家和创业青年提供长期的相对固定的交流、沟通、学习的平台;联合市劳动保障局、市工商联开展大学生暑期实习岗位推荐会,帮助大学生走上实习岗位,积累职场经验。

"新农村·新青年"发展计划

2006年，团杭州市委为贯彻党的十六届五中全会作出建设社会主义新农村的重大战略决策，启动了"新农村·新青年"发展计划，动员组织全市广大团组织和团员青年积极投身社会主义新农村建设，在引导农村青年提升素质、参与农村事业发展、促进农村青年组织活跃中发挥作用。计划的主要内容是开展推进新农村建设主题教育活动，树立全市农村青年星火（兴业）带头人典型，促进农村青年成才致富，配合做好农民素质培训和农民信箱工程等，重点开展"七项行动和三大建设"。

2007年，团杭州市委将1999年创立的杭州市青年星火带头人协会更名为杭州市农村青年兴业带头人协会，共有会员268名。协会通过举办各类学习培训班组织交流考察、先进举荐和社会公益活动，为促进杭州优秀农村青年星火（兴业）带头人的培养和农村社会经济发展发挥了积极作用。

2009年，团杭州市委在富阳试点开展"村村都有好青年"人才发展计划。2010年，团杭州市委下发《关于实施杭州市"村村都有好青年"人才发展计划的意见》，在全市开展"村村都有好青年"评选，每个行政村评选产生一名"好青年"。团杭州市委对评选产生的好青年进行了专题培训。全市10个区县市（上城、下城、拱墅除外）共评选产生1867名"好青年"。据统计，"好青年"培养中推优入党比例达到18%，推选为基层团干部比例达43%，进入"村两委"或是被列为"村两委"后备干部的达14%。

团杭州市委还开展了面向农村青年和来杭务工青年的"双证制"

技能培训与农村青年实用人才培训、青年农村创业就业行动等工作，提高农村青年、来杭务工青年的文化水平和劳动技能，促进就业、鼓励创业。2011年，各区、县（市）团委通过团单独培训、与政府部门合作培训、示范项目培训等方式，累计培训达到2.52万人，实现就业人数9883人。通过积极争取、寻求合作，落实培训机构21个，落实培训资金266.665万元，全市各级团组织通过"订单式"技能培训各类青年约3.54万人，培训后实现就业约1.29万人。

"城乡百团"结对共建

2007年，团杭州市委为认真贯彻市第十次党代会以及市委市政府《关于开展"百团联百乡，千企结千村"活动的意见》文件精神，落实团杭州市委十六届五次全会"基层基础年"要求，开展城乡百团结对共建行动，动员全市机关、企事业等单位与乡镇、村以双赢为原则，以结对为形式，以项目为纽带，通过创业共扶、文明共育、组织共建、爱心共献等方式向结对单位团组织提供人力、物力、财力、智力的帮助和支持，推动城乡共同发展。

2011年，根据《中共杭州市委、杭州市人民政府关于以新型城市化为主导，进一步加强城乡区域统筹发展的实施意见》《中共杭州市委、杭州市人民政府关于深化"联乡结村"活动加快城乡区域统筹发展的意见》文件精神，团杭州市委提出夯实城乡团的基层基础，进一步促进城乡区域团组织统筹发展，推进区域协作计划和"新农村·新青年"发展计划。团杭州市委组织"联乡结村"活动成员单位中的机关、企事业单位，经济发达镇乡（街道）和学校团组织与经济基础较薄弱的镇乡团委开展结对共建活动，组成共青团系统的38个市级组团，259家单位与五县市的结对镇乡团委在人力、物力、财力、智力等方面形成互动双赢。城乡百团结对共建行动为低收入农户青少年结对帮扶累计1.65万人，发放帮扶资金1427余万元。五县市团委也积极做好市级组团与结对共建镇乡团委间的沟通协调工作，在本辖区范围内自行组织开展了结对共建，形成上下联动、城乡共建的良好局面。

抗击"非典"

2003年初，中国广东省发生传染性非典型肺炎（以下简称"非典"）流行。随后，广西、山西、北京等省（自治区、直辖市）也陆续发生"非典"疫情。4月19日，浙江省发现第一例"非典"病例。在党中央、国务院的坚强领导下，举国上下在同"非典"进行着严峻的斗争。在市委、市政府的直接领导下，杭州全市人民同"非典"这一突发性的重大灾难进行了艰苦、顽强的斗争。

4月29日，团杭州市委召集直属团组织负责人会议，认真学习传达了市委、市政府的决定，统一思想、提高认识，对全市各级团组织抗击"非典"工作，尤其是"五一"期间的工作提出进一步要求，动员全市各级团组织和广大团员青年继续发挥"党有号召，团有行动"的传统，积极配合、主动参与、当好助手，在抗击"非典"的斗争中发挥积极作用。

团杭州市委要求，各级团组织因地制宜、积极行动，切实发挥在抗击"非典"斗争中的积极作用。一是要配合做好宣传工作。充分发挥团内宣传阵地，深入宣传党和政府抗击"非典"的措施、政策和法律法规，科学预防"非典"的知识和抗击"非典"一线的工作人员，特别是团员青年等先进个人和感人事迹。尤其是各县（市）团组织和有下辖农村的城区团组织要进一步加大宣传力度，积极开展各种形式的宣传活动，使农村居民形成对"非典"的科学认识。二是要开展为一线工作人员送温暖活动。通过慰问、结对助学等形式，为一线工作人员的家庭解决实际困难。三是要动员广大团员青年带头参与志愿者行动，积极参与爱国卫生运动，结合"清洁杭州，美化社区"和落实公共场所防治"非典"措施开展志愿服务。

5月4日，中共浙江省委书记习近平在读了《杭州市第六人民医院"非典"防治病区临时团支部全体团员致省委习近平书记的信》后，给杭州市第六人民医院"非典"防治病区临时团支部全体团员青年写了一封回信。习近平代表省委省政府和全省人民在五四青年节到来之际，向市六医院"非典"防治病区临时团支部全体团员青年们致以节日的问候和亲切的慰问。他在信中，高度赞扬了抗击"非典"第一线的团员青年："面对病魔你们临危不惧、勇挑重担，把疫情当敌情，把病房当战场，把患者当亲人，用心血和汗水谱写了抗击非典的青春之歌，向党和人民交出了一份出色的青春答卷。"习近平同志分析了抗"非典"斗争形势，指出："防治工作取得了初步成效，但面临的形势仍然十分严峻。我们必须充分做好打持久战的思想准备。"为此，他对战斗在抗"非典"第一线的团员青年们提出了殷切希望和要求："希望你们继续发扬顽强拼搏、无私奉献的精神，与广大医务工作者和全社会一道，为保护人民群众身体健康和生命安全、为夺取抗非典斗争的完全胜利不懈努力。"信中，习近平还希望广大团员青年把抗击"非典"作为培育民族精神的课堂，坚定信念、发奋学习、敬业爱岗、锤炼品格，为浙江加快全面建设小康社会、提前基本实现现代化，为中华民族的伟大复兴贡献青春、智慧和力量。①

杭州市广大团员青年在得知这个消息后，纷纷行动起来，表示一定不辜负省委书记习近平对团员青年的信任，继承五四精神，发扬"党有号召，团有行动"的优良传统，以实际行动投入抗击"非典"的战斗中来，为团旗增辉，做青年楷模。

5月7日，团杭州市委致信全市的团员青年，号召各级团组织将抗击"非典"活动与当前开展的保持团员先进性教育相结合，带领广大团员青年率先垂范，充分发挥先锋模范作用，在祖国人民最需要的时候，挺身而出，参加服务，奉献爱心，协助好党和政府打好抗击"非典"的攻击战，以实际行动书写合格的青春答卷。

在杭城，一场保卫人民生命安全、维护社会稳定的抗击"非典"战役在各条战线上打响了，广大团员青年用自己的青春和热血，谱写着新时代青年的灿烂篇章。市卫生局所属的各级团组织成立了防治"非典"医疗队，广大青年医务工作者投入战斗的最前线，与"非典"病毒进行零距离较量；广大青年公安民警、城管执法队员投入艰巨的隔离区保卫战，长时间坚守岗位维护秩序、进行排查，同时做好隔离区居民的思想稳定工作；交通局团工委组织团员青年积极投入防治"非典"知识宣传、清洁消毒、旅客检测登记等服务活动；社区青年志愿者尽心服务隔离区居民，尽力为群众解决困难；农村各级团组织针对返乡人员和流动人员剧增的情况，成立"非典"防治应急分队，主动到车船码头为返乡人员量体温，挨家挨户对返乡人员进行排查与健

---

① 史梅：《习近平致信勉励战斗在抗击非典第一线的团员青年 为夺取抗非典斗争完全胜利不懈努力》，《杭州日报》2003年5月5日，第1版。

康状况登记，在公共场所、客运码头、卫生死角广泛开展洁美活动。

　　7月5日，市委市政府、团浙江省委召开了抗击"非典"表彰大会，表彰了各条战线上的抗击"非典"先进集体和先进个人。在这场抗击"非典"的战斗中，全市各级团组织、团干部、团员青年迎难而上，与全市人民共同筑起群防群控的铜墙铁壁。市志愿者协会和协会的武长虹同志分别被评为杭州市抗"非典"工作先进集体和个人；10个志愿者组织被团浙江省委评为全省抗击"非典"优秀志愿服务集体，35名志愿者被评为全省抗击"非典"优秀青年志愿者。

四

提升服务青少年能力

杭州共青团以项目化运作为途径，不断提升服务青年能力。广泛开展职业青年导航计划，实施农村青年素质培训工程，组织各类就业（实习）岗位招聘会，切实服务青年就业成才。针对外来务工青年，实施"蒲公英行动""双千结对"等系列活动，服务他们融入城市、提升素质。成立浙江杭州12355青少年服务台，为青少年提供心理咨询、法律咨询、助学申请、就业推荐、创业引导等公益服务，成为服务青少年民生的协调中枢和综合平台。

蒲公英行动

为大力弘扬杭州"精致和谐，大气开放"的新时期人文精神，更好地为来杭创业务工青年服务，引导他们树立"第一故乡第二故乡都是创业故乡，本地青年外来青年都是有为青年"的理念，为杭州推进"和谐创业"，构建"和谐社会"作贡献。2005年4月，团杭州市委等单位联合下发《关于实施"来杭创业务工青年·蒲公英行动"的意见》（以下简称蒲公英行动），开展"十百千万"计划评选表彰十佳（优秀）来杭创业青年、举行百对来杭创业务工青年大型公益集体婚礼、组织千名来杭工青工岗位练兵和技能竞赛、开展万名来杭青年"青春之旅""美丽乡村游"交友联谊活动和"真情五送"活动（送创业指导、送法制教育、送防艾健康、送文艺演出、送爱心助学）。

"双千结对"活动

2005年4月，为积极响应全市工青妇工作会议上提出的"服务外来青工"的号召，团杭州市委在全市共青团组织中启动了千个团支部结对千名来杭务工困难家庭子女活动（简称"双千结对"活动）。"双千结对"活动以"五个一"活动（一次上门走访、送一份学习用品、交一次特殊团费、同过一个节假日、组织一次免费公益夏令营）为主要内容，结合不同时期工作重点、时代特征，针对不同群体开展多种形式的结对帮扶活动。随着活动的深入开展，结对对象逐渐扩展到来杭务工困难家庭子女、低收入农户青少年（农村困难留守青少年）或贫困学生（含大学生）。活动开展以来，通过"双千结对"活动，各结对团支部累计上门走访结对民工子女9228人次，赠送2.1万余件学习资料、体育用品以及价值6.3万余元的衣服、食品等物资，缴纳特殊团费27.68万元，组织同过一个周末（假日）、红色之旅、免费夏令营、文明礼仪教育活动1237次，参加人数2.53万余人。通过扎实开展形式多样的活动，以及对弱势群体的热情帮扶，进一步增强了团员意识，激发了基层活力；也进一步加强了对弱势群体的思想引导，丰富了他们的业余文化生活，并为他们提供了切实帮助，力所能及地帮助他们更好地在杭州生活、创业。

成立浙江杭州12355青少年服务台

浙江杭州12355青少年服务台（以下简称服务台）前身为1990年成立的杭州青少年热线，2007年11月由团浙江省委和团杭州市委共同建设成立，是团中央首批青少年服务台全国试点单位之一。

服务台以"解决青少年实际困难、维护青少年合法权益、服务青少年健康成长"为工作理念，始终围绕青少年的学习、生活、情感、就业等需求，提供心理咨询、法律咨询、青春健康、助学申请、婚恋指导、青少年维权、中高考减压咨询、校外教育咨询、志愿者报名、创业支持等多类公益服务。

2011年1月，12355青少年心灵花园（心理矫正）体验中心成立。浙江省委常委、副省长葛慧君为中心揭牌。12355青少年心灵花园（心理矫正）体验中心是一个以青少年为服务对象、以心理干预为主要形式的公益类专业性常态化青少年微观问题干预基地，开设心理宣泄、心理测量、心理疏导等各类专业化体验矫正项目，向青少年及其家长免费开放。6月，以全国政协副主席郑万通为团长、团中央书记处常务书记王晓为副团长的全国政协委员视察团一行视察观摩了杭州12355青少年心灵花园体验活动，郑万通对12355的工作给予了高度肯定。8月，服务台正式注册为民办非企业单位，真正实现了"有章理事、有人管事、有钱干事、有地方办事"的四有目标。积极推动服务台向基层延伸，全市13个区、县（市）均已建立"12355青少年服务站"，形成上下联动的工作体系。

截至2011年11月底，服务台共接听来电9.58万个，来电办结率达97%。组织开展各类服务活动1000余场次，直接受益人群达10余万人。

服务台坚持"解决青少年实际困难，维护青少年合法权益，服务青少年健康成长"的工作理念和"资源整合一体化、平台建设信息化、服务项目个性化、服务流程标准化"的建设思路，将服务台打造成"倾听呼声、提供服务、维护权益"的青少年综合服务平台和共青团参与社会管理创新的新平台，取得了巨大的成绩。

五

共青团杭州市第十七次代表大会召开

2008年11月11日，共青团杭州市第十七次代表大会召开。大会的主题是：高举中国特色社会主义伟大旗帜，以邓小平理论和"三个代表"重要思想为指导，深入学习实践科学发展观，全面贯彻落实党的十七大、团的十六大、市十次党代会和市委十届四次全会精神，解放思想，牢记使命，科学发展，锐意进取，团结带领全市青年为共建共享与世界名城相媲美的"生活品质之城"奉献青春。大会的议程是：听取中共杭州市委和团浙江省委领导讲话；审议并通过共青团杭州市第十六届委员会工作报告；选举产生共青团杭州市第十七届委员会。

中共浙江省委常委、杭州市委书记、市人大常委会主任王国平，市委副书记、市长蔡奇，市政协主席孙忠焕，市委副书记、纪委书记叶明，市委副书记王金财，团浙江省委书记鲁俊，市领导于跃敏、杨戌标、许勤华、翁卫军、李大清、王基信、佟桂莉出席大会开幕式；市总工会、市妇联、市文联、市科协、市侨联、市社科联、市残联等群众团体负责人到会祝贺；参加大会代表400名，代表全市37.8万名团员。

团市委副书记周扬致开幕词。她说，五年来，在市委和上级团委的领导下，全市各级共青团组织高举中国特色社会主义伟大旗帜，自觉实践科学发展观，解放思想、求真务实、开拓创新、锐意进取，积极履行团的各项职能，大力加强团的自身建设，团结和带领全市团员青年坚定信念、扎实工作、奋发进取、建功立业，在推进科学发展、促进社会和谐、打造"生活品质之城"的实践中作出了积极贡献。

开幕式上，共青团中央向大会发来贺信。省委常委、市委书记、市人大常委会主任王国平发表了题为《以新一轮解放思想大行动为动力，在共建共享生活品质之城中再创青春辉煌》的讲话。团中央常委、团浙江省委书记鲁俊代表共青团浙江省委讲话。市总工会主席陈永良代表群众团体向大会致贺词。

十六届团市委副书记黄海峰受共青团杭州市第十六届委员会委托，向大会作了题为《解放思想，牢记使命，科学发展，锐意进取，为共建共享与世界名城相媲美的"生活品质之城"奉献青春》的工作报告。报告全面、客观地回顾了市第十六次团代会以来全市共青团工作的实践与探索，总结了经验，指出了问题。报告深刻分析了伴随改革开放30年成长起来的新一代杭州青年的特点特征，提出新形势下杭州共青团事业发展的理念思路，科学规划了在杭州新一轮跨越式大发展的伟大实践中全市共青团工作的主要任务。报告号召全市各级团组织和广大团干部要高举中国特色社会主义伟大旗帜，以邓小平理论和"三个代表"重要思想为指导，深入学习实践科学发展观，全面贯彻落实党的十七大、团的十六大、市十次党代会和市委十届四次全会精神，解放思想，牢记使命，科学发展，锐意进取，团结带领全市青年为共建共享与世界名城相媲美的"生活品质之城"奉献青春。

大会选举黄海峰等38人组成共青团杭州市第十七届委员会，黄海峰、周扬、李忠誉、朱燕锋、史建峰、李霞、沈阳红、钟铭、徐震宇、蒋应东等10人组成团杭州市第十七届委常务委员会。十七届一次全会选举黄海峰为团市委书记，周扬、李忠誉为副书记。

大会听取和审议通过了黄海峰代表共青团杭州市第十六届委员会所作的《解放思想，牢记使命，科学发展，锐意进取，为共建共享与世界名城相媲美的"生活品质之城"贡献青春》的工作报告，通过了《共青团杭州市第十七次代表大会关于共青团杭州市第十六届委员会工作报告的决议》。大会认为，工作报告高举中国特色社会主义伟大旗帜，自觉实践邓小平理论和"三个代表"重要思想，全面落实科学发展观，深入贯彻市十次党代会和市委十届四次全会精神，总结回顾了过去五年全市团的工作，明确了今后五年全市共青团工作的主要任务和奋斗目标，符合全市团员青年的愿望和共青团工作的实际，对做好今后五年全市共青团工作具有重要指导意义。大会要求，全市各级团组织和广大团干部要认真学习中共杭州市委领导和团浙江省委领导在团代会上的讲话精神，联系各自实际，注重在今后工作中加以贯彻落实；全市团员青年要深刻认识肩负的光荣使命，不辜负党和人民的殷切期望，努力成为理想远大、信念坚定的新一代，品德高尚、意志顽强的新一代，视野开阔、知识丰富的新一代，开拓进取、艰苦创业的新一代。

11月13日，共青团杭州市第十七次代表大会闭幕。市领导王金财、于跃敏、吴正虎出席大会闭幕式。王金财在闭幕式上对今后共青团工作提出殷切希望。他指出，共青团组织要听从党的召唤，始终体现团的特性。按照"四个新一代"的要求，加强青年的理想信念教育，把广大青年团结在党的周围，切实发挥党联系青年的桥梁纽带作用，带领团员青年在经济社会建设中发挥生力军和突击队的作用。要紧跟发展步伐，始终体现时代特征。坚持以党的十七大精神为引导，认清新形势，肩负新使命，迎接新挑战，自觉学习实践科学发展观，着力推动科学发展、促进社会和谐，使共青团工作与时代发展同节拍、同步调。要围绕中心工作，始终体现杭州特色。把团的工作放到推动杭州新一轮跨越式大发展中去思考、去谋划、去定位，找准共青团工作定位和切入点，推进青年创业就业系列活动，深化志愿服务事业，加强青少年思想道德教育，着力打响共青团工作品牌，使共青团工作与中心工作紧密相连、同频共振。要关注青年需求，始终体现青春特点。认真研究杭州青年的新特点、青年群体变化的新趋势，结合实际创造性地开展工作。

六

深化青少年思想教育引领体系

加强青少年思想教育和引导是共青团履行根本职责的重要任务。杭州共青团以项目化管理为手段，培育典型，分类引导，扎实推进青少年思想引领体系建设。杭州各级团组织牢牢把握青少年思想教育的根本目标，遵循青少年成长发展规律，发挥共青团自身优势，创新教育方法和手段，引导青少年在多元的社会思想中唱响主旋律，树立正确的价值取向。

成立当代大学生杭州理论读书会

2010年初，杭州市委宣传部、团杭州市委、市社科联、市学联联合发起成立当代大学生杭州理论读书会。读书会以中国特色社会主义理论体系为指导，全面贯彻落实党的十七大精神，按照科学发展观、构建和谐社会与共建共享"生活品质之城"的要求，通过理论学习、宣传和研究，对大学生理论骨干的思想政治素质、政策理论水平、理论与实践结合的能力进行培养锻炼，培养和造就一大批政治信仰坚定、理论基础扎实、综合素质全面的优秀大学生，影响和带动当代大学生坚定中国特色社会主义道路信念，引导大学生成长为中国特色社会主义事业合格建设者和可靠接班人。名誉会长由浙江省委宣传部原副部长雷云担任，会长由市委宣传部常务副部长魏皓奔、团市委书记黄海峰担任，常务副会长由市社科联副主席龚勤芳、团市委副书记周扬担任。

读书会设秘书长3名、常务副秘书长3名，理事长30名，学习秘书33名。下设办公室、讲师团、宣传策划部、实践拓展部、理论研究部等5个部门，办公室常设于市学联。各组织负责人均由有关专家学者和理论社团骨干兼任。办公室主要负责读书会组织协调工作，由学联主席负责日常工作；讲师团主要负责理论宣讲和指导，成员主要由市社科联和有关高校专家学者或教师担任；宣传策划部主要是组织理论学习和系列活动，做好对外宣传工作，成员由学联和有关高校理论社团负责人兼任；实践拓展部主要是负责外联工作，组织理论学习社团走进社区、企业、农村等，开展社会实践活动，成员由学联和有关高校理论社团负责人兼任；理论研究部主要负责理论课题调研，总结学习成果，成员由学联和有关高校理论社团负责人兼任。

活动模式是以各高校理论社团为基本组织，以中国特色社会主义理论体系为主要内容，以"当代大学生杭州理论读书会"为主要平台，以学习、宣传、研究和社会实践为基本途径，坚持理论宣传普及与重点课题研究相结合、党员骨干与一般学生相结合、导师辅导与实践活动相结合、学校课程与社会实践相结合，通过一系列学习实践活动，不断提高大学生的思想理论水平。

实施青年马克思主义者培养工程

杭州市西子青年人才学院（以下简称人才学院）在团浙江省委、省学联指导下，由团杭州市委、杭州市学联、杭州市团校共同主办。

人才学院是针对在杭高校学生干部精英成长规律和实际需求，从增强政治素质、提升思想境界、优化能力结构、磨砺作风品格等方面着手，培养其成为具有马克思主义思想和中国特色社会主义理论水平，坚定跟党走中国特色社会主义道路，具有共产主义理想信念的学生骨干。团杭州市委、杭州市学联、杭州市团校等相关职能部门负责人组成院委会，团市委书记任院长。办公室设在市学联，负责管理学院日常事务。教务处设在杭州市团校，负责日常教学工作。

2010年3月，人才学院面向各市属高校、高职高专独立学院联席会议成员单位所属的本、专科全日制在校生开始招生。招募了一批具备良好思想政治素质，具有较高道德素质，热心社会公益事业，在学习、科研、创新创业等方面取得优异成绩或具备某方面突出特长和能力，有较强社会交往和组织协调能力，有较强协作能力和进取心，并有志成为学院培养目标指向的优秀人才，首期共37名学员。

首批37名学员通过理论学习、社会实践、红色教育、能力训练、交流研讨五大学习方式完成了为期一年的学习。2011年4月，通过学校初评及现场选拔，来自全市高校的优秀青年学生共计35人加入了西子青年人才学院，成为第二期学员。

在学制为一年的学习中，学员通过理论学习、导师指导、拓展实践、能力训练、交流研讨等项目不断提高自身综合素养，从而进一步推动全市学生干部培养和学生队伍建设工作、培养一批合格的中国特色社会主义事业建设者和接班人，同时为全市学生干部交流与学习创造良好平台。

七

深化统筹城乡共青团组织体系建设

杭州共青团以自身建设为重点，紧跟党建步伐，夯实基层基础，扩大有效覆盖，着力深化统筹城乡共青团组织体系建设，全力夯实联系和服务青年的新堡垒，以党建带团建为依托，以"双网互动"为统揽，大胆探索多种组织设置、运行模式和制度安排，着力实现对青年"网上＋网下""网络＋网格"的广泛覆盖和有效凝聚，扎实推进组织格局创新和乡镇实体化"大团委"建设，探索传统领域基层团组织作用发挥的新途径。

创新乡镇（街道）组织格局

2009年底，团杭州市委制定了《杭州市乡镇、街道共青团组织格局创新工作规划（2010—2011年）》文件，杭州市作为全国第一批团的组织格局创新工作试点地市，全面启动乡镇、街道共青团组织格局创新工作。各区、县（市）在具体操作过程中，对乡镇街道编制外副书记和委员候选人选配操作程序进行严格把关，通过试点先行、全面推广的工作模式，积极总结试点经验，逐步完善各项制度，最终制定符合各地实际、规范可行的操作流程和选配制度。

截至2011年11月底，各区、县（市）的109个乡镇、83个街道已经全面完成团的组织格局创新工作，两项指标完成情况均位居全省第一。乡镇、街道团组织格局创新工作，不断扩大团组织社会覆盖面和影响力，切实增强了团的组织动员力和社会动员力，推进了团的事业蓬勃发展，团的基层组织建设和基层工作力量得到了长足进步，实现文化结构优化、年龄结构优化、行业结构优化等三大优化，丰富工作内容，充实基层力量，创新了团的组织设置，拓宽了团的联系渠道，激发了团的基层活力。

开展校地共青团联谊工作

2009年，团杭州市委召开校地共青团联谊会，全市各级团组织与高校团委以调查研究为基础，以项目化管理为手段，为构建杭州城市共青团格局，深化校地共青团合作，加快区域共青团建设步伐，探索了经验，取得了成绩。

2009—2011年，共有226个项目通过校地共建联谊会，使各地与高校有效衔接，其中2009年推荐项目24个，2010年推荐项目75个，2011年推荐项目127个。为了保证校地共青团联谊工作顺利开展，团杭州市委统筹编印在杭共青团组织、省属高校、高职高专、独立院校通讯录；通过西博会、动漫节、上海世博会、残运会等机会与各高校紧密配合，精心打造高素质的志愿者队伍，提升大型赛会志愿服务水平；通过建立"青年就业创业见习基地"，为高校毕业生提供创业就业的机会，促进青年就业创业体系的构建；开展青年创业项目竞赛和培训，增强大学生创业能力和素质；以"当代大学生杭州理论读书会"和西子青年人才学院为平台，与高校紧密合作，为大学生开展中国特色社会主义理论体系学习、宣传、研究和普及工作，推进马克思主义青年化，培养新世纪马克思主义接班人，奠定坚实的基础；通过"12355在行动"，先后走进浙江传媒学院、中国美术学院、浙江工商大学、浙江旅游职业技术学院，开展人际沟通工作坊、心理关爱团体辅导等各类活动，进一步提升大学生的心理素质；联合杭州5套阳光电视、FM107浙江电台城市之声、华语之声，开办3档12355专题节目，播出专题节目21期，面向大学生广泛传播心理健康保健知识。杭州市校地共青团联谊会这一平台，为高校团委和各区、县（市）团委畅通渠道、加强交流、共享资源提供了有效保障，发挥杭州地方团组织与在杭高校团组织各自的优势，进一步推进杭州区域共青团整体化建设提供了服务平台。

实施团干部团务资格认证制度

为进一步加强全市团干部队伍建设，提升团干部的业务素质和工作作风，从2010年起，团杭州市委面向全市各级各类团干部，包括市、区、县（市）团委全体机关干部、市直属团组织委员以上团干部、乡镇（街道）、村（社区）、机关、学校、企事业单位、"两新"组织中团支部书记以上团干部推行了团干部团务资格认证制度，要求所有在岗团干部须在2010年底前取得杭州市团干部团务资格证书，2011年1月1日以后新任职的团干部须在到岗3个月内完成团干部团务资格认证培训及考证工作。培训及考试的主要内容为从事共青团工作必备的理论知识、业务知识和基本技能等团务基础知识，以及阶段性共青团的重点工作等。市、区、县（市）团委常委及全体机关干部、市直属团组织委员以上团干部的培训、考证工作由团杭州市委委托市团校组织实施；乡镇（街道）、村（社区）、机关、学校、企事业单位、"两新"组织中团支部书记以上团干部的培训工作由团杭州市委各直属团组织自行负责，也可委托市团校组织实施。自团干部团务认证制度实施以来，团杭州市委通过建立团务知识学习网、编印培训教材、完成试题库建设等方式，不断完善培训、考证工作，并充分借助互联网的便捷、高效等优势逐步实现对团干部普及团务知识、提高业务本领的基本工作要求。

截至2011年底，全市共有约1.06万名团干部通过课堂面授或网络自学、卷面考试或网络测试等方式，完成了培训，取得了杭州市团干部团务资格证书。

八

深化城乡志愿服务工作体系建设

　　杭州共青团坚持以城市文明为导向，强化事业保障，壮大主体力量，凸显作用发挥，以创建全国文明城市为主线，强基础、扩队伍、抓管理，着力打造"三型'四化'四有"（即专业型、社区型、管理型；规范化、经常化、项目化、品牌化；有人办事、有钱办事、有房办事、有章办事）志愿服务"杭州模式"，切实提升城乡志愿服务工作体系建设。在团杭州市委的统一部署下，全市各级团组织和志愿服务组织，大力弘扬志愿精神，积极倡导文明风尚，广泛开展志愿服务关爱行动，努力营造良好氛围，充分展示杭州志愿者形象，为促进杭州市共建共享与世界名城相媲美的"生活品质之城"作出积极贡献。

文明创建志愿服务行动

　　2005年，杭州市创建全国文明城市志愿服务行动启动，成立专门协调机构，落实创建行动。2011年，杭州文明城市创建志愿服务行动掀起新的高潮。建立全市创建全国文明城市志愿服务行动领导小组，落实专题工作例会制度，统筹协调全市创建全国文明城市志愿者服务工作。

文明城市创建志愿服务行动深入开展以万朵玫瑰送文明交通人、大拇指行动、交通文明劝导、文明礼仪宣讲展示等活动；积极开展法律援助、法制宣讲、心理辅导、治安巡防、网络舆情引导、安全知识普及等系列志愿服务，累计组织3.26万余人次参加秩序维护、文明劝导、治安巡防、网络舆情引导等服务；围绕"打造生态型城市"，积极组织志愿者参与"三江两岸青年生态实践工程"，倡导"保护三江两岸、建设生态家园"；围绕"打造全国最清洁城市"，组织开展"清洁杭州""洁美家园""清洁乡村"等志愿服务活动；围绕"低碳城市建设"，组织开展低碳办公、低碳消费、低碳出行等主题教育实践志愿服务活动，进一步打造生态、低碳、清洁杭城；重点做好大型赛会志愿服务行动，加强专业培训，规范服务管理，提升服务水平，展示良好形象；继续开展城市志愿服务"微笑亭"、市民之家志愿服务等专项志愿服务行动，进一步宣传杭州旅游，方便办事群众，提升城市文明；以社区志愿者为主要依托，以结对帮扶为主要形式，以常态化服务为主要目标，深入推进关爱空巢老人、关爱"小蒲公英"、"七彩助残计划"、春运志愿服务行动、百场公益夏令营、"文化、科技、卫生"进工地等助老、助残、助困、助学志愿服务行动。

2011年12月21日，杭州获得"全国文明城市"称号。全市表彰会上，省委常委、市委书记黄坤明对志愿者在创建中的优秀表现和积极贡献给予了充分肯定。

创建志愿品牌项目

　　春运志愿服务行动。2008年，团杭州市委、市志愿者工作指导中心、市志愿者协会、市文明办、市春运办、市慈善总会等相关单位联合开展"杭州市春运志愿服务行动"。春运志愿服务工作主要在火车城站、南站，汽车南站、西站、北站等开展为旅客提供协助安检、出行咨询、问询向导、行李帮提、秩序维护、老弱帮扶等服务活动。开展"进车站送服务"；组织"送姜茶暖人心"活动；发放《外来务工就业指南》、免费赠送书籍，以服务阵地固定化的形式开展文明宣传、信息咨询、老弱帮扶等服务，提升了服务水平和工作效率，展示了杭州志愿者的良好形象。每年春运期间，组织单位都广泛发动市民、团员青年及志愿者，全力配合交通运输部门开展各项春运服务工作，努力为全市旅客营造"安全、舒适、开心"的出行氛围。五年间，共计发动志愿者2万余人次，累计服务时数15万余小时。杭州市打造了以春运志愿服务工作领导小组为核心，以各级志愿者协会为依托，以高校志愿者团队、草根公益组织和热心市民为补充的杭州市春运志愿服务工作的独特运行体系。春运志愿服务行动得到各级领导和广大旅客的一致肯定，省市各级领导每年在视察春运工作期间都亲切看望慰问春运志愿者，中央电视台等各级媒体也对活动进行宣传报道，引起了广泛社会关注，营造了良好社会氛围。

　　城市志愿服务"微笑亭"行动。2009年9月，杭州市文明办、团杭州市委联合启动城市志愿服务"微笑亭"活动。到2011年底，全市建立64个"微笑亭"。"微笑亭"坚持为杭城市民及中外游客提供常态性旅游咨询、文明倡导、翻译礼仪等服务，向旅客发放《礼行天下文明手册》《杭州旅游指南》等各类资料2.8万余册，提供急救小药箱、自行车打气筒、小白板、易拉宝等物品。在上海世博会期间和重大节假期推出休博"微笑亭"、第八届残运会"微笑亭"、动漫节"微笑亭"、春运"微笑亭"等新品牌，组织相关志愿者服务人员坚守岗位微笑服务。

"雷锋广场"便民志愿活动。作为全国金奖志愿服务项目，杭州市"雷锋广场"志愿服务行动自2012年4月开展以来，为市民提供各类宣传咨询、便民利民服务。"雷锋广场"已成为杭州广泛深入开展学雷锋志愿服务活动的一个标志性窗口和代表杭州精神文明建设成果的一张金名片，雷锋精神也深深扎根在杭州这座充满幸福感的美丽城市里。

"志愿汇"线上公益平台。2012年，市志愿者工作指导中心在全国率先研发"志愿汇"线上公益平台，并逐步实现志愿者招募注册、培训管理、服务记录、激励保障等全链条智慧化，打造了信息共享、过程监控、反馈激励的闭环流程，提升了志愿服务管理及实施效能，为全国志愿服务智慧化发展增添了新动能。

服务保障大型活动

第八届全国残运会志愿服务行动。2009年12月1日，第八届全国残运会杭州赛区助残志愿者进社区暨手语课堂系列活动启动仪式举行，拉开了团杭州市委、市志愿者工作指导中心开展第八届全国残运会志愿服务工作的序幕。团杭州市委先后策划开展第八届全国残运会倒计时一周年志愿者进社区、"七彩"助残计划及残疾人居家安养、家政服务、心理陪护、出行陪伴等城市志愿服务活动；把城市志愿服务"微笑亭"列为残运会志愿服务行动重点内容，让"微笑亭"成为展示杭州助残成果、广泛营造助残氛围的桥头堡和有形阵地，在原有基础上，增点、扩面、提质；组织主城区团委及在杭高校、企事业单位等志愿服务组织，组建志愿者文明啦啦队、助威团进入赛场，为残运会助威、表演；选派204名赛会志愿者服务赛艇项目，40多名志愿者服务残运会开幕式、象棋项目，为赛会提供安保、检录、运动员帮扶及咨询引导等志愿服务；组织社会志愿者观看赛事；为倒计时晚会、扶残助残集中行动等提供彩排、物品装袋等志愿服务，并组织志愿者开展火炬跑接待、广场便民等志愿服务。第八届全国残运会志愿服务活动取得了圆满成功，得到了省、市领导和省、市筹委会及社会各界的充分肯定。

中国国际动漫节志愿服务。2010年2月25日，团杭州市委和国际动漫节展览办公室、市志愿者协会、萧山团区委、区志愿者协会共同启动中国国际动漫节志愿服务行动。团杭州市委设立中国国际动漫节志愿者行动领导小组，负责整个活动协调和组织实施，制订《中国国际动漫节志愿者行动方案》。根据组委会要求，及时和相关单位做好沟通协调工作和需求对接，明确了志愿者服务时间、地点、岗位和内容；广泛发布动漫节志愿者招募信息，集中招募了12支由高校学生组成的志愿者团体和社会报名参加的志愿者；对所有志愿者进行培训，并签署《中国国际动漫节志愿者行动协议》；选派了由志愿者协会骨干和高校学生骨干担任的志愿者领队，负责每天志愿者服务期间的日常和工作管理；组织具有外语、礼仪、会务、动画等专业特长的志愿者分别在各个岗位上为组办方、中外游客提供服务；专门设计动漫节志愿者服装和徽章，充分体现动漫节和志愿者的元素。动漫节志愿者过硬的翻译本领、热情的工作态度、到位的服务水准受到了动漫节执委会、参展客商和广大市民、游客的一致好评，为成功举办动漫节贡献了举足轻重的力量。

世界文化大会志愿者。2013年5月18日，杭州国际文化交流志愿服务队圆满完成了为期五天的2013世界文化大会志愿服务行动。自世界文化大会志愿者招募工作启动以来，团杭州市委、市志愿者协会按照市委、市政府的相关部署，认真落实文化大会志愿者招募、选拔工作。经过组织推荐、严格选拔，综合考核具备大型赛会经验、有外语特长的志愿者，共收到报名表1300余份，选拔出会场内服务志愿者70名，会场外宣传志愿者50名，组建了杭州国际文化交流志愿服务队。本次行动得到了社会各界的高度关注，各级领导多次慰问志愿者，中国联合国教科文组织全国委员会秘书长杜越专程看望服务志愿者，称赞大会志愿者为最美文化使者，团杭州市委书记周扬对志愿者辛勤工作给予了高度评价。为更好宣传本次大会志愿服务，市志愿者协会联合腾讯浙江、浙青传媒共同推出"志青春"公众微信和微博平台，向世人展示了大会志愿者的良好形象和专业素质，引起了积极的反响。

深化促进青年就业创业服务体系建设

进入21世纪以来，青年就业形势日益严峻，党中央要求共青团组织把促进和服务青年就业作为重要工作抓实抓好。杭州共青团坚持以创新创造为驱动，立足青年需求，服务成长成才，带头建功立业，着力深化促进青年就业创业服务体系建设，全力打造服务经济社会转型升级的新蓝海。

成立服务青年就业创业组织

成立杭州大学生创业联盟。随着杭州青年大学生创业企业的不断涌现和俱乐部各项活动的深入开展，一个代表、联系和服务青年创业者的更高层面、更宽领域的社会组织迫在眉睫。2009年12月18日，由团杭州市委、杭州市人事局（大创办）、杭州大学生创业俱乐部、杭州日报大学生创业就业俱乐部、浙江大学创业青年俱乐部及杭州市9个市级大学生创业园共同发起成立杭州大学生创业联盟。秘书处设在团市委。同时，结合市委、市政府专门扶持大学生"村官"自主创业的实际，会同市人才办、农办等单位联合成立了杭州大学生"村官"

创业俱乐部，助推"村官"创业创新。在大创联盟的引领、带动和辐射下，13个区、县（市）和165个乡镇（街道）都成立了服务青年就业创业组织，初步构建起市、区（县、市）、乡镇（街道）三级服务青年就业创业组织，搭建了融知识学习、政策宣传、项目孵化、团队合作、权益维护、资源共享的服务青年就业创业的组织平台。联盟以凝聚创业人才、整合社会力量、优化服务资源、搭建服务平台、培育成功企业为工作目标，通过发掘、推荐、表彰、宣传优秀创业大学生典型，帮助大学生创业者加强与政府部门、科研院校、工商企业、孵化基地、金融投资等的沟通联系和对接合作，提供政策等各类信息服务，开展创业大学生沙龙，建设大学生创业项目库，建立大学生创业就业信息互通平台，成立杭州青年创业专家诊所等，提供创业辅导，不断完善服务创业大学生项目体系、组织体系和保障体系。杭州大学生创业联盟自成立以来，构建了一个以"平台支撑＋项目运作＋机制保障"为基本模式，体现组织主导和社会化运作相结合，融组织培训、教育培训、阵地支持、项目发展、融资服务、导师帮带于一体的促进青年就业创业服务体系。杭州市共青团服务青年就业创业工作得到了各级领导的充分肯定和社会各界的广泛好评。省委书记赵洪祝，团中央书记处书记贺军科，省委常委、市委书记黄坤明，省委常委、组织部部长蔡奇，市长邵占维，市委副书记王金财，市委常委、组织部部长于跃敏等领导通过视察调研、听取汇报、工作批示、现场指导等不同方式给予了充分肯定；中央电视台、中国青年报等中央省市媒体报道杭州市共青团服务青年就业创业工作达215篇次。团杭州市委（大创联盟）被市委市政府授予"杭州就业创业先进集体"荣誉称号，大创联盟被团中央认定为共青团主导的扶持大学生创业并在全国具有创新性和示范性的青年社会组织,被团浙江省委授予全省青年工作创新奖。

组建杭州大学生创业俱乐部。2008年,为贯彻和落实省委"创业富民,创新强省"战略和市委推进大学生创业工作,团杭州市委紧紧围绕市委的"和谐创业"的中心工作,把提高青年经济生活品质的"青春·创业·杭州"活动作为一项重点工作推进。在原有的青春创业俱乐部的基础上组建了杭州大学生创业俱乐部。启动"导师带徒"活动,由社会责任感强、管理经验丰富的青年企业家及投资人担任创业导师,牵手创业大学生。创业导师帮助大学生创业者注册企业,提供日常指导和挂职锻炼,必要时将外包项目和服务供应等业务向所带的学生项目倾斜。开展导师带徒恳谈会、教师节谢师、培训讲座等活动,建立师徒月见面制、导师对会员坐诊制,通过带方法、带信息、带心态切实发挥传、帮、带的作用,助推俱乐部会员的成长。

成立杭州大学生"村官"创业俱乐部。2010年7月20日,市委组织部、市农办、团杭州市委三家单位共同发起成立杭州大学生"村官"创业俱乐部。为鼓励大学生"村官"在农村自主创业,杭州专门出台了《关于鼓励和扶持大学生"村官"在农村自主创业的实施意见(试行)》文件。大学生"村官"创业俱乐部邀请中共杭州市委副书记王金财,市委常委、组织部部长于跃敏,团浙江省委副书记苗伟伦担任俱乐部顾问,俱乐部共有会员150名,大学生"村官"创业企业100余家,创业项目100余个。先后开展了杭州市十佳大学生"村官"评选、杭州市农村青年就业创业见习基地建设、大学生"村官"创业精品项目的展示、俱乐部导师带徒结对活动、杭州市首批大学生"村官"创业示范基地表彰、杭州大学生"村官"创业扶持工作座谈会、杭州大学生"村官"创业培训班、杭州大学生"村官"创业俱乐部

Logo全国征集活动等；建立了俱乐部网站；编印了《杭州大学生"村官"创业基地项目宣传册》；组织评选十佳百优大学生"村官"，成功推荐17名大学生"村官"为浙江省百优大学生"村官"，其中桐庐县瑶琳镇舒家村的皇甫高经过激烈竞争被推选为浙江省十佳大学生"村官"、杭州市政协委员候选人；在完善杭州大学生"村官"创业俱乐部自身建设和运作的同时，俱乐部还积极指导各区、县（市）成立大学生"村官"联谊组织，着力为创业大学生"村官"搭建组织平台、展示平台、成长平台、服务平台，为创业大学生"村官"提供全方位的帮助。桐庐成立了大学生"村官"创业联盟，萧山成立了大学生"村官"联谊会，临安成立了大学生"村官"创业俱乐部。

开展创业人才孵化工程

开展"杭州市优化创业型人才培养工程"。2010年3月，团杭州市委与大学生创业联盟及浙江大学继续教育学院合作，为增强大学生创业素质，提高大学生创业企业的存活率，加快大学生创业企业的发展，培养一支素质全面、能力出众的青年创业者队伍，开展"杭州市优化创业型人才培养工程"，计划用三年的时间培养1000名大学生创业人才，为推进杭州"创业创新型城市"建设提供人才保障，从而探索出一条适合杭州特色的创业培训新模式。截至2011年12月，杭州市优化创业型人才培养工程已累计开办8期，培训大学生创业者500多名，为在杭大学生创业者搭建起了学习、交流和后续服务为一体的创业者服务平台，搭建起了创业者之间、创业者与成功企业家、风投、创投之间的交流合作平台。

举办杭州市文创企业家孵化工程。2011年7月，团杭州市委为了配合杭州市构建"3+1"现代产业体系和打造全国文化创业中心任务，举办了杭州市文创企业家孵化工程第一期培训班。随后，第二至第四期文创班分别于9月23日、11月11日、12月10日开班，全年合计培训青年文创企业家210人。

文创班面向在杭从事文创产业的所有大学生创业者、青年创业者招生，每年开办4期，每期邀请10—15位创业导师与青年创业者见面，开展"导师带徒"对接交流及导师坐诊活动，通过面对面交流，为他们释疑解惑，并根据双向选择意向，在现场举行签约仪式，择优结成"导师带徒"对子。文创班为杭州市构建"3+1"现代产业体系和打造全国文化创意中心提供人才与智力支持。

建立阵地支持平台

建立"青年就业创业见习基地"。2009年2月，团杭州市委积极贯彻团中央促进青年就业创业和市委、市政府创业与就业政策，在原有项目服务、对接平台、宣传途径的基础上，对见习基地项目进行了系统的梳理和总结，开展建立"青年就业创业见习基地"工作。截至2011年底，全市共建立共青团"青年就业创业见习基地"692家，其中2011年新增各级见习基地106家，提供见习岗位近2.3万个，岗位对接1.95万人，通过见习实现就业人数达9012人，共有126家共青团见习基地享受政府补助政策。"青年就业创业见习基地"以"组织发动＋社会发动"方式，聚集优质企业资源，拓宽建立渠道；以特色项目为支撑，创新工作内容，进一步提高对接工作的实效性；坚持以建立机制为保障，规范操作为手段，切实健全见习基地的制度化管理，先后制定出台了《杭州市共青团"青年就业创业见习基地"实施办法》以及管理方法、操作流程、评估考核办法等一系列管理制度，为见习基地项目的正常、高效率运转提供制度保障；通过对见习基地进行不定期实地走访和考察，形成了切实有效的回访反馈制度、督查考核制度；对于违规的见习基地予以摘牌处理。

建立"恒生（杭州）创业加速器"。2010年11月24日，团杭州市委、杭州大学生创业联盟和恒生电子股份有限公司联合建立"恒生（杭州）创业加速器"（简称"加速器"）。"加速器"以恒生科技园为基地，充分发挥杭州大学生创业联盟的组织和人才优势，引入有成长潜力的科技型大学生创业企业，集成创业导师、创业投资和政府扶持资金等优势资源，提供增值服务，择优扶重，提高大学生创业企业成活率、成功率，树立扶持杭州大学生创业项目的典范。

打造融资服务平台

建立杭州大学生创业企业融资"风险池"基金。2011年1月，为贯彻落实杭州市大学生创业企业融资支持问题专题会议精神，进一步拓宽大学生创业企业资金渠道，解决创业企业资金难的瓶颈，杭州市人才办、市财政局、市金融办、市人力社保局（大创办）、团杭州市委共同推出大学生创业企业融资"风险池"基金项目。"风险池"项目一期规模为3500万元，由政府出资400万元，团杭州市委、杭州大学生创业联盟通过向俞建午、高德康、吴忠泉、林东、郭羽、田宁、彭政纲、陈伟星、蔡杰、陶椿等创业导师募集的大学生创业天使基金捐赠100万元，银行放大7倍形成，对应企业30—50家，期限一年，可滚动操作，并适当放大规模。承贷银行为杭州银行与杭州联合银行，承保方为杭州市中小企业担保公司。1月20日，杭州市大学生创业企业融资"风险池"在大创联盟年会上正式启动。3月底，"风险池"首期出资资金500万元全部到位。8月19日，在共青团服务青年就业创业工作推进会暨大创联盟一届四次理事会员大会上举行了首批"风险池"发放仪式。9月19日，召开了杭州大学生创业企业融资"风险池"工作阶段总结恳谈会。"风险池"实行定期申报制，每月底符合条件的大学生创业企业向大创联盟进行申报，审核通过者将被推荐至担保公司和银行，由担保公司及银行共同进行考察、评审。2012年2月17日，召开杭州大学生创业企业融资"风险池"工作会议，组建"风险池"工作评审委员会，修订杭州大学生创业企业融资"风险池"评审工作办法，确定"风险池"评审形式、评审流程。"风险池"项目实施一年，即有19家企业成功申请到基金，授信1000万元，14家已放贷，实际发放金额为610万元。

小、微企业大学生创业融资服务。2012年1月，团杭州市委、大创联盟和江干区和瑞科创小额贷款有限公司共同推出"小、微企业大学生创业融资服务"项目。首期信贷资金规模为1000万元。根据申请人的具体情况确定贷款额度，一般在80万元范围内，对于潜力大有成长性的企业最高贷款额可放大至200万元。1月18日，"小、微企业大学生创业融资服务"项目在大创联盟年会上正式启动。针对大学生创业者资产少、缺少有效抵押物的现状，杭州大学生创业助力计划采用灵活的保证方式，除了传统的房产抵押、企业担保、个人担保，特别推出了动产质押贷款、多户联保贷款及企业高管联保贷款，以帮助创业者解决流动资金不足问题，扩大经营规模。

十

深化青少年权益维护体系建设

为全面深入贯彻党的十六大精神，针对青少年的实际需要，共青团坚持把竭诚服务青年作为全部工作的出发点和落脚点，切实维护青年的具体利益，帮助青年解决学习、工作、生活中的实际困难，努力服务青少年成长发展，增强团的凝聚力和吸引力，不断巩固党的青年群众基础。杭州共青团始终坚持以青年民生为己任，发挥组织优势，优化平台功能，关爱特殊群体，着力深化青少年权益维护体系建设。

举办"共青团与人大代表、政协委员面对面"活动

2008年以来，全国共青团每年集中开展"共青团与人大代表、政协委员面对面"活动，团杭州市委秉持并践行青年优先发展理念，围绕未成年人权益维护、婚恋交友、乡村振兴、租房住房、心理健康、青年生育等青年成长发展中遇到的"急难愁盼"问题，深入青少年广泛开展倾听、调研，累计形成市级调研报告14篇，区、县（市）优秀调研报告40余篇。在充分调研及与代表、委员沟通讨论的基础上，凝聚共识形成议案、建议或提案，通过两会渠道集中呼吁，为青少年的

心声诉求表达提供了上行渠道。"面对面"活动在代表和维护青少年发展权益、引导青年有序参与政治方面取得了积极成效，发挥了重要作用，是共青团参与社会主义协商民主建设的重要载体，是依托人大、政协制度化平台进行政策倡导和社会倡导的主要渠道。

关爱青少年儿童

低收入农户青少年关爱行动。2009年，团杭州市委、杭州市青联根据团浙联〔2009〕37号文件，即《关于在全省开展"青联委员关爱低收入农户青少年结对帮扶活动"的通知》的精神，决定在全市青联委员中广泛开展"低收入农户青少年关爱行动"。截至2011年11月，首批百名市青联委员结对百名低收入农户青少年活动中，共有103名委员参与结对淳安、建德、桐庐、富阳、临安五地共267名低收入农户青少年，共收到捐赠的爱心资助款66.78万元；第二批市青联委员关爱低收入农户青少年行动中，共有24名委员和17名社会人士结对69名低收入农户青少年，资助金额达12.42万元；第三批市青联委员关爱低收入农户青少年行动中，共有40名委员结对108名低收入农户青年，资助金额达12.96万元。合计共有167名委员人次与444名青少年结成对子，资助金额达92.16万元，所有款项已陆续发放到每一位低收入农户青年手中。通过实施该项行动，彰显了市青联"服务社会，服务青少年"的宗旨，发挥了青联组织的优势，帮助低收入农户青少年解决成长中的实际困难，并进一步增强了青联委员的奉献意识和社会责任感。

关爱"小蒲公英"。2010年5月，团杭州市委下发《关于开展杭州市共青团关爱"小蒲公英"志愿服务行动的通知》。4日，团浙江省委等单位举行了浙江省共青团关爱进城务工子女志愿服务行动暨杭州市关爱进城务工子女"小蒲公英"志愿服务行动启动仪式。同时，各区、县（市）团委也相继举行了各种形式的启动仪式，关爱"小蒲公英"志愿服务行动在全市全面铺开。为了推动关爱进城务工子女志愿服务行动长期发展，团杭州市委在全市范围内开展调查摸底工作，对进城务工子女的数量和就学情况进行全面普查；大力招募关爱"小蒲公英"注册志愿者，吸纳心理咨询专家、法律从业人员、校外教育老师、安全自护专家等专业人士参与；还深入"小蒲公英"家庭，拍摄照片3000余张，以志愿者的视角来记录"小蒲公英"的生活点滴，进一步扩大社会关注度。在"六一"期间，团杭州市委以节庆为契机，全面实施"流动少年宫"进万家行动、"手拉手"爱心助学，连续五年举办百场公益夏令营、红领巾爱心书库、"哥哥姐姐"志愿服务队、"双千结对"等系列活动，为"小蒲公英"的快乐健康成长提供了切实有效的服务，赢得了社会的肯定。

少先队统筹城乡"蓝天工程"。2011年1月21日，团杭州市委、市教育局、市总工会、杭州青少年活动中心联合下发了《关于实施杭州市少先队统筹城乡"蓝天工程"的意见》，将八城区和杭州经济开发区管委会，与五县（市）建立5个对口联系、联动发展的区、县（市）协作组，动员组织全市各级少先队组织实施杭州市少先队统筹城乡"蓝天工程"。以区、县（市）少工委结对合作为统领，明确发展目标，制订发展计划，共同推进全市少先队工作协调发展；以学校大队部结对合作为核心，根据学校整体的结对安排，积极开展少先队工作方面的对接，通过工作交流、队课观摩、辅导员互访、活动互通等方式全面推动城乡少先队工作交流。2012年，团杭州市委、市少工委下发《关于进一步加强杭州市少先队统筹城乡"蓝天工程"的实施意见》，开展"万名少年手拉手"、城乡红领巾社团文化交流、城乡辅导员合作交流、城乡少先队工作项目互助合作、"同在一片蓝天下，手拉手共成长"的城乡青少年手拉手夏令营等活动，推动城乡少先队统筹协调发展。在城乡学校、社区中建立起少先队员联系纽带，强化大队"手拉手"，带动中队"手拉手"、家庭"手拉手"，形成"手拉手"活动的长效机制。

第九章

中国特色社会主义进入新时代

2012年党的十八大召开，标志着中国特色社会主义进入新时代。杭州各级团组织高举中国特色社会主义伟大旗帜，贯彻"强'三性'，去'四化'"的要求，坚持以思想政治引领为核心，坚持以岗位建功为依托，坚持以"青年优先发展"为导向，坚持以从严治团为遵循，努力推动杭州共青团工作改革发展、创新发展、全面发展。党的十九大擘画了新时代中国发展的壮美画卷，杭州共青团迎来了创新发展的重要时期。杭州各级团组织以习近平新时代中国特色社会主义思想为统领，牢牢抓住团的根本任务、政治责任、工作主线等三个根本性问题。按照团中央的部署要求，认真履行好引领凝聚青年、组织动员青年、联系服务青年三项基本职能，大力实施"思想引领力""组织动员力""综合服务力""改革创新力""团队战斗力"提升工程，为打造展示新时代中国特色社会主义的重要窗口，当好"八八战略"再深化、改革开放再出发排头兵凝聚力量，努力开创新时代杭州共青团工作新局面。

一

共青团杭州市第十八次代表大会召开

2013年11月12日，共青团杭州市第十八次代表大会召开。大会的主题是：高举中国特色社会主义伟大旗帜，以邓小平理论、"三个代表"重要思想、科学发展观为指导，深入学习贯彻党的十八大、十八届三中全会和市第十一次党代会精神，坚定不移走群众路线，凝聚青春力量，勇担时代使命，团结带领全市广大团员青年为谱写中国梦的杭州篇章而努力奋斗。大会的议程是：听取中共杭州市委和团浙江省委领导的讲话；审议并通过共青团杭州市第十七届委员会工作报告；选举产生共青团杭州市第十八届委员会。

参加大会代表400名，代表全市49.37万名团员。中共浙江省委常委、杭州市委书记龚正；市领导张鸿铭、叶明、王金财、许勤华、翁卫军、柯良栋、张仲灿、俞东来、施彩华、戚哮虎、汪小玫；团浙江省委书记周艳等出席开幕式。共青团中央发来贺信表示祝贺。浙江省委常委、杭州市委书记龚正代表市委作讲话。团浙江省委书记周艳作祝词，市妇联主席魏颖代表市总工会、市妇联、市文联、市科协、市侨联、市残联、市社科联致贺词。

团市委副书记李忠誉致开幕词。他说，这五年，全市各级团组织在中共杭州市委和团浙江省委的领导下，坚持解放思想、实事求是，坚持服务大局、服务青年，大力加强自身建设，全面推进各项工作，不断增强共青团的凝聚力、吸引力和影响力，为全市改革开放和现代化建设作出了积极贡献。

团市委书记周扬代表共青团杭州市第十七届委员会向大会作题为《凝聚青春力量 勇担时代使命 为谱写中国梦的杭州篇章而努力奋斗》的工作报告。报告总结回顾了过去五年全市团的工作，明确了今后五年全市共青团工作的主要任务和奋斗目标，符合全市团员青年的愿望和全市共青团工作的实际，具有很强的时代性和针对性，对做好今后五年全市共青团工作具有重要的指导意义。报告指出，五年来，杭州共青团始终坚持以理想信念为核心，突出分类引导，着力深化思想教育引领体系建设，全力构筑杭州青少年奋力前行的中国梦；始终坚持以城市文明为导向，着力深化城乡志愿服务工作体系建设；始终坚持以创新创造为驱动，着力深化促进青年就业创业服务体系建设，全力打造服务经济社会转型升级的新蓝海；始终坚持以青年民生为己任，着力深化青少年权益维护体系建设；始终坚持以自身建设为重点，紧跟党建步伐，着力深化统筹城乡共青团组织体系建设，全力夯实联系和服务青年的新堡垒。报告指出，今后五年，杭州共青团以党的十八大、十八届三中全会、市第十一次党代会和团的十七大精神为指引，牢牢把握实现中华民族伟大复兴的中国梦的时代主题，团结带领全市团员青年，顺应时代潮流，履行基本职能，创新工作方式，提升服务能力，切实增强党在青年中的凝聚力、青年对党的向心力和共青团组织的影响力，不断引领青年"伙伴"成为中国梦的奋力实践者、成为科学发展的坚定推动者、成为"美丽杭州"的积极建设者。

大会选举周扬等39人组成共青团杭州市第十八届委员会，丁立燕、丁熠锋、王乐芬、孙斌、李忠誉、吴洁静、陈龙宁、周扬、周骆斌、唐洁秋、赖明诚等11人组成团杭州市第十八届常务委员会。十八届一次全会选举周扬为团市委书记，李忠誉、赖明诚、吴洁静为副书记。

大会审议通过了《共青团杭州市第十八次代表大会关于共青团杭州市第十七届委员会工作报告的决议》。大会认为，报告确定的主题阐明了新的历史条件下杭州市共青团工作的指导思想、主要任务和奋斗目标。全市共青团要高举中国特色社会主义伟大旗帜，以邓小平理论、"三个代表"重要思想、科学发展观为指导，深入学习贯彻党的十八大、十八届三中全会和市第十一次党代会精神，坚定不移走群众路线，凝聚青春力量，勇担时代使命，团结带领全市广大团员青年为谱写中国梦的杭州篇章而努力奋斗。大会认为，报告确定的主题阐明了新的历史条件下杭州共青团工作的指导思想、主要任务和奋斗目标。大会高度评价全市各级团组织在中共杭州市委和团浙江省委的领导下，深化"五大体系"建设，引领全市团员青年在"打造东方品质之城，建设幸福和谐杭州"中所取得的主要成果，充分肯定了共青团杭州市第十七届委员会的工作。大会号召，全市各级团组织要紧密团结在以习近平同志为核心的党中央周围，高举中国特色社会主义伟大旗帜，在市委和团省委的领导下，团结带领广大团员青年，牢牢把握人生出彩的时代机遇，共绘梦想成真的青春画卷，为谱写中国梦的杭州篇章贡献青春智慧和力量。

11月14日，共青团杭州市第十八次代表大会闭幕。中共杭州市委副书记、市人大常委会党组书记王金财到会讲话。戚哮虎、汪小玫等出席。团浙江省委副书记苗伟伦到会祝贺。王金财代表市四套班子，对大会取得圆满成功表示祝贺。他指出，当前，杭州经济社会发展进入了一个关键阶段，站在了一个新的起点上，面临的任务还十分艰巨。全市广大青年要树立积极有为的心态，保持良好的精神状态，进一步增强紧迫感和责任感，坚定不移地围绕建设东方品质之城、幸福和谐杭州总目标，扎实工作、开创新局。王金财就做好当前和今后一个时期的共青团工作提出三点希望：一是要始终对党忠诚，肩负起团结青年跟党走的光荣职责；二是要始终心系青年，肩负起服务青年聚人心的光荣职责；三是要始终勤勉干事，肩负起引领青年谋发展的光荣职责。

周扬致闭幕词。她说，本次大会全面回顾了杭州共青团过去五年取得的主要成绩，总结提炼了探索实践中收获的宝贵经验，科学分析了当前面临的新形势和新问题，明确提出了紧跟党走在时代前列、走在青年前列，着力打造"伙伴"共青团的奋斗目标，具体阐述了今后五年的工作思路和重点任务。这是一次承前启后、继往开来的大会，是一次求真务实、开拓创新的大会，是一次号召全市广大团员青年奋力实现"中国梦"、同心共创"美丽杭州"的动员大会，必将在杭州共青团历史上写下光辉的一页，必将在每一位代表的人生历程中留下珍贵的记忆。

政治引领作用凸显

党的十八大以来，杭州共青团坚持以思想政治引领为核心，深入学习宣传贯彻习近平新时代中国特色社会主义思想，帮助广大团员青年深刻理解当代中国马克思主义的丰富内涵、精神实质和实践要求，紧密结合自身实际学而信、学而用、学而行。全市各级团组织按照团杭州市委的统一部署，坚持用社会主义核心价值体系引导青少年，以开展"我的中国梦"主题教育实践活动为统揽，带领全市广大团员青年积极进取、创新创业，为忠实践行"八八战略"贡献青春力量，实现"中国梦"不懈奋斗。

强化政治理论武装

成立杭州市大学生习近平新时代中国特色社会主义思想研习会（以下简称研习会）。2017年11月，研习会成立，以带动市属学校大学生深入学习贯彻党的十九大精神，深入研究和传播习近平新时代中国特色社会主义思想，践行社会主义核心价值观，落实全国、全省高校思想政治工作会议精神培养新时代青年马克思主义者以及使大学生成为中国特色社会主义坚定的信仰者和实践者作出贡献为目标。研习会的成立为市属高校大学生搭建了一个有高度的自我教育和学习平台。

成立杭州市中学生青苗学院。2014年5月，杭州市中学生青苗学院成立。学院是在市教育局和团杭州市委指导下，由市教育局团工委组织面向全市中学生开展中学青年马克思主义者培养工程的有效载体。自开办以来，坚持以毛泽东思想、邓小平理论、"三个代表"重要思想、科学发展观和习近平新时代中国特色社会主义思想为指导，认真学习贯彻党的教育方针政策和习近平总书记系列重要讲话精神，坚持育人为本、德育为先，坚持与时俱进地用马克思主义中国化的最新成果武装学员，通过政治学习、课题调研、素质拓展、社会实践、专题讲座等形式，不断提高中学生的政治素质、理论水平、创新能力、实践能力，进一步坚定青少年学生"听党话、跟党走"的信念。截至2021年，市青苗学院举办了7期培训班，共培养了548名学员。

成立杭州市红领巾学院。2018年10月，印发了《杭州市红领巾学院实施方案》，13日，举行了杭州市红领巾学院成立仪式。杭州市红领巾学院以培养德智体美劳全面发展的时代新人为目标，引导广大少年儿童从小形成坚定的理想信念、高尚的道德情操、强烈的时代责任感和全面的综合素养。杭州市红领巾学院建在杭州青少年活动中心，设立思想政治分院、科学技术分院、文学分院、体育健康分院、美术分院、文艺分院、国际文化分院、职业体验分院、综合实践分院等9个分院。同时统筹指导引领县（区、市）、学校两级红领巾学院的建设和发展。截至2021年12月，全市457所小学建成校级红领巾学院。

举办杭州市青年干部培训班（以下简称青干班）。青干班是经市委组织部同意设立的品牌班次，从1995年9月第一期至2021年已经成功举办了30期，共培训团青干部1036人，重点培养各区、县（市）、局（公司）、大专院校及直属团（工）委书记，市直属机关青工委主任，杭州市直属团组织负责人，优秀基层团干部、年轻干部及各界优秀青年。30期来，青干班坚持以马克思列宁主义、毛泽东思想、邓小平理论、"三个代表"重要思想、科学发展观、习近平新时代中国特色社会主义思想为指导，以政治理论的培养和业务知识的提高为重点，精心筹备，让学员们在培训过程中能学到真知识、掌握真本领。在师资力量上，每期都聘请了省市有关领导、专家、社会知名学者以及团的各级领导为学员传授新知识、分析新形势、探讨新问题，极大鼓舞了学员们的积极性；课程设计与时俱进，在理论教学的基础上，全方位融合案例教学、研讨交流、总结分享、风采展示、沉浸式体验等教学形式，提升培训实效。青干班已经成为杭州市培养后备干部和加强团干部队伍建设的一项有效载体，有力促进了杭州共青团事业的不断发展。

培育和践行社会主义核心价值观

党的十八大提出，倡导富强、民主、文明、和谐，倡导自由、平等、公正、法治，倡导爱国、敬业、诚信、友善，积极培育和践行社会主义核心价值观。2013年12月，中共中央办公厅印发《关于培育和践行社会主义核心价值观的意见》（中办发〔2013〕24号），明确提出以"三个倡导"为基本内容的社会主义核心价值观，与中国特色社会主义发展要求相契合，与中华优秀传统文化和人类文明优秀成果相承接，是中国共产党凝聚全党全社会价值共识作出的重要论断。2014年3月，团中央发布《关于在广大青少年中深入开展社会主义核心价值观宣传教育和实践活动的通知》(中青发〔2014〕8号),明确按照中央统一部署和要求,紧密结合共青团和青少年工作实际,通过宣传教育、示范引领、实践养成相统一,努力让社会主义核心价值观在广大青少年中内化于心、外化于行。

主题教育活动。为深入贯彻落实习近平总书记"六一"重要讲话精神,引导少年儿童深刻感悟中华优秀传统文化中蕴含的价值理念,进一步认识理解社会主义核心价值观"24个字"的要求,2015年5月28日,团杭州市委组织开展了"红领巾相约中国梦,优秀传统文化在我身边"主题教育活动。通过经典吟诵、传统戏曲串串烧、儿歌童谣、传统文化知识小竞答等形式多样、内容丰富的节目,少先队员们充分展示了杭城学子学习和传承传统文化的成果。2014—2018年,团杭州市委累计组织开展"红领巾相约中国梦""我为核心价值观代言"等各类活动2065场,覆盖青少年225万余人次。

寒、暑假社会实践活动。团杭州市委始终将社会实践作为共青团的"品牌工程"常抓不懈,扎实推进培育和践行社会主义核心价值观,科学谋划、不断创新,把社会实践做好、做细、做扎实,推动形成全员、全程、全方位育人工作,努力将广大师生的爱国情、强国志、报国行自觉融入新时代追梦征程,增强广大青年学子服务国家服务人民的社会责任感,汇聚广大青年学子磅礴的青春力量,每年定期组织全市青年师生团队,奔赴全国各地,开展红色研学、政策宣讲、文艺服务、支教扶贫等主题鲜明、形式多样的寒、暑假社会实践活动,2021年全市共组织开展"返家乡"社会实践活动数量407场,覆盖人数6051人次。

加强网络舆论引导

"青春杭州"全媒体中心成立。2014年12月24日，团杭州市委"青春杭州"全媒体中心正式挂牌成立，中共杭州市委常委佟桂莉、团浙江省委副书记朱斌共同为全媒体中心揭牌。"青春杭州"全媒体中心以"1357"为主要工作模式，即以"青春杭州"为统一品牌，肩负内宣、外宣、综合服务三项职能，实现新闻中心、信息中心、文化中心、媒体中心及综合服务五大中心功能，融合了新上线的"青春网站"、《青春杭州》杂志、"青春杭州"微信公众号、"杭州共青团"微博、手机App、新青年频道网络电台、户外广告等七种媒介，打造了一个定位明确、特色鲜明、功能互补、覆盖广泛的杭州共青团宣传大平台，进一步创新了共青团工作的宣传方式，汇聚主流声音，传播核心价值观。

搭建"青年之声"网络平台。2016年，团杭州市委成立市县两级"青年之声"工作领导小组，多平台开设"青年之声"专栏，建立线下实体工作室，组建"五大"领域专家服务联盟，构建"听—答—办"的完整服务闭环，截至年底，吸纳专家成员超过300名，网上累计提问数近3.2万次、回答数约3.12万次、点赞数超1.72万次。

依托岗位建功

　　杭州共青团坚持以岗位建功为依托，搭建项目平台，助力城市发展。团杭州市委积极引导青年创新创造，着力培育优秀青年人才，切实服务青年创新创业，共享创新创业之美。紧紧抓住"大众创业、万众创新""电商换市"等有利契机，开展"杭州青年网商创业行动""千名返乡大学生农村电商创业三年行动"。围绕"五水共治"，开展"河小二"助力剿灭劣 V 类水集中行动，构建起共青团"青春助力治水"新模式。

杭州青年网商创业行动

　　2014年10月30日，2014中国（杭州）国际电子商务博览会开幕，全球电子商务产业领军人物齐聚杭州，展示电子商务的创新概念，探讨电子商务的发展和未来。团杭州市委、杭州大学生创业联盟推荐杭州市青年网商云部落携手会员单位参展。杭州艺福堂茶叶有限公司通过微信二维码直接支付功能，让参观者体验了极速购物的快感；杭州徐娜拉电子商务有限公司带来了全新的自主研发产品（丽子美妆），展现了电商企业从代销到研发的华丽转变；杭州木否文化创意有限公司则以其独特的创意搪瓷杯吸引了大批参观者的目光。展览会上，市委常委佟桂莉走访了云部落展区，了解了云部落的发展以及参展企业的情况。团市委书记周扬陪同。

杭州青年网商创业行动自2013年7月启动暨青年网商云部落成立以来，始终围绕贯彻落实市委市政府大力发展以电子商务等"十大产业"为重点的创新型经济工作要求，充分挖掘资源，吸纳凝聚了一批在杭青年网商创业者，为他们提供了一个互动交流、学习成长的平台和组织。

截至2014年底，青年网商云部落已有117家成员企业，主要是由当地区、县（市）团委推荐、联盟招募等多渠道选拔出来的，涵盖了电商学者和创业园负责人4名，电商销售商69名，电商服务企业38家，独立电商4家，电商在筹企业2家。其中销售额超过千万元的有33家，上亿元的有5家。

"千名'村官'进万户"活动

2015年4月23日，杭州市"千名'村官'进万户"主题实践活动暨千名返乡大学生农村电商创业三年行动启动仪式举行。中共杭州市委常委、组织部部长张仲灿出席会议并讲话，中共临安市委书记张振丰、团杭州市委书记周扬、省委组织部人才办副主任徐旻、市农办副主任方月仙出席仪式，各区、县（市）、经济技术开发区、西湖风景名胜区党（工）委组织部分管部长及团委、农办主要负责人，大江东产业集聚区党群部分管部长、农办主要负责人和大学生"村官"代表、农村电商创业青年代表等100余人参加了仪式。

张仲灿指出，抓好"千名'村官'进万户"主题实践活动和大学生返乡农村电商创业工作是拓展教育实践活动成果、践行"三严三实"的需要，是服务农村经济新业态发展的需要，是巩固农村党的执政基础的需要。他强调，要重点做到"三个抓"，即抓载体创设、抓典型培育、抓规范管理，实现农村电商发展和基层政权稳固"双促进"。他还要求，对大学生"村官"从事农村电商要真正重视、格外关爱，相关部门、企业等力量要协同推进、用心助力，新闻单位和全社会要营造氛围、鼓励创业，发挥大学生"村官"作用、发展农村电商经济。

启动仪式上，团杭州市委书记周扬就"千万活动"和"千返行动"作了说明和部署，她指出，一是把握基层属性，要听民声、问民意、解民忧、谋民利；二是把握青年特点，要做好示范引领，激发创业热情；三是把握电商优势，要提升青年电商创业能力，做好服务保障工作。

仪式上，团杭州市委副书记马利阳代表团市委与阿里巴巴集团农村淘宝浙江大区总经理倪利民签署助力青年电商创业合作协议，市农办副主任方月仙为农村青年电商实训基地代表杭州临安谷的福农业开发有限公司授牌，富阳区大学生"村官"代表、临安团市委、桐庐"农村淘宝"村级服务站负责人代表作了典型交流发言。

构建农村电商青年"梧桐会"

2015年7月8日，由共青团浙江省委指导，团杭州市委、桐庐县人民政府、杭州日报报业集团和阿里巴巴集团主办，团桐庐县委承办的首届全国"农村电商青年创业"论坛在桐庐举行。团杭州市委书记周扬出席并致辞，团浙江省委常委、青农部部长盛乐、团杭州市委副书记马利阳出席本次论坛，专家学者、各区、县（市）团委主要负责人和农村电商创业青年共200余人参加论坛。

团市委充分利用团的组织优势，通过挖掘、培养、推荐"三步走"的方法，培育一批"农村电商合伙人"，有效解决农村电商发展高素质人才匮乏的问题。一是挖掘人才。借助覆盖6万余人的"杭州市农村共青团微信体系"广泛开展农村电商宣传推广，同时，发动基层团组织负责人、"双网互动"网格长、大学生"村官"等，走村入户，深入排摸，重点动员农村有创业意向的青年，按照"社会发动、组织推荐、自愿报名"的原则，发现和推荐一批"农村电商合伙人"培养人选。农村淘宝"桐庐模式"2.0版于2015年5月6日全国首发，几日内共吸引近200名在外青年返乡参与竞聘。二是培养人才。针对"农村电商合伙人"培养人选，提供系统、免费的农村电商实务专题培训，努力提升"农村电商合伙人"的业务技能素养和创业创新能力水平，力争使其成长为"农村青年致富带头人"。累计开展农村电商专题培训班42期，培训4358人次。三是推荐人才。联合市人社局等单位开展2015中国（杭州）大学生网络创业大赛（农村电商专场），为大学生多渠道搭建创业实战平台，培育推荐农村电商技能人才和创业新锐力量。富阳、临安、建德、桐庐等地陆续开展农村电商创业大赛、"十佳电商创业青年"评选等活动共计5场。此外，推荐杭州艺福堂茶业有限公司总经理李晓军等4人参与2015年"浙江省农村电子商务创业带头人"评选，选树先进典型，培育优秀人才。

团市委充分整合各界资源，着力破解资金匮乏等一些制约农村电商发展的难题。一是整合政府资源。积极对接市委人才办、市人社局、市农办等相关职能部门，争取"创业平台补贴""杰出创业人才培育扶持""大学生'村官'创业资金扶持""农村电商创业点补贴"等相关政策，扶持青年就业创业；与邮储银行等金融机构开展合作，开发"邮青时贷"专属金融产品，给予贷款额度提高、贷款利率优惠、办贷速度加快等倾斜政策，三年内提供至少8亿元的贷款。二是整合校企资源。积极对接辖区内相关高校，建立农村电商高校"伙伴圈"，组建大学生志愿者电商创业服务团，采取结对的方式，为农村电商创业青年提供志愿服务；依托各地农村青年致富带头人企业和农业龙头企业等建立农村青年电商实训基地，帮助创业青年提高实践经验和实战能力；借助阿里巴巴等运营商资源，组建"电商小二"帮带团，提供运营业务指导和技能帮带等服务。三是整合产业资源。各地团组织因地制宜、大胆实践，探索整合村内资源、农村合作社资源、产业链资源，实现抱团发展，成效显著。桐庐金家村成立农淘电子商务有限公司，触网销售当地农产品；临安白牛村于2014年10月成立杭州市首家村级电商协会，2014年度电商销售额达2亿元；建德大同镇青创电子商务公司整合当地11家农村专业合作社资源，帮助农户增收致富；淳安集电商、旅游产品、农特产品于一体，探索发展"农旅融合"模式。

团市委充分依托项目推进，力求实现农村电商发展的新突破。一是实施"农村淘宝"项目。桐庐作为阿里巴巴全国首个农村电商试点县，实施全国首个"农村淘宝"项目，重点在选好村淘合伙人、建好考评激励机制、发挥好村级站点作用上下功夫，创新推出"定点不定人、选人不选点"的农村淘宝"桐庐模式"2.0版，大力推进农村电商发展。临安、建德等地也相继实施"农村淘宝"项目。全市共建立

3个县级运营中心、297个村级服务站。二是实施"赶街"项目。淳安引进"赶街"项目，巧做整合资源、优化环境、集聚发展、借力发展的"加减乘除"法，推进县级电子商务公共服务体系建设，在"代买"的基础上借助"屯亲"App探索"代卖"，全方位服务青年电商创业。投入运营202个村级服务网点，覆盖30余万人，销售额达320余万元，为村民节约资金超60万元。三是实施"超市O2O"项目。富阳大力实施"青年电子商务服务点建设工程"，依托"华辰连锁超市"，通过从事电商创业的青年以加盟华辰超市或在超市开设电商产品专柜的方式，建成50个农村电商服务点，为村民提供"网上下单现场提货、农副产品网上销售"的服务，推动农村电商发展。

"五水共治"青春建功行动

2014年2月22日，团杭州市委发布杭州共青团"五水共治"青春建功行动八项举措，以实际行动贯彻落实全市"五水共治"工作动员大会精神和"五水共治"三年行动计划，同时也对各区、县（市）在未来三年内"五水共治"行动作出安排和部署。部署要求，全市各直属团组织充分发挥各级团组织、志愿服务组织的战斗堡垒和模范带头作用，加快推进杭州市"五水共治"工作的有效落实。

3月2日，团杭州市委与市文明办、市志愿者协会等单位联合主办的"五水共治"全民参与志愿行动在西溪湿地启动。150余名市民代表报名志愿者参与活动。活动现场，举行了"五水共治"志愿者生态实践基地授牌仪式及志愿者签名倡议活动。团杭州市委、市志愿者协会计划动员全市79.2万名志愿者全面参与"五水共治"行动。以保护母亲河行动15周年为契机，开展"助力治水"环保项目公益创投大赛、"寻找身边最美河道"主题宣传、"我为治水站好岗"专项督查、"我为治水献一计"大讨论活动，以画好一张水情图、写好一份水情报告、献好一天治水金点子等形式，让团员青年、志愿者成为治水护水的推动者，在全社会宣传环保理念，为基本改善水质、保护生态环境贡献力量。

3月13日，由市"五水办"领导小组办公室、团杭州市委共同举办的杭州共青团"五水共治"青春建功学院首期骨干培训班在拱墅区正式开班。拱墅团区委向与会人员作题为《"上善若水·美丽拱墅"——拱墅区推进"五水共治"工作》的专题汇报，号召全区广大团员青年积极投身"五水共治"青春建功行动。团杭州市委还讲解了"五水共治"青春建功学院的组建情况，并就杭州共青团"五水共治"青春建功行动的八项举措作出部署。部署要求，各区、县（市）"五水共治"项目负责人在"五水共治"青春建功行动的具体过程中，务必做到思想到位、组织到位、宣传到位。要以"美丽杭州"为目标，提振精神、改革创新、克难攻坚，全面打响打好打赢这场"五水共治"攻坚战和持久战，为建设东方品质之城幸福和谐杭州贡献力量。

团杭州市委组织市政协共青团、青联界别委员开展"五水共治"民主监督明察暗访活动，组建青年突击队202支，建立"五水共治"实践基地200个，635名段长完成全市100多条河流的结对认领，小鱼治水、红领巾治水、团团治水等工作品牌在全市产生广泛影响，点上"号站结对"和线上"段长负责"相结合的共青团治水长效机制基本形成。省委书记夏宝龙亲自回信富阳大学生"村官"，勉励他们把投身"五水共治"作为书写精彩人生的实践平台。

杭州共青团"五水共治"青春建功行动官方微信号于3月10日开始试运行，该号是团杭州市委为开展"五水共治"民意咨询活动而开设的互动交流平台，主要覆盖了团员青年参与"五水共治"的活动展示、科普宣传、报名互动等三大专题服务功能，陆续开设"小百科""河道记事本""护河行动""河道光荣榜"等栏目。

6月13日，2015年"世界环境日"青春健步走暨全省共青团"清三河""护三水"主题行动杭州站活动在拱墅区小河街道举行。团浙江省委副书记苗伟伦出席活动并宣布全省共青团"清三河""护三水"主题行动启动，团杭州市委副书记马利阳，拱墅区委副书记周志辉、副区长王华等领导出席活动。此次活动以2015年"世界环境日"中国主题——"践行绿色生活"为主题，分为出征仪式、沿运河健步走、放养鱼苗等三个环节。在活动仪式现场，"红领巾护河队""哨兵护水队"等护水队伍接受领导授旗，并向广大青少年发出了参与志愿净水、哨兵护水、小鱼治水等"清三河""护三水"行动的倡议。

全省共青团"清三河""护三水"主题行动的开展，旨在配合党政"河长制"，深化共青团治水护水"段长制"，以"志愿净水""哨兵护水""小鱼治水"为抓手，广泛动员青少年参与"黑河、臭河、垃圾河"的治理，建立健全共青团参与"五水共治"长效机制，着力打造一批示范河段、选树一批优秀"段长"、表彰一批杰出志愿者、推广一批治水创新项目，构建起共青团"青春助力治水"的新模式，为全民参与治水营造良好氛围，为"两美"浙江建设作出新的贡献。

四

志愿服务走向国际化、专业化

党的十八大明确提出要"深化群众性精神文明创建活动，广泛开展志愿服务，推动学雷锋活动、学习宣传道德模范常态化。"在团杭州市委的领导下，杭州市志愿者工作指导中心带领全市各级志愿服务组织和广大青年志愿者圆满完成了2016年G20（二十国集团）杭州峰会、2018年世界短池游泳锦标赛（25米）等赛会志愿服务任务，铸就了"小青荷"志愿服务品牌。2018年以来，全市各级共青团组织和广大青年志愿者聚焦亚运盛会，主动担当、乐于奉献，积极营造"人人参与亚运、人人奉献亚运"的浓厚氛围，为成功举办亚运盛会贡献志愿力量，展现青春风采。

打造"小青荷"志愿服务品牌

志愿服务是社会文明进步的重要标记。多年来，志愿服务已经成为提升杭州城市创新发展水平、促进全面建成小康社会的重要抓手。团杭州市委、杭州市志愿者指导中心依托G20杭州峰会打造的"小青荷"志愿者（志愿服务品牌）已成为展示杭州志愿服务形象的"金名片"。

2016年G20杭州峰会期间，4021名"小青荷"志愿者通过精彩服务、精彩管理、精彩展示，服务嘉宾5万余人次，服务时长累计19.4万小时，赢得了国内外嘉宾的交口称赞，被誉为峰会"最美丽的风景"。

团中央专门出台支持G20杭州峰会志愿者工作的举措，并授予团杭州市委"第十一届中国志愿者优秀组织奖"。中国青年志愿者协会授予市志愿者工作指导中心"全国G20杭州峰会志愿服务突出贡献奖"称号，并在杭挂牌设立中国青年志愿者赛会服务研究培训基地。G20杭州峰会志愿服务工作入选2016年中国青年志愿服务"十大事件"，"小青荷"成为2017年"全国向上向善好青年群体""全国学雷锋志愿服务四个100最佳志愿服务项目"。

后峰会阶段，团杭州市委、市志愿者工作指导中心着力将"小青荷"深化为杭州青年赛会志愿服务特色品牌。经过杭州2018第十四届FIFA世界游泳锦标赛（25米）、中国国际动漫节、中国（杭州）质量大会、全国青年职业技能大赛等多项国际国内大型赛会磨砺，"小青荷"赛会志愿服务的规范化、专业化、国际化水平不断提升。

创立专业志愿服务平台

杭州西子志愿服务发展中心。2017年5月，团杭州市委、杭州市志愿者协会成立杭州西子志愿服务发展中心（以下简称中心）。中心作为"中国青年志愿者赛会服务研究培训基地"实体化培训研究运行机构，主要承担全国赛会志愿服务科研和培训工作。自成立以来，中心不断推广和完善《赛会志愿服务岗位规范》，出版了多部研究专著、培训教材。依托基地强大的资源体系，中心打造了以高校志愿服务、城市志愿服务、赛会志愿服务为重点，以大型活动志愿服务管理、志愿服务组织运行、志愿者素养提升、志愿服务项目建设为主要课程领域，立足杭州、辐射浙江、面向全国的"大志愿"公益培训网络。截至2021年底，中心累计开展优秀志愿服务公益项目20余个，开展培训800余场，覆盖17.32万人次，先后承接了杭州2018年第14届世界游泳锦标赛（25米）、山西太原第二届全国青年运动会、世界环境日全球主场活动、全国大众创业万众创新活动周、杭州国际动漫节等多个高规格大型赛会志愿者培训任务，并参与承办了2022年亚运会、亚残运会场馆志愿者管理运行团队及志愿者培训师培训，开发了亚运城市志愿服务课程体系，形成了专业化的师资团队，全方位助力亚运城市志愿服务专业化、国际化。

杭州青荷公益基金会。2018年3月3日，杭州青荷公益基金会成立仪式举行，标志着杭州首家地方性公募基金会诞生。市政府副市长、市志工委副主任王宏出席仪式。成立仪式现场，杭州青年公益社会组织服务中心、浙商银行杭州分行等7家爱心企业、机构，共计向青荷公益基金会捐赠410万元。青荷公益基金会首个专项基金——滨江青荷专项基金募得捐款60万元，用于支持公益事业发展。基金会以G20杭州峰会志愿者昵称"小青荷"命名，旨在最大范围整合社会资源、调动各方力量，为公益事业提供支持。基金会以给孤独的老人多一点温暖的"陪伴是最长情告白"志愿服务项目、做盲人的眼睛"帮帮盲"志愿服务项目、给异乡人的家庭带去爱的"杭州关爱进城务工子女行动"、让知识点燃孩子未来的梦想的"情牵浙疆 爱暖丝路"项目、将美学教育带到浙江乡村的"花儿计划"、关爱失去母亲的孩子的"天使关爱计划"等六大项目为重点，为助老、助残、助幼、助学等领域公益事业提供坚实支持。

杭州青荷助老志愿服务中心。2019年9月，杭州青荷公益基金会和杭州西子志愿服务发展中心共同出资成立杭州青荷助老志愿服务中心(以下简称助老服务中心)，助老服务中心接受团杭州市委业务主管，主要职能是承接助老志愿服务的培训、交流、推广、指导，承接助老类志愿服务项目，提升志愿服务效能；整合服务资源，汇集志愿者拓展服务内容，创新服务方式，推动公益养老标准化建立；争取政府及社会各界支持，促进助老公益事业成长。在养老服务中心和机构内，志愿者定期开展书法绘画教学、棋类比赛、舞蹈演出等丰富多彩的文体活动，开设手工制作、舞蹈、合唱、老年养生等一系列课程，不断充实老年人的精神文化生活，让老年人走出房门、融入社会、老有所乐，真正做到精神养老建设。

备战亚运志愿服务

2015年9月，杭州获得2022年第19届亚运会举办权，成为继北京和广州之后，第三个举办亚运会的中国城市。接棒亚运，杭州全面开启各项筹备工作。杭州志愿服务也进一步拓宽服务领域、健全体制机制、提升专业化水平，为亚运蓄能助力。

2018年初，团杭州市委选派2名干部开始参与亚运会筹备工作；8月，选派其中1名作为2018年雅加达亚运会观察员团成员赴雅加达学习观摩赛会志愿服务运行工作。2019年5月，团杭州市委抽调选派1

名干部至亚组委组织和人力资源部帮助工作，专职负责赛会志愿服务筹备的前期工作。2020年4月，团杭州市委明确首批6名集中办公人员，正式至亚组委驻点办公，推进赛会志愿服务筹备工作开展。10月，2022年第19届亚运会组委会志愿者部正式成立。

2021年3月，团杭州市委发布《杭州共青团2022年杭州亚运会、亚残运会志愿服务工作方案》，明确围绕"打造覆盖广泛、规模适度、结构合理、素质一流的赛会志愿服务队伍，培育讲文明、重礼仪、热情高、素质好的城市志愿者队伍，构建参与广泛、开放包容、特色鲜明的志愿服务项目体系"总目标，按照亚运志愿服务总体规划，开展好志愿服务者招募选拔、培训提升、组织管理、保障激励等各项工作，为成功举办亚运盛会贡献志愿力量，展现青春风采。

5月22日，杭州亚运会赛会志愿者全球招募启动活动在浙江大学城市学院举行。浙江省省长郑栅洁、团中央书记处书记徐晓与亚运志愿者形象大使共同启用赛会志愿者线上招募通道，杭州市市长刘忻致辞，副市长陈卫强发布赛会志愿者招募公告、志愿者歌曲、口号等。省、市相关单位、亚组委各部室、各协办城市亚筹办主要负责人，高校、社会志愿者及媒体代表2500余人参加。中央电视台《新闻联播》《中国新闻》，以及新华社、人民日报、央广台、浙江日报等主流媒体对活动进行了宣传报道。10月31日24时，杭州亚运会赛会志愿者报名工作结束。赛会志愿者注册总人数32.14万，成功报名人数22万，其中国际志愿者1800余人。在杭报名者占70%，18～30岁占94%，男性占33%，女性占67%，党员占5.3%，有日、韩、法、俄、阿、泰等小语种技能的报名者有近1.5万人，志愿者申请人总体素质较高。

11月14日，杭州亚运会倒计时300天之际，由亚运会志愿者形象大使单依纯、东京奥运会冠军汪顺等共同演绎的亚运志愿者歌曲《等你来》MV 全球发布。同时，浙江大学、浙江音乐学院、杭州师范大学的青年志愿者们和城市志愿者、国际志愿者等各行各业志愿者群体共同参演 MV，诠释了志愿服务力量源源不断的凝聚，彰显了志愿者队伍在"奉献亚运"号召下的集结，展现了杭州面向亚洲、面向世界敞开怀抱的热情。

杭州 2022 年亚运会、亚残运会开幕在即，杭州志愿者以奋发昂扬的精神状态，继续秉持"奉献、友爱、互助、进步"的志愿服务精神，为彰显"中国特色、浙江风采、杭州韵味、精彩纷呈"，打造"体育亚运、城市亚运、品牌亚运"贡献志愿力量。

五

青少年校外教育蓬勃发展

在团杭州市委的领导下，杭州青少年活动中心发展成"杭州青少年活动中心本部＋发展中心、城西、城北、滨江等四个分中心＋杭州（国际）青少年洞桥营地＋桐庐儿童乐园"的大型综合性青少年校外活动场所，有效扩大了校外教育的服务覆盖面，逐步构建起兴趣培训、职业体验、营地研学、国防教育、劳动实践、主题教育为一体的具有杭州特色的校外育人模式，每年服务青少年儿童500余万人次，成为加强青少年思想道德建设和提高综合素养的重要阵地。

杭州（国际）青少年洞桥营地

2017年6月30日，位于杭州市富阳区洞桥镇查口村的杭州（国际）青少年洞桥营地正式落成。浙江省人大常委会原党组书记、副主任茅临生宣布营地落成开营，杭州市十二届人大常委会党组书记、主任王金财，市人大常委会党组副书记、副主任许勤华，市关工委常务副主任（市政协原副主席）曾东元，浙江省教育厅副厅长韩平，团浙江省委副书记王慧琳等领导出席落成仪式。

洞桥营地以"体验教育"和"五自教育"为理念，强调技能学习在实际环境中的运用，是青少年学习生活技能、训练生存能力、接受国防教育的综合实践活动基地。自开放以来，营地已开展各类主题教育活动1300余批次，服务国内外青少年49万余人次，先后获得全国中小学生研学实践教育基地、浙江省国防教育基地、全国新劳动教育实践体验基地、新时代青少年实践活动创新营地等荣誉。

杭州滨江青少年宫

2018年9月15日，由杭州青少年活动中心、滨江区人民政府共同打造的杭州滨江青少年宫建成开放，占地30亩，建筑面积6.4万平方米。杭州滨江青少年宫以"实践体验、创意创新"为宗旨，精心打造了兴趣培训、组织教育、体育健身、安全体验、天文体验等功能区域。

杭州滨江青少年宫内设"笑笑橙"青少年消防应急安全体验馆。体验馆自开放以来接待青少年超9万人次，先后获得国家级应急消防科普教育基地、杭州市中小学生研学旅行市级优秀基地等荣誉。

青少年宫镇街覆盖工程

为让广大青少年能够在"家门口"享受到更加优质的校外教育资源，2020年以来，共青团杭州市委积极推进"青少年宫镇街覆盖工程"，青少年宫服务覆盖范围持续扩大。

在日常服务过程中，全市青少年宫坚持把加强未成年人思想道德建设和青少年综合素质提升作为核心要义和根本追求，注重青少年兴趣特长、创新精神和实践能力的培养，根据青少年的身心发展特点，开设文艺舞蹈、书画美劳、科技学能、体育健康和体验实践等兴趣培训课程，精心打造中小学生科技节、文化艺术节、国际少儿漫画大赛、流动少年宫、"天堂儿歌"演唱和创作大赛、成长大讲堂等规模大、质量高、影响广的活动品牌。

六 共青团杭州市第十九次代表大会召开

2018年9月26日，共青团杭州市第十九次代表大会召开。大会的主题是：高举习近平新时代中国特色社会主义思想伟大旗帜，全面贯彻落实党的十九大、团十八大和市第十二次党代会、市委十二届四次全会精神，牢记新时代共青团的职责使命，青春建功新时代、勇立潮头谋新篇，团结带领全市广大团员青年为加快建设独特韵味别样精彩世界名城、打造展示新时代中国特色社会主义的重要窗口贡献青春力量。大会的议程是：听取中共杭州市委和团浙江省委领导的讲话；审议并通过共青团杭州市第十八届委员会工作报告；选举产生共青团杭州市第十九届委员会。

参加大会代表400名，代表全市37.7万名团员。市领导潘家玮、张仲灿、佟桂莉、陈擎苍、戚哮虎、许明、戴建平、毛溪浩、刘国洪、刘德生、任明龙、陈新华、张振丰、许勤华、王宏等出席开幕式。团浙江省委书记、党组书记朱林森出席开幕式并讲话。

团市委副书记李莲萍致开幕词。她说，过去的五年，是杭州加快国际化步伐，不断转型升级、高质量发展的五年；是杭州共青团紧跟党的步伐，改革攻坚、砥砺奋进的五年；是杭州青年为加快城市发展，与时俱进、拼搏奉献的五年。这五年，全市各级团组织在市委和团省委的领导下，坚持改革攻坚、创新发展，坚持服务大局、服务青年，团的各项事业不断推进，共青团的凝聚力、吸引力和影响力不断提升，为全市经济社会发展作出了积极贡献。今后的五年，是杭州干在实处、走在前列、勇立潮头，加快建设独特韵味别样精彩世界名城，打造展示新时代中国特色社会主义的重要窗口的关键时期。她说，共青团杭州市第十九次代表大会是杭州共青团立足新起点、聚焦新目标、开启新征程的一次誓师大会，必将对今后五年乃至更长一段时期内全市共青团工作产生积极而深远的影响。在市委和团省委的正确领导下，全市团员青年一定能够牢牢把握人生出彩的时代机遇，与祖国共奋进、与时代同进步，以一流的状态、一流的决心、一流的努力，在激扬青春、开拓人生、奉献社会的进程中书写无愧于时代的壮丽篇章。

团市委党组书记马利阳代表共青团杭州市第十八届委员会向大会作题为《青春建功新时代，勇立潮头谋新篇，为打造展示新时代中国特色社会主义的重要窗口贡献青春力量》的工作报告。报告总结回顾了杭州共青团过去五年的工作，深刻阐明了新时代杭州青年和杭州共青团的历史使命，对未来五年全市共青团工作、改革和建设作出了总体部署，充分体现了党的要求和全市青年的期望，符合全市共青团工作的实际，是今后一个时期杭州共青团工作的重要指导性文件。报告指出，这五年，杭州共青团积极践行"伙伴"共青团理念，广泛凝聚"伙伴"共识，及时关注"伙伴"需求，全心服务"伙伴"成长，与青年伙伴一起"同心筑梦、并肩追梦、携手圆梦"，为全市经济社会转型升级、跨越发展贡献了共青团的智慧和力量。这五年，杭州共青团贯彻"强'三性'、去'四化'"的要求，坚持以共青团改革为统揽，加强组织建设，夯实基层基础；坚持以思想政治引领为核心，紧扣时代主题，把握青年脉搏；坚持以岗位建功为依托，搭建项目平台，助力城市发展；坚持以"青年优先发展"为导向，突出青年主体，激发成才动力；坚持以从严治团为遵循，突出政治要求，狠抓队伍建设，杭州共青团的组织更加坚实，与青年的联系更为紧密。报告对今后五年杭州共青团工作任务作了明确：以习近平新时代中国特色社会主义思想为统领，牢牢抓住"把培养社会主义建设者和接班人作为根本任务，把巩固和扩大党执政的青年群众基础作为政治责任，把围绕中心、服务大局作为工作主线"这三个根本性问题，履行好引领青年、组织青年、服务青年三项职责使命，大力实施"思想引领力""组织动员力""综合服务力""改革创新力""团队战斗力"提升工程，努力开创新时代杭州共青团工作新局面。

大会选举马利阳等39人组成共青团杭州市第十九届委员会，马利阳、王乐芬、李莲萍、杨戈、沈威、张鹏、陈龙宁、赵婷、黄蔚娜、褚潇、褚瑜玮等11人组成团杭州市第十九届常务委员会。十九届一次全会选举马利阳为团市委书记，李莲萍、陈龙宁、沈威（挂）、赵婷（兼）、张鹏（兼）为副书记。

大会审议通过了《共青团杭州市第十九次代表大会关于共青团杭州市第十八届委员会工作报告的决议》。大会认为，报告确定的主题阐明了新时代杭州共青团工作的指导思想、主要任务和奋斗目标。大会高度评价全市青年在投身杭州经济社会发展中所展现出的昂扬精神风貌，充分肯定了共青团杭州市第十八届委员会的工作。大会号召，全市各级团组织要紧密团结在以习近平同志为核心的党中央周围，高举习近平新时代中国特色社会主义思想伟大旗帜，在市委和团省委的领导下，团结带领广大团员青年，勇做新时代弄潮儿，走好新时代长征路，为加快建设独特韵味别样精彩世界名城、打造展示新时代中国特色社会主义的重要窗口贡献青春力量。

9月27日，共青团杭州市第十九次代表大会闭幕。市委副书记张仲灿到会讲话，王宏、陈永良出席。张仲灿代表市四套班子，对大会取得圆满成功表示祝贺。他指出，新一届团市委班子要在市委坚强领导下，团结带领全市广大青年不忘初心、砥砺奋进，不断续写"八八战略"新篇章，为杭州建设独特韵味别样精彩世界名城、打造展示新时代中国特色社会主义的重要窗口作出新贡献。张仲灿还就进一步加强全市共青团工作提出殷切希望。

马利阳致闭幕词。他说，本次大会全面回顾了杭州共青团过去五年取得的主要成绩，总结提炼了探索实践中收获的宝贵经验，科学分析了当前面临的新形势和新问题，明确提出了在未来的五年，要书写"青年奋斗不止步，改革攻坚再出发"的"杭州共青团新篇章"，交出"最美青春与世界名城同行"的新时代"共青团答卷"，具体阐述了今后五年的工作思路和重点任务。这是一次承前启后、继往开来的大会，是一次求真务实、开拓创新的大会，是一次号召全市广大团员青年为携手实现"中国梦"、同心共创杭州美好未来而不懈奋斗的动员大会。

七

杭州共青团深化改革

党的十八大以来，以习近平同志为核心的党中央高度重视、亲切关心青少年和共青团工作，把共青团改革作为全面深化改革的重要方面作出战略谋划和部署。按照全面从严治党要求，大力推进从严治团，是共青团充分发挥党的助手和后备军作用、巩固和扩大党执政的青年群众基础、引领广大青年紧跟党走在时代前列的必然要求。杭州共青团围绕增强政治性、先进性、群众性，持续深入推进共青团改革攻坚行动，强化团的工作支撑，更好地肩负起党交给共青团的光荣使命，让杭州青年遇到更好的杭州共青团。

从严治团

2015年7月，中共中央首次召开群团工作会议，主要针对群团工作脱离群众问题，即"机关化、行政化、贵族化、娱乐化"的问题，从增强"政治性、先进性、群众性"方面提出了加强与改进群团工作的新的历史任务。2016年8月，中共中央办公厅印发《共青团中央改革方案》，把推进共青团改革提升到了全面从严治党组成部分的政治高度和历史高度。2017年1月，团中央印发《关于新形势下推进从严治团的规定》，旗帜鲜明地把从严治团作为当前及今后一段时期内的重点任务，构建"凝聚青年，服务大局，当好桥梁，从严治团"四维工作格局。

团杭州市委坚持全面加强党的领导，强化党管青年的意识，全面落实党建工作责任制，按照市委《杭州市群团改革总体方案》的要求，出台《杭州市共青团改革实施方案》及相关改革配套方案。坚持问题导向，以强"三性"、去"四化"为目标，以体制机制改革为突破口，着力改进组织机构、干部队伍、管理模式、运行机制和工作方式，增强团的基层基础，打造更加充满活力、更加坚强有力的"伙伴"共青团。坚持以点带面，先后承接县域共青团基层组织改革全国试点、全省共青团基层组织改革综合试点、专项试点，指导试点区、县（市）统筹谋划和推进共青团改革，为在全市范围内推进改革落地见效提供成功经验和借鉴，形成全市共青团改革"一盘棋"的良好氛围。

加强基层组织规范化建设，编印《杭州共青团基础团务工作手册》，梳理团组织、团员、团干部管理等文件、文书格式，确保工作规范性；严格落实"三会两制一课"制度、基层组织选举制度，探索实施团组织校地共建结对帮扶制度，深化街道区域化团建联席会议制度，让基层组织建设有章可依、有章必依。突出学校共青团的基础性、源头性、战略性地位，推进新兴领域组织覆盖和工作覆盖，用好杭州两新组织青年发展促进会等平台。优化直属团组织年度综合考评工作，修订完善考评办法和考核细则，实行多维度、精准化考评，更好地发挥考核的指挥棒作用。

选优配强团干部配备，建立完善团干部协管制度，出台《杭州团干部任期目标责任制（试行）》，实施基层团委书记"双述双评"工作，进一步强化基层团的工作力量、团干部履职。加强团干部学习教育工作，深化团务资格证书制度，打造杭州市青年干部培训班品牌，推进分类分层系统化培训，深化成长观教育，切实提高团干部推进改革和干事创业能力。结合"走亲连心三服务""我为青年做件事"行动，依托"一专一站两联"等载体，加强团干部直接联系青年制度，积极开展线上线下活动，着力提升联系质量和效果，切实把团干部直接联系青年制度作为持续深入加强和改进团的作风建设的重要抓手。加强团干部日常监督管理，实施直属团干部定期谈心谈话制度，及时发现和解决团干部队伍建设中遇到的困难和问题。

坚持先进性导向，分领域科学调控团员发展指标，定向、定额、定号发放入团志愿书、团员证等团务用品，进一步调控团青比例，提高发展质量；广泛开展党史学习教育、"两学一做"、"学习总书记讲话、做合格共青团员"等主题教育实践活动，坚持团组织全面动员、团干部全面带头、团员全面参与，增强共青团员先进性和光荣感。加强团员智慧化管理，运用"智慧团建""网上共青团"等信息化平台，对新发展团员录入、团组织关系转接、团支部对标定级、团员团干部先进性激励等方面实行动态管理，切实做好团员教育评议、团费收缴等工作，严肃团的纪律，及时处置不合格团员。

推进基层组织改革

2016年8月，中共中央办公厅印发《共青团中央改革方案》。2017年2月，团浙江省委印发《浙江省共青团改革统筹推进总体方案》。团杭州市委出台《杭州市共青团改革实施方案》，明确了改进团的组织设置和机构设置、改革工作队伍选拔管理方式、夯实团的基层组织基础、改进团的运行机制、加大党委和政府对共青团工作的支持保障力度等方面，形成了"6+X"的推进和配套方案。

聚焦团市委机关机制体制改革。在组织和机构设置方面，优化团市委机关内设机构的设置，减少1个内设机构，成立基层工作部、学校部与权益部，宣传权益部（志愿者工作部）改设宣传部。换届后，市本级和区、县（市）团代表、团委委员、常委中基层一线团干部和团员比例均符合80%、50%、30%的结构比例要求。在工作队伍选拔管理方面，对团市委领导班子专职成员职数进行调整，将原有的1正3副的专职职数变为1正2副、1挂2兼；改革选拔使用机制，在市委组织部指导下，开展团市委机关副处级领导干部综合比选工作，坚持五湖四海、任人唯贤，面向社会公开比选机关"92后"副处2名。在改进运行机制方面，以"青春杭州"全媒体中心、青年之家云平台、"智慧团建"系统为代表的网上共青团建设持续深入，"走亲连心三服务""一专一站两联"等载体督促各级团干部和团组织更加注重倾听青年群众声音、回应青年群众诉求，以青年社会组织为代表的各种社会主体越来越成为共青团联系、服务青年的重要手臂。

聚焦基层组织建设。针对"缺编制""缺工作人员"问题，争取团中央"减上补下"编制1名，定向下达给工作力量比较薄弱且青年比较集聚的滨江团区委，增强区级团委机关专职团干部工作力量。在镇街层面，通过采用扩大委员会规模、成立社会化工作部、新增挂兼职副书记等方式，充实工作力量；在村社层面，结合2020年村社组织换届，推动87.1%的村社团组织书记进入"两委"，提高团干部政治地位；在机关单位层面，创新团的基层组织形态，指导市审计局、市发改委、市退役军人事务局成立青工委，变工作对象为工作力量。团杭州市委专项拨款50万元，用于支持基层青年之家阵地、项目建设以及新冠疫情防控。针对"缺办公场所"问题，依托街道（园区）党群服务中心等资源，推进"青年之家"综合服务平台建设，乡镇街道青年之家阵地覆盖面达到100%；在机关、企业建立"悦读益站"，打造共青团服务青年新阵地。

聚焦试点创新促进全面提质。加强对江干区凯旋街道等46个省市县三级群团改革试点单位指导力度。2020年，余杭区被确定为基层组织改革省级综合试点，萧山区、富阳区被确定为基层组织改革省级专项试点。余杭区加强业余团校建设，全区57所全日制中学实现全挂牌，确定10所示范性团校创建单位；深化团教协作，推动区教育局团工委书记任团区委常委，建立联席会议制度；与区委组织部协同开展全区年轻干部公选，新选配镇街团（工）委书记7名、副书记16名（平均年龄28.6岁），公开选拔团区委副书记1名、挂职副书记2名、兼职副书记3名，从青年人才库中选拔6人以项目专员形式担任兼职团干部。萧山要求村社团组织负责人均由村社两委班子成员或两委后备人才担任；创新六大工作项目，推动志愿服务实体化阵地镇街（平台）、青年之家、"青年智慧团"实现全覆盖。富阳梳理整合青联、青商会、青创联盟等团属资源，形成区级青年力量和社会组织的力量清单，建立镇级"团青社联盟"工作队伍24个，以项目创投的方式为项目争取运转资金。

2021年，上城区、拱墅区、富阳区、临安区、建德市被确定为县域共青团基层组织改革全国试点。

围绕"改革团的工作力量选用机制",上城区创新"1+2+Max"组织设置模式,组织在杭10所高校班级团支部和197个村(社)团支部、"青年之家"团支部全域结对,探索试行优秀大学生兼任团支部兼职副书记做法;拱墅区面向党政机关、高校、两新组织、新兴领域等优秀青年,分层分类多领域打造干部培养选拔蓄水池;建德市制定团干部年度"4+3+X"KPI考评制度,考核排名前20%的团干部向组织部推荐,排名后10%的调整工作岗位;富阳区出台优秀社工激励机制,考核评议优秀的可直接推荐为社区副职人选;临安区选调全国优秀少先队辅导员和浙江大学硕士研究生各1名进入团区委机关。

围绕"改革组织设置和运行机制",上城区分领域打造城市青年阵地"五型样板区";拱墅区成立浙江首个未来社区团工委,打造青年"清廉馆";富阳区打造"团青社"联盟,实现共青团项目运行社会化;临安区推出"小临通"计划,打造三级塔群式青年社群,有效动员青年直达"最小作战单元"参与基层社会治理。

围绕"改革团员发展和教育管理机制",临安区打造数字化积分入团系统;建德市制定分领域入团参考细则,重点关注优秀农创客、电商主播、民宿管家等新兴群体入团。

围绕"推动完善地方党的领导机制和支持保障",临安区重点打造"青苗党支部",成立青苗学院,建立党、团组织联合教育培养机制,以及建立区级少工委"双主任"交叉挂、兼职制度;建德市实现"团的县级和县级以下各级委员会书记列席同级党的委员会和常务委员会"制度落实全覆盖。

截至2021年12月,改革试点地区县级团委均挂牌成立团委直属的青少年工作专业化机构,机关工作人员增加22名,直属团组织新增专职工作人员34名、挂职人员55名、兼职人员125名，通过政府购买服务、聘任青少年事务社工、吸纳返乡大学生等方式增加其他社会工作力量318名，团办青年社团数量新增254个，新修订和制定制度19个，财政预算均有不同幅度增长，改革相关经验在《中国共青团》《浙江日报》《浙江团情》《杭州日报》等主流媒体宣传报道近40篇次。通过改革工作推动，全市新增非公企业团组织1896家；新增社会团体团组织74家。

深化团校改革

2017年11月，十九届中央全面深化改革领导小组第一次会议审议通过了《中央团校改革方案》。2018年4月，中共中央办公厅、国务院办公厅印发了《中央团校改革方案》。《中央团校改革方案》是推进团校改革的动员令，是以习近平同志为核心的党中央对共青团工作作出的又一次战略性谋划。在团杭州市委的领导下，市团校不断深化改革，专门成立改革攻坚工作组，设立专修学院扫尾、固定资产清查、物业服务管理、办公楼修缮、校园文化建设、食堂整改等专项小组。通过改革攻坚，顺利完成学历教育剥离，回归主责主业，以建设"全国一流的共青团政治学校"为目标，以科研和干训工作为重点，突出团干部、青年骨干和志愿者三类群体，全面建设名师、名课、名馆、名校"四名工程"，主要承担全市共青团的教育培训和志愿者培训工作、共青团和青少年工作的理论研究、全市青运史征集及研究、杭州青运史馆的日常运营管理，以及开展国（境）内外、市内外青少年友好交流活动。新团校创新成立"政治理论""青年工作""团史团建""志愿者工作"四个教研组,不断优化团青培训课程设置,创新培训模式。同时,新团校立足《杭州青年研究》期刊学术阵地、杭州市青年研究会、杭州市学校共青团研究中心、省级舆情直报点平台、杭州青年运动史馆及余杭分馆、杭州市哲学社会科学研究培育基地等六大平台优势,充分发挥共青团和青少年研究的科研智囊作用,在奋力展现"重要窗口"的"头雁风采"中贡献青春力量。

杭州市中长期青年发展规划

党的十八大以来,以习近平同志为核心的党中央高度重视青年工作,在习近平总书记的亲自指导和关心支持下,2017年4月,中共中央、国务院印发了《中长期青年发展规划(2016—2025年)》,这是新中国历史上第一个青年发展规划,是国家出台的促进青年发展的重大政策举措,为青年工作指明了方向,提供了根本遵循。

2019年5月,浙江省青年工作联席会议成立,由省委常委、组织部部长黄建发及副省长王文序作为联席会议召集人。

12月,经市委市政府主要领导签批同意,杭州市正式出台《杭州市中长期青年发展规划(2020—2025年)》,并将成立杭州市青年工作联席会议写入了市级规划。该规划立足杭州实际,体现杭州特色,突出青年主体地位,为新时代杭州青年发展事业指明了方向,明确了目标,通过十大发展措施和七大重点工程,密切关注青年的所思所忧所盼,帮助广大青年解决在教育培训、身心健康、权益维护、婚恋交友、住房就业等方面的实际问题,推动、强化服务青年政策的针对性、协同性和连续性,为青年营造更好的创新创业环境,让每个心怀梦想的年轻人都能享受多元发展机会，迈向出彩的人生。

2020年5月，杭州市青年工作联席会议第一次全体会议召开。全市青年工作运行机制进一步完善，发展环境更加优化，青年的获得感显著增强，该规划实施工作得到团中央、团浙江省委的高度肯定。

12月底，萧山区列入全国《中长期青年发展规划（2016—2025年）》实施县级试点，拱墅区、建德市列入省级试点，其他10个区县市列入省级试点培育单位，通过试点带动，杭州市规划实施工作上下联动、整体推进。

2021年9月，杭州市青年工作联席会议第二次全体会议召开，传达学习浙江省青年工作联席会议第三次全体会议精神，部署推进下一阶段中长期青年发展规划重点任务。市委常委、组织部部长毛溪浩出席会议并讲话，市政府党组成员王宏主持会议。市青年工作联席会议成员、联络员和各区、县（市）青年工作联席会议召集人、团委负责人参加会议。会议审议了《〈杭州市中长期青年发展规划（2020—2025年）〉指标统计监测工作方案》《关于打造世界青年友好城的行动计划（2021—2022年）》等文件，确定了2021年和2022年两年杭州市青年发展规划实施的35项重点项目计划。会议强调，要深入学习贯彻习近平总书记关于青年工作的一系列重要论述，紧扣中央和省规划确定的目标，强化使命担当，创新举措、加强探索，积极打造世界青年友好城市，努力取得更多具有杭州辨识度的标志性成果。

全市各地各单位围绕贯彻落实国家和省规划以及市规划实施工作的总体部署，抓试点、抓机制、抓推进、抓落实，青年思想政治引领、服务青年发展和规划试点工作取得了阶段性成效。13个区、县（市）

全部建立了青年工作联席会议机制，出台本地青年发展规划或实施方案，青年发展内容以专节或专栏形式写入市县两级"十四五"规划纲要。2021年，全市共出台惠青政策74项，青年发展环境更加优化。

八

奋进新时代

杭州共青团紧扣市委市政府的战略部署，围绕"八八战略"再深化、改革开放再出发，围绕"四个杭州""四个一流"的精神要求，推进共青团工作围绕中心、服务大局，聚焦青年多样化需求，提升服务能力，以更有效的举措奏响青春建功新时代的最强音。

"振兴杯"全国青年职业技能大赛

"振兴杯"全国青年职业技能大赛由共青团中央、人社部主办，是级别最高的国家一类竞赛，主要面向全国青年技能人才（35周岁以下）。2005—2018年，连续14届都是面向青年职工，每年在沈阳举办一届。

2018年12月18日，杭州市"三会"（工业经济联合会、企业联合会、企业家协会）召开会员大会。会上，市"三会"会长、西子联合控股集团董事长王水福向市委表达了诉求，希望通过举办全国性技能比武，吸引一批高技能人才来杭。市委领导当场对王会长作出回应并表示支持。会后，团杭州市委会同市人社局、经信局迅速落实市委指示精神，在征得团浙江省委、省人社厅等单位同意后，明确以市委、市政府名义向团中央提出承办大赛的书面申请。经过不懈努力，最终团中央同意，为大赛增设学生组并放在杭州。

第十五届和第十六届"振兴杯"全国青年职业技能大赛分别于2019年11月14—18日和2020年11月2—6日在杭州举办。大赛每年都会抽取不同竞赛工种，2019年的工种为计算机程序设计员、电工、车工和钳工，学生组决赛共有来自全国30个省份263名选手参赛；2020年的工种为计算机网络管理员、模具工（冲压）和机床装调维修工，学生组决赛共有来自全国30个省份226名选手参赛。

杭州承办的两届学生组比赛得到了领导、企业、媒体和社会的一致肯定。2019年学生组决赛，杭州选手包揽电工和计算机程序设计员赛项前3名，夺得钳工赛项第1名；2020年综合职工组和学生组成绩，杭州选手取得了7金4铜的全国最好成绩。

同时，团杭州市委还配套举办了青年技能人才云招聘会，邀请1104家企业开放招聘岗位2.6万余个，云招聘小程序累计查看企业职位约2.37万人次，累计投递简历7640人次，意向沟通及意向签约3136人次。组织的"青春敬技场"抖音挑战赛等前期宣传造势活动产生原创视频达1.6万条，播放量超6132万余次，精彩展示杭州"尊崇工匠、礼遇人才"的浓厚氛围。

杭州全球青年人才中心

为打造全球青年人才蓄水池，创人才生态最优城市，集聚更多全球青年人才来杭创新创业，助推高水平打造"数智杭州·宜居天堂"，

2020年11月，在中国留学生论坛上，浙江省委常委、组织部部长黄建发等省市领导共同启动了杭州全球青年人才中心。在杭州市委十二届十一次全体（扩大）会议上，建设杭州全球青年人才中心被写入了全会报告。

2021年3月27日，中心正式启用，欧美同学会副会长姚望，市委常委、组织部部长毛溪浩等领导出席会议。杭州全球青年人才中心是杭州市人才工作的重要载体，重点联系海外青年科研人才、海归青年创业者、海外留学生、外籍青年人才、国内青年人才等全球各类青年优秀人才。围绕"八个一"服务内容，重点开展"一系列中心活动、一条龙落地服务、一对一导师结对、一揽子优惠政策、一连串见习机会、一次性创业融资、一站式人才评估、一体化就创平台"等服务，为吸引全球人才来杭发展、服务青年融杭留杭作出贡献。

中心采用理事会成员架构，由团杭州市委任理事长单位，同时，邀请具有代表性的组织和机构作为副理事长单位，包括浙商总会青委会、市青企协、市青联、市学联、猎聘集团、埔思学院、微链、G5创投平台、钱江世纪城管委会、萧山团区委、ITC归谷国际中心等，同时邀请未来科技城管委会、玉皇山南基金小镇管委会、数字经济产业园区管委会、云栖小镇管委会、钱塘智慧城管委会、科技工业功能区管委会、海外高层次人才创新创业基地等全市重点产业平台作为中心理事成员单位。

中心阵地设在萧山归谷国际中心B座5楼，拥有约50平方米的专属办公空间，同时共享归谷国际中心内公共活动场所，包括咖啡厅、电话间、会议室、酒廊、健身房等。同时，中心成立了美国、英国、加拿大、澳大利亚等4个海外分中心，拱墅、西湖、建德3个市内分中心，并重点与全球QS排名前50的知名高校学生组织建立联系。

9月，来自全球顶尖名校的40名全球青年代表，各领域的一流专家导师、企业家代表集聚杭城，沉浸式参与了三天两夜的The Future Retreat第二届世界青年领袖联盟闭门论坛，共话世界的"未来"。本次论坛由杭州全球青年人才中心（GYTC）发起、浙商总会青年企业家委员会（GAZE YEC）主办，联合世界青年领袖联盟（WYLU）承办，向全球青年人才发出邀请。本次参会学员通过四层考核选拔，从近千名申请者中脱颖而出，相聚杭城。从牛津、剑桥、麻省理工、斯坦福等世界名校学联主席，到全球杰出创业青年，从科研人才到公益界青年和知名博主，本次学员选拔注重公平性与多元性，各领域的智慧大脑齐聚杭州。

截至12月底，杭州全球青年人才中心开展各类活动70余场，包括"青才荟""青柠享""青心缘""青动力"等系列品牌活动，覆盖青年4000余人；搭建青年人才数据库，吸纳全球青年人才1125人。

数字共青团

习近平同志在浙江工作期间，浙江启动了数字浙江建设。2021年2月18日，浙江省委召开全省数字化改革大会，聚焦党政机关、数字政府、数字经济、数字社会、数字法治等改革重点，提出加快数字浙江建设，推进全省改革发展各项工作实现新突破。

3月4日，团浙江省委十四届八次全会指出，2021年全省各级团组织将以数字化赋能共青团改革，吹响浙江共青团数字化改革的冲锋号。数字化改革是引领新时代共青团事业创新发展的重要举措。

依照团浙江省委提出的数字化改革方案，结合杭州实际，团杭州市委坚持业务数字化、数字效益化、整体智治化的理念，运用数字化认知、数字化思维、数字化技术打造"团情云图"数字化综合应用集成系统，力求从改革视角逐步实现全方位系统性重塑。

4月17日，团杭州市委印发《杭州共青团数字化改革工作实施方案》，明确了杭州共青团数字化改革的任务：一是建设杭州青年大数据研究中心，"数字+研究"提升引领力；二是打造N个数字化应用场景，"数字+应用"提升青年服务力；三是构建"团情云图"数字驾驶舱，"数字+智治"提升整体数智力。

杭州共青团聚焦人才服务、权益维护、亚运保障等领域，推进数字化改革项目18个，截至2022年3月，"浙@童""青训营""假日小队，轻松助手"等12个场景上线运行，其中"浙@童"入选团浙江省委数字化改革试点优秀案例。依托"群团集市"一键入团功能，精准聚焦5.3万余家非公企业，共发起入团申请9250余家。"群团集市"发布活动2130余场，参与6.7万人次，为破解非公企业团建难题、延伸工作手臂进行有益探索。

助力共同富裕

2021年6月，《中共中央 国务院关于支持浙江高质量发展建设共同富裕示范区的意见》公布。浙江省委十四届九次全体（扩大）会议围绕忠实践行"八八战略"、奋力打造"重要窗口"这一主题主线，对高质量发展建设共同富裕示范区作出了系统研究部署，明确提出，到2025年推动高质量发展建设共同富裕示范区取得明显实质性进展，形成阶段性标志性成果。这为全省广大青年建功立业提供了难得的历史机遇和广阔舞台。

7月，团浙江省委副书记何黎斌（主持工作）在共青团浙江省十四届九次全委（扩大）会上的报告《深入学习贯彻习近平总书记"七一"重要讲话精神 为推动高质量发展建设共同富裕示范区贡献先锋力量》，为青春助力共同富裕示范区建设指明了担当作为的方向。报告指出，要围绕"全面汇聚高质量发展建设共同富裕示范区磅礴青春力量"的总目标，开展"我在窗口写青春"浙江青年携手共同富裕先锋行动。

团杭州市委以"发现好青年、培育好青年、服务好青年"为目标，挖掘和培养一批优秀农村青年，引导和鼓励高校毕业生、来杭青年、回乡青年到农村创新创业，助力乡村振兴，推动共同富裕。

开展技能比武大赛。9月24日至10月12日，团杭州市委、市农业农村局等单位联合主办2021年杭州市农业职业技能选拔赛，全市100余名农技青年分别在茶艺技能、农机驾驶操作、青年植保无人机驾驶员及青年乡村旅游品牌策划等4个赛项上进行比拼，选拔出农业高技能人才。

"村村都有好青年"寻访专项行动。全市各级团组织寻访本地或返乡创业从事农村产业、有效破解基层治理问题、从事乡村文创以及在推进乡村文明创建、文化传承等方面的优秀农村青年。全市共排摸发现"好苗子"1000余名，其中"90后"114名，建立乡村好青年人才数据库，为乡村振兴作好青年人才储备。

打造创业平台，培养乡村振兴排头兵。在团杭州市委的指导下，全市共建青创农场100多家。余杭区径山书院，从单一民宿产业逐步转型为集学习、生活、创业与投资于一体的乡村产业孵化平台，2020年经审批成为第二批省级示范性青创农场。建德市大同镇农创客中心，共孵化和培育农创客团队115家463人，各团队中10名以上农村青年本土创业，带动100名以上农户增收。截至12月，已有24家青创农场升级成为省级示范性青创农场。农场以共青团力量为主导，通过专业化服务和社会化运作方式，在基础设施、政策保障、服务平台等方面为返乡青年提供全方位的孵化服务，发展智慧农业、乡村旅游、共享经济等新业态。

推出帮扶政策，助力青年服务乡村。为了更好地凝聚起乡村振兴的青年力量，团杭州市委成立了杭州市农村青年致富带头人协会（农创客联盟），吸纳了传统种养领域、农产品加工或流通领域、新兴乡村领域、农业社会化服务领域、农村建设领域的会员145人。举办农村电商、青创农场主、新业态农业、新农人、数字农业应用培训班、青年农创客发展论坛等，通过形式多样、内容丰富、精准有效的培训交流活动，搭建农村青年人才比拼技能、相互学习的平台，提升乡村振兴青年专业技能和综合能力。临安团区委深化与浙江农林大学等高校的合作，打造"课堂—体验—实战"的分层培训体系，先后开展农村青年创业训练营、创业大讲堂等项目；富阳团区委依托属地高校资源，持续开展"千名大中学生进农村专项行动"，助力农村乡风文明和环境提升。各涉农区县（市）结合当地实际，制定出台一系列支持创业青年回乡创业的利好政策。富阳团区委连续10年开展"青年信用示范户"项目，累计评选120家，提供创业贷款近3000余万元；临安区大学生自主创业扶持实施办法，规定了大学生创业获得无偿资助，且能减免入驻创业园租房费用；淳安县印发了《淳安县新引进应届全日制大学本科及以上学历毕业生生活补贴发放实施办法（试行）》等。

共同富裕，杭州青年说。为体现浙江高质量发展建设共同富裕示范区进程中的杭州担当和青年力量，杭州发布联合团杭州市委等单位联合制作推出"共同富裕 杭州青年说"系列短视频，邀请杭州各行各业青年代表，畅谈心目中的共同富裕、美好生活图景。

对口支援西藏，共谋共同富裕。2020年12月，杭州市青企协与那曲市色尼区人民政府签订合作协议，为两地合作发展奠定基础。2021年4月，杭州市青企协参加拉萨高新区数字经济专题推介会，让杭州青年企业家更加深对那曲市色尼区的了解，同时进一步加深了杭州—那曲色尼两地青年企业家交流协作，促进共同富裕。10月，团杭州市委副书记周妙荣带领团干部、青年企业家一行赴西藏开展对口支援工作，携手助力西藏发展、共谋共同富裕。浙江省援藏指挥部党委书记、指挥长、那曲市委副书记、常务副市长苗伟伦接见交流团全体成员。14日，交流团一行在拉萨团市委机关召开杭州—拉萨共青团工作交流座谈会，双方就两地经济社会发展、共青团工作、杭州—拉萨共青团援藏工作等方面进行了深入交流。团杭州市委副书记周妙荣表示，共青团杭州市委、杭州市青企协会一直把对口支援那曲市色尼区共同富裕作为重要工作内容。座谈会上，杭州市青年企业家捐赠26万元对口帮扶资金，用于支持那曲市色尼区教育事业发展和基础设施建设。杭州正浩茶叶有限公司、浙江九天控股集团有限公司分别与那曲市色尼区人民政府签订合作协议，双方将在产业发展、智力支援、交流交往交融等方面进一步合作，推动那曲市色尼区高质量发展。15日，交流团一行前往当雄县羊八井中心小学，为30名小学生点亮心愿，送去价值3万元的书包、衣物、学习用品等爱心物资，勉励他们要感念党恩、好好学习、努力成才，让藏族少年们深切感受到杭州青年企业家的关心与关怀。团杭州市委、市青企协将号召更多青年企业家、社会爱心人士加入共同富裕对口支援活动，更多关注西藏民生建设和产业发展，引导青年企业家在共同富裕工作中勇担社会责任，体现先锋担当。

青春战疫

2020年初，一场突如其来的新冠疫病时刻牵动着全国人民的心。习近平总书记高度重视疫情防控工作，作出一系列重要指示。1月25日，共青团中央办公厅发布《关于立即行动起来投身新型冠状病毒感染肺炎疫情防控工作的通知》，号召各级共青团组织和广大团干部、团员青年立即行动起来，深入贯彻落实习近平总书记重要指示和党中央、国务院决策部署，有序参与防控工作，为坚决遏制疫情扩散、夺取防控斗争胜利贡献力量。

团杭州市委及时发布《青春勇担当 携手同战"疫"坚决打赢疫情防控阻击战——致全市各级团组织、广大团干部、团员青年书》，号召广大市民、志愿者以及各级团组织和团员团干部积极开展物资捐赠、有序参与组织志愿服务，带头遵守疫情防控各项规定，科学加强自身安全防护。全市各级团组织充分发挥组织动员优势和桥梁纽带作用，团结带领广大团员青年和志愿者在"战疫情、促发展"中奋勇担当、冲锋在前、主动作为。

有序参与疫情防控。第一时间组建工作专班，强化市、县、镇三级联动，梳理设置网格排查、体温检测、防疫宣传、场地消毒、人员劝导、心理疏导等岗位2956个。全市动员各类组织1000余个，日均参与志愿者 1.54 万名，累计服务时长 175 万小时。杭州青荷公益基金会累计筹集物资超 1000 万元，为浙一、浙二、市一、西溪医院，市委党校集中隔离点和武汉、恩施、荆门等地捐助紧缺防疫物资 13 万余件、消毒液 1.2 万瓶。各级青联委员、青企协和青农协会员慷慨解囊，通过各类途径累计捐款捐物 7747 万元。

全面助力复工复产。启动"百团千队"行动，以青年文明号集体等为基础，组建"青年帮帮团"408 个，青年突击队 1003 支。结合"走亲连心三服务"活动，开展数字经济企业疫情经营恢复情况调查，推出政策宣传、资源对接、重点攻坚、防疫培训、爱心助学、金融纾困等 8 项服务，涌现了"政策青小二"帮帮团、市司法局"青律帮帮团"、钱塘新区"跑小二"等优秀团队。依托"青企汇"平台，2020年累计帮助中小微企业预订口罩、额温枪、防护服等 54 万余件。

落细落实关心关爱。严格落实志愿者"不培训到位不上岗、不采取好防护措施不上岗"要求。专项划拨团费 28 万元，用于志愿者、突击队采购防疫物资。设立"志愿者关爱基金"，联合阳光财险为每名一线志愿者提供保额 50 万元的防疫综合保险。组织开展 5 次集中慰问活动，送去口罩、护目镜、防寒用具、急救包等慰问品价值 80 余万元。加快落实市委"关爱十条"，深入一线考察团干部。针对援鄂医疗队员、疫情防控一线医务人员，专门推出免除杭州青少年活动中心培训费用、免费活动体验、组建帮扶志愿服务队等"关爱六条"，同时积极联合社会力量，开展送新茶、免费理发、免费民宿、免费洗车、新东方免除学费等特色服务。

广泛凝聚战"疫"正能量。对接"杭州发布"等权威平台，充分借助"青春杭州"全媒体矩阵，积极宣传政策措施和防控知识。通过微视频、漫画、海报等形式，开展"战时家书""为祖国加油"等主题宣传，并联合"网易云音乐"发起"抗击疫情、为城市应援"原创歌曲征集活动，制作发布短视频《我们一起守护》。开展"春天行动：感谢身边那一抹红"致敬杭城防疫志愿者"三五"主题活动，广泛宣传疫情防控共青团和志愿者先进集体个人。全市各级团组织新媒体发布微信742篇、微博723条、原创抖音35条，累计阅读量448.7万次，人民网、新华每日电讯、央视新闻客户端、杭州发布等媒体报道151篇次。

全市各级团组织和广大团员青年牢记习近平总书记"疫情就是命令，防控就是责任"的指示精神①，充分发扬"党有号召、团有行动"的优良传统，用实际行动扛起责任、经受考验，充分彰显了忠诚担当的好榜样。

2022年春节期间，杭州爆发奥密克戎新冠疫情，各级团组织迅速发布志愿者招募动员令，全市广大团员青年积极响应，放弃团圆，冒着严寒，顶着风雪，奋战在疫情防控第一线。全市出动青年志愿者超35万人次，累计服务时长达212万小时。杭州市委副书记，市政府党组书记、市长刘忻对此予以充分肯定，并批示指出："志愿者在此次疫情防控中发挥了突出作用！团市委组织力、动员力、战斗力经受了重大考验，取得了突出成绩！可喜可敬！"

---

① 《中共中央政治局常务委员会召开会议研究新型冠状病毒感染的肺炎疫情防控工作》，《人民日报》2020年1月26日，第1版。

九 传承百年薪火

党的十九大将习近平新时代中国特色社会主义思想确立为党必须长期坚持的指导思想并载入党章。习近平新时代中国特色社会主义思想是马克思主义中国化最新成果，为我们党在新时代统揽伟大斗争、伟大工程、伟大事业、伟大梦想提供了指导思想和行动指南，是共青团工作须臾不可偏离的根本指针。杭州共青团以纪念五四运动100周年、庆祝中国共产党成立100周年等为契机，以阵地建设为抓手，团结带领广大青年学习贯彻习近平总书记重要讲话精神，守好"红色根脉"，传承百年薪火，坚定不移跟党走。

纪念五四运动100周年

2019年是五四运动100周年。2月22日，团中央发布《共青团中央关于组织开展"青春心向党·建功新时代"主题宣传教育实践活动的通知》（中青发〔2019〕3号），明确全团围绕隆重庆祝中华人民共和国成立70周年、纪念五四运动100周年，集中组织开展"青春心向党·建功新时代"特别主题团日活动，突出仪式教育感召作用，依托各地红色教育资源，组织全体团员青年在庄严肃穆的仪式中接受"沉浸式"精神洗礼。3月5日，团杭州市委发布《关于转发〈"青春心向党·建功新时代"特别主题团日活动方案〉的通知》，布置相关要求。

4月25日，杭州市举行纪念五四运动100周年主题团日活动。杭州市人大常委会副主任陈红英、团浙江省委书记朱林森等领导出席。市有关部门领导，区、县（市）、局（公司）、大专院校等直属团组织代表，"新时代杭州十大杰出青年"，"新时代杭州十大青年英才"，"新时代十佳来杭创业创新青年"，"新时代杭州十佳农村青年致富带头人"等各界优秀青年代表约500余人参加。

4月30日，纪念五四运动100周年大会在人民大会堂举行，习近平总书记出席大会并发表重要讲话。习近平总书记的重要讲话通篇贯穿着历史逻辑、实践逻辑、理论逻辑相结合的强大说服力，贯穿着殷殷关爱、谆谆嘱托、严格要求相结合的强大感染力，充分体现了党的领袖对青年一代的深情厚爱、对青年运动的深邃思考、对青年工作的深谋远虑，是新时代中国青年运动的光辉行动指南和重要纲领性文献。[①]

在团杭州市委的倡议和指导下，杭州各地基层团委组织团员青年学习习近平的重要讲话，开展了异彩纷呈的五四主题活动，宣扬五四精神，传承百年薪火。

萧山团区委举行"青春心向党·建功新时代"五四特别主题团日活动暨萧山青年运动纪念馆焕新开馆仪式。团区委同所前镇对该馆进行全面修缮、重新布展，新建了青年广场，并加强对相关史料和物件

---

① 贺军科：《发扬五四精神 传承优良传统 不断书写新时代中国青年运动的崭新篇章》，《中国共青团》2019年第5期，第8—10页。

的收集、整理和保护，使纪念馆焕然一新，作为开展爱国主义教育、激励年轻一代的重要基地，以及新团员接受教育、举行入团仪式的重要场所。萧山团区委主办的五四特别行动还分别在萧山烈士陵园、义桥镇昇光村革命历史纪念馆、衙前农民运动纪念馆、河上萧山抗战纪念馆、所前萧山青年运动纪念馆及楼塔楼曼文纪念馆举行，为传承五四精神、建设美丽萧山贡献青春力量。

下城团区委联合区委组织部、宣传部、天水街道等在浙江展览馆三楼中央大厅举办"百年长歌忆初心 砥砺奋进谱华章"——下城区"青春心向党 建功新时代"纪念五四运动100周年主题活动，活动从"穿越百年 与信仰对话""奋斗当下与青春相遇""未来已来 与时代同行"三个篇章，《"一师风潮"燃激情》《奋斗的青春最美丽》《青春的模样》等节目，展示了五四精神在下城的起源、发展和传承，各行青年工作在下城、奋斗在下城、拼搏在下城的模样。

建德团市委举办"我向革命先辈说"主题演讲活动，围绕"青春心向党"主题，结合本职工作和学习生活展开演讲，再现了革命先辈在中华大地上可歌可泣的情节，令人真切感受到过去的革命光辉历史给青年带来的振奋力量。

杭州西湖风景名胜区举行纪念五四运动100周年主题团日活动，通过青朗诵、青年说、青访谈、青风采、青快闪等形式，追忆"五四"百年，以青春之我响应时代号召、展现新时代青年风采，同心筑梦、并肩追梦、携手圆梦。

拱墅团区委开展"青春心向党·建功大城北"系列活动，包括一场青春奋进的主题团日活动、一条擦亮初心的"时光隧道"、一次"青春建功大城北"抖音短视频大赛等"十个一"活动，在全区团员青年中营造为加快高质量建设运河沿岸名区、实现大城北崛起贡献青春力量的浓厚氛围。

淳安团县委召开庆祝五四青年节优秀青年代表座谈会，各行各业优秀青年代表进行了面对面座谈、心对心交流。与会淳安青年们纷纷表示要紧跟时代步伐，着眼淳安发展，把五四精神的传承化为报效伟大祖国、建设康美千岛湖的实际行动，用青春、智慧和力量成就奋斗人生。

钱塘新区团工委联合区总工会开展诗歌朗诵大赛决赛，以"传诵中华文化自信，讴歌钱塘时代新韵"为主题庆祝新中国成立七十周年、纪念五四运动100周年，用青年"好声音"传递正能量。

余杭团区委举行纪念五四运动100周年主题团日活动，现场播放余杭区各界青年投身"三个全域"建设宣传片，表彰了第八届余杭区十佳优秀青年、十大杰出青年。

西湖团区委举行纪念五四运动100周年暨"青春建功在西湖·砥砺奋进争一流"主题团日活动，开展"我经历的五四青年节"主题寻访、歌唱"我爱我的祖国"快闪、"青年大学习"讲师团主题宣讲等活动，突出仪式教育感召作用。

富阳团区委举行"唱响时代旋律·奋斗青春梦想"2019年"五四"青春分享会。演出围绕"唱响时代旋律·奋斗青春梦想"主题，全方位呈现了青年前仆后继为中华民族伟大复兴中国梦不断奋斗的轨迹。

桐庐团县委举行"青春心向党·建功新时代"桐庐县纪念五四运动100周年主题团日活动，现场播放"五四"宣传片《爱桐庐，最青春》，展现了桐庐青年，在这奋斗的时代，以昂扬的斗志奏响青春的壮歌。"五四百年·奋发青春"主题论坛上，青年代表与同龄人分享青春奋斗故事。

滨江团区委特别策划"青春心向党·建功新时代"主题快闪活动，以青春洋溢的歌曲和舞蹈，展现新时代滨江青年奋发有为、文明有礼的良好精神风貌。

临安团区委举办五四运动系列活动，充分展示临安青年朝气蓬勃、青春向上的精神风貌，激发青年人的组织荣誉感和爱国热情，引领广大团员青年不忘初心、砥砺前行。

上城团区委举办"纪念五四 致敬青春"——上城区纪念五四运动100周年特别主题团日暨"新时代上城十大杰出青年"风采展示活动，现场表彰了"上城区十大杰出青年"和10名"上城青年英才"。

江干团区委举办"青春心向党·建功新时代"五四运动主题团日活动，活动以一幕江干青年自编自导自演的话剧《恰同学少年》为压轴，以1919年、1978年、2019年三个时间点为时间主线，深刻阐述"一代人有一代人的使命，一代人有一代人的担当"内涵，鼓励广大江干青年不忘初心、勇担使命、接续奋斗，以青春之我，砥砺建设青春之中国。

建设全团一流的地方性青运史馆

2016年，在杭州市纪念五四运动97周年座谈会上，老团干们发出了"挖掘杭州青运资源，为杭州青少年建设一个青年运动专题纪念馆"的倡议，开启了杭州青年运动史馆的筹建序幕。

2017年1月，市委常委会听取了团市委就青运史馆筹建的专题汇报并同意建馆，筹建工作正式启动。杭州市团校立即成立杭州青年运动史陈列馆建设专班，历时3年，征集史料4351件（套），完成大纲编撰、装饰布展设计和场馆建设。

2019年9月29日，杭州青年运动史馆在上城区思鑫坊萱寿里17号开馆，填补了杭州市团属红色教育基地的空白，走在了全国前列。馆内展陈面积1344平方米，展陈实物210件（套）、珍贵历史照片600余幅。全馆配备多功能厅、会议室、宣誓屏等硬件设施及互动问答、感应讲解等智能设备。全馆设"杭州青年为建立新中国而奋斗""杭州青年积极参加社会主义建设""杭州青年在建设中国特色社会主义中建功立业"三个篇章，全面、客观、真实地展示杭州青年在中国共产党的领导下，在中国革命、建设和改革开放时期不懈奋斗的辉煌历史和重要经验。

开馆仪式上，团浙江省委书记朱林森讲话，他强调杭州是近代青年运动的发祥地之一，在整个中国青年运动史上具有非常独特和重要的地位。学习青年运动史，就是要在增强历史厚重感中、在矢志艰苦奋斗中、在坚决扛起时代重任中不忘初心、牢记使命。广大青少年要以史为鉴、以史为师，传承红色基因、争当时代新人。

2020年10月30日，杭州青年运动史馆余杭分馆（余杭共青团历史纪念馆）举办开馆仪式，团杭州市委副书记周妙荣和余杭区委副书记、政法委书记李忠誉为杭州青年运动史馆余杭分馆揭牌。杭州市团校党总支书记、副校长、杭州青年运动史馆馆长沈在蓉为鸬鸟镇团委书记梁虞栋颁发杭州青年运动史馆余杭分馆馆长聘书。

2021年4月，青运史馆上线"触摸青运史"杭州青年运动史馆网上展馆，立体化、全景式呈现史馆展陈内容，青少年通过电脑、手机，动动手指就能学习红色故事。

杭州青年运动史馆在各级领导的关心和重视下，积极开展多种形式的党史学习教育，中央团校党委书记倪邦文，团浙江省委副书记何黎斌（主持工作）、包志炎，杭州市副市长王宏先后来馆参观指导。截至12月，杭州青年运动史馆开展"红色百年 青春有为"百年杭州青运史巡展、"不一样的'520'，不一样的我们"、"青年学党史"踏青研学、"童心向党"少先队学党史等各类红色教育活动10余场次，并受到人民网人民科技官方账号"人民资讯"、《中国青年报》、《杭州日报》、杭州电视台等媒体的关注和报道，累计接待杭州以及全国各地814个团队参观，共有2.46万余人到馆参观学习。

杭州青年运动史馆已成为全市红色走读线路"湖滨记忆"网红打卡点，是长三角少先队员"百年·百个"红色研学点、浙江省党史学习教育基地、浙江省青少年红色基因传承基地、杭州市党史现场学习基地、杭州市党员干部教育培训基地、爱国主义教育基地、第二课堂活动基地等。

学党史，强信念，跟党走

2021年是中国共产党成立100周年。2月20日，党中央召开党史学习教育动员大会。习近平总书记发表重要讲话指出，我们党的一百年，是矢志践行初心使命的一百年，是筚路蓝缕奠基立业的一百年，是创造辉煌开辟未来的一百年。回望过往的奋斗路，眺望前方的奋进路，必须把党的历史学习好、总结好，把党的成功经验传承好、发扬好。①3月4日，团中央发布《关于在全团开展"学党史、强信念、跟党走"学习教育的通知》（中青发〔2021〕3号），强调共青团作为党缔造和领导的青年政治组织，要把党史学习教育作为发挥党的助手和后备军作用的重大责任，作为团员思想武装和团的思想建设的重要内容，作为深化青少年思想政治引领的重大契机，引导广大团员青年厚植爱党、爱国、爱社会主义的情感，让红色基因、革命薪火代代传承。

根据党中央和团中央、团浙江省委、杭州市委的有关要求，团杭州市委把开展"学党史、强信念、跟党走"学习教育，围绕"学史明理、学史增信、学史崇德、学史力行"的要求，组织、发动、带动全市青少年把思想和行动统一到习近平总书记重要讲话精神和党中央决策部署上来。

坚持全面覆盖，整体推进学习教育。3月，团杭州市委明确了全市共青团党史学习教育工作实施方案，组建领导小组和工作专班，制订全年活动计划20项，在团杭州市委十九届四次全体（扩大）会议上作专题部署。4月1日，团杭州市委发布《关于全市共青团深入开展"学党史、强信念、跟党走"学习教育的通知》（杭团字〔2021〕12号），明确全市共青团"学党史、强信念、跟党走"学习教育计划。

坚持理论武装，全面提高思想认识。全市基层团组织开展"诵读""夜学"等学习活动2.7万场，覆盖团员青年104.3万人次，系统学习习近平新时代中国特色社会主义思想、党的十九届五中、六中全会精神和中央、省市委部署。组织全市青少年开展党史主题"青年大学习""红领巾爱学习"网上团队课等沉浸式、体验式、互动式实践学

---

① 黄敬文：《习近平在党史学习教育动员大会上强调 学党史悟思想办实事开新局 以优异成绩迎接建党一百周年》，《人民日报》2021年2月21日，第1版。

习，参与人数达423万人次。

打响宣传品牌，开展党史主题宣讲。开展"团干部上讲台讲党史"授课活动，全市2.37万名团干部参与宣讲，团杭州市委县处级以上党员全部完成党史宣讲；市团校开发"与历史对话——习近平总书记谈青年工作""中国共产党为什么能"等党史系列课程，其中3个课程被团中央院校协会选中在全国进行视频授课；开展"杭州青年说"活动，举办2021年"杭州青年说"青年宣讲团选拔大赛，组织"青春力量"杭州宣讲团开展青年理论宣讲，累计宣讲500余场，覆盖人数326.32万人次；实施全市共青团系统深入学习贯彻党的十九届六中全会精神"六讲六做"大宣讲行动，示范带头并统筹各地各单位开展专题宣讲56场，服务覆盖4.28万人次；开展"百年风华青春力量"市庆祝建党100周年五四主题团日活动、"知史爱党、知史爱国"、"致敬建党百年伟业·争做新时代好队员"、"红心向党，共筑少年梦"等主题教育实践活动。

参考文献

[1] 本书编写组. 中国共产党简史[M]. 北京：人民出版社，中共党史出版社，2021.

[2] 中共杭州市委党史研究室（杭州市人民政府地方志办公室）. 中国共产党杭州简史（1921—2021）[M]. 杭州：浙江人民出版社，2021.

[3] 黄海峰，钱永祥. 杭州共青团九十年（1922—2012）[M]. 北京：研究出版社，2012.

[4] 钟立品. 杭州共青团史稿[M]. 北京：中国青年出版社，2016.

[5] 钟立品. 杭州共青团历次代表大会概览[M]. 北京：中国青年出版社，2018.

后●记

2022年是中国共产主义青年团建团100周年。回首百年，杭州共青团在中国共产党的领导下，团结带领团员青年一路求索一路奋斗。为了回顾百年来杭州共青团的历程，我们编写了《杭州百年团史》《图说杭州百年团史》套书。

在编写中，我们坚持马克思主义史学观，对重大历史问题的把握，坚持以《关于若干历史问题的决议》《关于建国以来党的若干历史问题的决议》《中共中央关于党的百年奋斗重大成就和历史经验的决议》为遵循。本书编写的主要史料依据是《中国共产党简史》《中国共产党杭州简史》《杭州共青团九十年》《杭州共青团史稿》等。

本书的编写得到了中央团校、共青团浙江省委、共青团杭州市委各级领导和同仁的大力支持和鼎力帮助。共青团浙江省委书记何黎斌、中央团校教授林江为此书拨冗作序。杭州党史研究室副主任曹正法、浙江省团校副教授徐峻蔚、浙江省委党校党史党建教研组孙成尧博士、杭州市团校原校长钱永祥为本书的编写提出了很多宝贵的意见。团市委各部门为本书的编写提供了许多史料。在此，表示诚挚的感谢。

本书由杭州市团校校长、杭州青年运动史馆馆长沈在蓉任主编，全面负责编撰工作；副校长欧万彬、吴士琦任副主编，参与全书审稿。钟立品负责统稿和第1～2章的编写，赵睿诗负责第3～5章的编写，杨梦鹤负责第6～7章的编写，钱晓烨负责第8～9章的编写，徐蔚英负责照片、资料提供和整理。

由于编写时间仓促，编写水平有限，书中纰漏和不足之处在所难免，恳请各位专家、读者给予谅解和批评指正。

本书编委会
2022 年 3 月

图书在版编目（CIP）数据

杭州百年团史 / 沈在蓉主编. — 杭州 ： 浙江大学
出版社，2022.4（2024.11重印）
ISBN 978-7-308-22505-2

Ⅰ.①杭… Ⅱ.①沈… Ⅲ.①中国共产主义青年团－
历史－杭州 Ⅳ.①D293

中国版本图书馆CIP数据核字（2022）第059018号

杭州百年团史

沈在蓉　主编

策划编辑	柯华杰（khj2019@zju.edu.cn）
责任编辑	陈丽勋
责任校对	柯华杰
封面设计	程　晨
出版发行	浙江大学出版社
	（杭州市天目山路148号　　邮政编码310007）
	（网址：http://www.zjupress.com）
排　　版	杭州林智广告有限公司
印　　刷	杭州宏雅印刷有限公司
开　　本	710mm×1000mm　1/16
印　　张	25.5
字　　数	295千
版 印 次	2022年4月第1版　2024年11月第4次印刷
书　　号	ISBN 978-7-308-22505-2
定　　价	80.00元

浙江大学出版社市场运营中心联系方式：0571-88925591；http://zjdxcbs.tmall.com